グローバル資本主義の現局面 I

グローバル資本主義の変容と中心部経済

SGCIME【編】

河村哲二
石橋貞男
池上岳彦
長谷部孝司
藤澤利治
稲富信博
宮嵜晃臣

日本経済評論社

目　次

序章　グローバル資本主義の転換と中心部経済 ………… 河村哲二　1
　　はじめに　1
　1　グローバル金融危機・経済危機の現局面とその歴史的位相をめぐって　2
　2　戦後現代資本主義の転換としてのグローバル資本主義化　5
　　(1)　グローバリゼーションとグローバル資本主義　5
　　(2)　アメリカを軸とする「グローバル成長連関」の出現──「グローバル・シティ」と「新帝国循環」　8
　3　「グローバル成長連関」の危機とグローバル資本主義の現局面　11
　　(1)　グローバル金融危機発現のダイナミズムと「グローバル成長連関」　11
　　(2)　グローバル金融危機・経済危機の「第一幕」と政府機能　13
　　(3)　グローバル金融危機の「第二幕」と現代国家の政府機能の限界　16
　　本書の課題と構成　19

Ⅰ　グローバル金融危機・経済危機のインパクトとアメリカ経済

第1章　アメリカ発のグローバル金融危機・経済危機とグローバル資本主義の不安定性 ………………………………………… 河村哲二　29
　　はじめに　29
　1　アメリカ発のグローバル金融危機　31
　　(1)　アメリカ発のグローバル金融危機をとらえる基本視点　31
　　(2)　分析の焦点　32
　2　1990年代長期好況・「ITバブル」の発展とサブプライムローン問題　35
　　(1)　90年代長期好況の特徴と「ITブーム」　35
　　(2)　「ITバブル」崩壊への対応と住宅ブーム　39
　　(3)　住宅金融の拡大と「住宅ブーム」　42
　3　アメリカのグローバル資本主義化と「グローバル成長連関」の出現　47

（1）「ファイナンシャライゼーション」の進展　47
　　　（2）1990年代のアメリカの新たな経済発展軸の出現と「ITブーム」　50
　　　（3）アメリカ発のグローバル金融危機への発展　58
　　4　危機への政策的対応とその本質——現代資本主義の政府機能と恐慌　63
　　　（1）緊急財政政策の限界と金融政策　63
　　　（2）恐慌対策としての国家機能の限界とその特質　65
　　　おわりに　グローバル資本主義の現局面の特質とその意味——現代資本主義の政府機能と恐慌　69

第2章　グローバル金融危機と国際通貨体制 ················· 石橋貞男　87
　　　はじめに　87
　　1　グローバル金融危機の複合的要因　90
　　　（1）サブプライム問題の背景　90
　　　（2）サブプライム問題　93
　　2　グローバル金融危機と国際通貨体制　96
　　　（1）金融の新潮流と国際通貨体制　96
　　　（2）国際通貨体制とグローバル金融危機　97
　　　（3）基軸通貨国とグローバル・インバランス　101
　　　（4）グローバル・インバランスのサステナビリティ論　108
　　3　グローバル金融危機後の国際通貨体制　112
　　　（1）グローバル金融危機とG20サミット　112
　　　（2）国際通貨体制の行方　115
　　　おわりに　120

第3章　オバマ政権による政策転換
　　　　　——財政に表れた諸課題—— ··················· 池上岳彦　127
　　　はじめに——日本と並ぶアメリカの「小さな政府」　127
　　1　オバマ政権が直面した課題　129
　　　（1）巨額の財政赤字——減税と軍事行動　129
　　　（2）経済危機対策　130
　　　（3）地球温暖化対策　131
　　　（4）医療保険改革　131
　　2　政権成立直後の景気対策——「2009年アメリカ再生・再投資法」　133

(1)　「2009年アメリカ再生・再投資法」の成立　133
　　(2)　景気刺激策の内容と評価　133
　　(3)　2010年度予算教書概要　136
　3　政策課題と財政再建　138
　4　医療保険改革法の成立　141
　　(1)　改革の選択肢　141
　　(2)　改革の内容　142
　　(3)　改革の評価　143
　5　政治対立による財政危機　144
　　(1)　国家財政責任・改革委員会の報告案と2010年末の景気対策　144
　　(2)　2012年度予算教書と2011年度歳出予算法　146
　　(3)　2011年予算管理法の成立　148
　　(4)　景気対策と財政再建の提案と対立　149
　　おわりに――政策課題と戦略　152

第4章　アメリカの金融システムにおける証券化の進展と意味
　　………………………………………………………… 長谷部孝司　161
　　はじめに　161
　1　機関投資家の台頭と「市場型」金融システムの形成　162
　2　消費者信用と住宅金融の発展　165
　　(1)　割賦信用の発展　166
　　(2)　クレジットカードの発展　169
　　(3)　住宅金融の発展　173
　3　証券化の進展と意味　175
　　(1)　証券化の進展　175
　　(2)　証券化が意味するもの　178
　4　アメリカの金融システムの過渡期性　184

　　　　Ⅱ　ヨーロッパおよび日本経済

第5章　ギリシャ危機・ユーロ危機とドイツのユーロ安定政策
　　………………………………………………………… 藤澤利治　195
　　はじめに　195

1　ギリシャ危機・ユーロ危機の発生と対応　198
　　(1)　財政赤字の巨額化　198
　　(2)　PIIGSの財政危機　201
　　(3)　財政赤字抑制と財政主権の制限へ　205
  2　ドイツにおける経済・金融危機の克服　207
　　(1)　ドイツの経済・金融危機後の急回復　207
  3　ドイツのユーロ危機克服策　212
　　(1)　財政赤字抑制策　213
　　(2)　ドイツのユーロ救済方針　217
　　　むすびにかえて　219

第6章　イギリス金融危機と長期経済成長 ……………… 稲富信博　227
　　はじめに　227
  1　グローバル化とイギリス経済　229
  2　長期経済成長の概観　235
  3　長期経済成長の原因　236
　　(1)　支出項目別GDP寄与率　236
　　(2)　家計消費　238
　　(3)　住宅ブームと経済成長　241
　　(4)　国際収支と貿易収支　244
　　　おわりに　250

第7章　グローバル資本主義の変容と日本経済 …………… 宮嵜晃臣　257
　　はじめに　257
  1　米主導のIT/グローバル資本主義の歴史的位相とその構成諸要素
　　258
　　(1)　米主導のIT/グローバル資本主義の歴史的位相　258
　　(2)　米主導のIT/グローバル資本主義の構成要素　261
  2　サブプライム・リーマンショックの歴史的位相　274
　　(1)　中央銀行の「非伝統的金融政策」とその限界　274
　　(2)　新興国への依存　285
  3　グローバル資本主義の変容が日本経済に及ぼす影響　287

あとがき　305
索引　309
執筆者紹介　317

序章
グローバル資本主義の転換と中心部経済

河村哲二

はじめに

　SGCIME(「マルクス経済学の現代的課題」研究会)によってこれまで全9巻10冊の刊行を重ねてきたSGCIMEシリーズは、第Ⅱ集第2巻『グローバル資本主義と段階論』をもって完結する。SGCIMEシリーズ第Ⅰ集、第Ⅱ集は、全体を通じて、「グローバル資本主義」化を最大の特徴として展開してきた資本主義の現実がわれわれにつきつけている理論的・実証的課題に対し、マルクス経済学系の宇野理論や経済学諸理論の理論フレームワークそのものの基本認識にまでさかのぼって再検討を加え、理論的・実証的に総合的に応えてゆこうとする試みであった。シリーズの最終巻刊行となるシリーズ第Ⅱ集第2巻は、この間の「グローバル資本主義」の展開を、宇野理論の特徴である「段階論」との関係を軸に、資本主義としての歴史的位相を各視角から論じるものとして企画された。しかし、とりわけ2007年春に始まるアメリカのサブプライム・ローン危機を発端とし、2008年秋から先進資本主義および新興諸国資本主義を巻き込んで非常に深刻化して、さらに、2010年からEU・ユーロゾーンの財政金融危機で「第二幕」を迎えたグローバル金融危機は、この間のグローバル資本主義化の進行のプロセスの一つの帰結であり、これまでの趨勢に大きな転機を与える可能性が高い事態となっている。

　そのため、こうしたグローバル金融危機とそれによるこの間のグローバル資本主義の展開の特徴やまたその変容を焦点としてグローバル資本主義の現

局面の実態的解明を中心として新たに『グローバル資本主義の現局面』を企画し、本書『グローバル資本主義の変容と中心部経済』と、続く第2冊『グローバル資本主義と新興経済』を、新シリーズ第1冊、第2冊として刊行することとした。当初からの企画であるSGCIME第Ⅱ集第2巻『グローバル資本主義と段階論』は、改めて、そうした解明を受けながら、グローバル資本主義の展開を焦点とした現代資本主義の歴史的位相をめぐって「段階論」の視点から理論的に論じる総括的な位置付けとすることとした。

「グローバル資本主義の現局面」の解明は、実際には、多岐・多面にわたる解明を要するものであり、今回の2冊によってとうてい解明尽くされるものではない。しかし、本書Ⅰと、続くⅡにおいて、SGCIMEのこの間のグローバル資本主義に関する研究の蓄積と多面的な解明を踏まえながら、グローバル資本主義化のプロセスにおいて焦点となる側面に焦点を当て、とりわけグローバル金融危機・経済危機のインパクトを含めて重点的に解明することを通じて、グローバル資本主義の現局面の問題の所在を明らかにすることを目指している。第1冊である本書では、グローバル資本主義とその変容のグローバルな諸側面と、アメリカ、ヨーロッパ、日本といった現代資本主義の中心部経済の問題を中心に論じ、続く第2冊においては、とりわけ「パワーシフト」論に示されるようにグローバル資本主義の展開を通じた現代資本主義そのものの世界的編成の大きな転換の可能性を孕むものとして、中国やブラジル、ロシアその他の新興経済地域を中心に主な側面を論じる。まずこの序章では、そうした解明の全体に関わる「グローバル資本主義の現局面」について、全体として明らかにしておくべき主な点をまとめておこう。

1 グローバル金融危機・経済危機の現局面とその歴史的位相をめぐって

まず「百年に一度」(Greenspan [2008]) ともいわれる2000年代末のグローバル金融危機・経済危機の本質をどうみるか、という基本視点の問題があ

る。今般のグローバル金融危機・経済危機は、アメリカの住宅金融におけるサブプライム・ローン危機に端を発しながら、その範囲を大きく超え、グローバルな規模の金融危機・経済危機に発展したことが大きな特徴であった。それは、恐慌史的視点からみると、まさに世界恐慌といってよい事態となった。実際にも、経済理論学会では、2009年度大会で「2008年世界恐慌」という呼称を用いた（経済理論学会［2009］）。しかし、ただ単純に「世界恐慌」と規定するだけであれば、大きな問題を含む。

まず「百年に一度」という意味では、ちょうど百年前には1907年恐慌があった。1907年恐慌については、故侘美光彦氏が同恐慌を中心に、当時のポンド体制としての国際金本位機構を解明している（侘美［1976］）が、単純に「百年に一度」の「世界恐慌」という規定だけでは、資本主義の歴史的位相として、恐慌現象を発現させる資本蓄積体制（資本蓄積の構造とメカニズム）として、現在と当時では大きな相違がある。また確かに、今回のグローバル危機・経済危機が1930年代世界大恐慌に匹敵する実質を備えていたことは重視すべきである。しかしそこでも、単純な「世界大恐慌再来」論では、第二次大戦後の戦後現代資本主義の特質とその歴史的位相の相違が、無視されることになる。そこには、世界大恐慌と、第二次大戦戦時経済を経て登場した現代資本主義として、単純な「世界大恐慌」シナリオではとらえきれない歴史的位相の相違がある。

とりわけ、第1に、今回の金融危機・経済危機では、緊急財政・金融対策として、歴史的に見て異例の規模で国家機能が発揮された。まさにそれは、世界大恐慌と第二次大戦戦時経済を経た戦後現代資本主義の最大の特徴の一つである。第2に、グローバルな規模で金融システムのシステム的欠陥が今回のグローバル金融危機の原因とする「シャドウ・バンキング」[1]の議論が2011年ごろから有力視されているが、それは戦後現代資本主義の特徴とされた「管理通貨制」による通貨・金融システムの「国家」管理を大きく超えるグローバルな金融的展開があり、それが、今回のグローバル金融危機の原因として論じられている。危機とその後の現代資本主義の変容を適切に解明す

るには、そうした戦後現代資本主義の特質とその変容を含め、現状の危機の構造とメカニズムそのものが具体的に特定されなければならない。こうした観点から見ると、戦後パックス・アメリカーナの衰退と転換、その結果進行したグローバル資本主義化というアメリカを軸とする戦後現代資本主義の展開のプロセスとして、現状を捉える基本視角が浮上する。

今回のアメリカ発のグローバル金融危機は、2008年秋のいわゆる「リーマンショック」後に始めて開催されたG20（世界主要20カ国首脳会議）の声明（G20［2008］）に典型的に示されているように、この間の金融部門の膨張（「ファイナンシャライゼーション」＝資本蓄積の金融化）と金融グローバル化の趨勢の上に、制度不備を含む「証券化メカニズム」を中心とする投機的信用膨張が、サブプライム・ローン危機と住宅バブルの崩壊をきっかけに破綻したものととらえる見解が一般的である。今回の金融危機は、次章で見るように、第1に、「ITバブル」崩壊後、大量のリスクマネーを含む内外の投資資金が「証券化メカニズム」と相まって、住宅金融市場に大量流入し、03〜04年から顕著に発展したアメリカの「住宅バブル」が発展し、第2に、サブプライム住宅担保証券化商品の価格が暴落したことを直接のきっかけとして、発生した。しかし、単に金融バブルの発展とその崩壊というだけでは表層的な把握に止まる。実際にも、アメリカのサブプライ問題に端を発した金融危機は、急速にグローバルな規模に拡大した。しかもアメリカだけでなく世界的に実体経済にも急速に大きな縮小圧力を生じた。グローバル金融危機・経済危機として、一時は1930年代の「世界大恐慌」の再来が危惧される事態となった。その意味で、景気循環論・恐慌論的解明を要する事態といってよいが、とりわけそれは、この間大きく進展してきた戦後現代資本主義の変容を体現するグローバル資本主義化のプロセスによる、グローバルな規模での資本蓄積体制の転換の総合的な帰結という視点からの解明を要するものである。そこには、SGCIMEのグローバル資本主義シリーズにおいてこれまで解明を試みてきた、この間のグローバル資本主義化を通じて出現した世界的規模の資本蓄積体制の基軸的な構造とメカニズムそのものの問題があ

る、と捉える視点が浮上する。そして、すでに各所で論じてきたように、その基軸的関係として、この間のグローバル資本主義化を通じて出現してきた、アメリカを軸とする「グローバル成長連関」そのものの問題として解明すべきものという点が導かれる。

2 戦後現代資本主義の転換としてのグローバル資本主義化

（1） グローバリゼーションとグローバル資本主義

　1970年代半ばを境にして、戦後の「持続的成長」の時代が終わった。その後、この間の世界的な現象として「グローバリゼーション」が大きな特徴として取り上げられてきた[2]。1970年代を一大転換期として80年代から大きく進んだ「グローバル化」（Globalization）は、論者によってさまざまな捉え方があるが、最も一般的には、企業、金融、情報、その他、経済・社会・政治のあらゆる活動が、ますます国境を超えて拡がり、一国・一地域の事象が国境を超えて互いに影響しあう関係が、飛躍的に高まってきている現象である（Giddens [1990]、Sassen [1996]、Steger [2005] など）。しかし、SGCIMEのシリーズが各巻を通じて多面的に解明を試みてきた、現代の資本主義の歴史的位相という視点からより立ち入ってその特質をとらえるならば、「グローバリゼーション」という動向の最も中心的なダイナミズムは、「グローバル資本主義化」という事態であったといってよい。

　それは、①企業・金融・情報グローバル化と、②現代資本主義国家の政府機能の新自由主義的転換という顕著な特徴を伴って、世界的に大きく作用し、各国・各地域の政治・経済・社会関係、さらに思想・文化や学問潮流にも大きな変容圧力を加えてきた。企業活動や金融取引が国境を越えて（クロスボーダー）グローバルに広がるとともに、情報のグローバル化も大きく進んだ。インターネットに代表される情報化・IT化の発展である。

　そうした現代資本主義の中心的関係における展開を基本動力として、政府機能も、戦後現代資本主義が大きな特徴としていた「管理型」政府機能か

ら、規制撤廃・自由化・市場主義を特徴とする新自由主義[3]へと大きく転換し、そうした企業・金融・情報グローバル化を促進してきたといってよい。そうした動きは、IMF、WTOなど国際機関や地域経済統合（FTAやEPAを含む）その他の国際協定の複雑な動向とも連動しながら、世界的に産業集積・国際分業関係の変化を促し、国際的な資金循環の構造を変容させ、その結果、国際通貨・金融システムにもさまざまな転換を生じた。その意味で、現在の世界的な経済社会や、政治過程にも大きな変容を迫るのとなった。とくに、地域統合の動きとも連動して、国家主権を至上とする近代国民国家や国民経済の枠組みも、絶対的なものではなくなり、むしろ後に見るようにグローバル・シティによる新たなグローバルな規模の都市連関を含め、国民国家枠を超えたグローバルな新たな連関や、またナショナル、サブ・ナショナルなレベルでも、さまざまに新たな連関が形成されているとみることができる（Sassen [2006]）。

　各国の国内（ナショナル、サブ・ナショナルのレベル）でも、各国・各地域で、企業システムや経営組織、会計制度、金融制度・金融市場、さらには労使関係・労働市場に、実態・制度両面から大きな転換と変容が生じてきた。周辺領域にも市場関係の浸透度が大きく高まり、市場主義の拡大の拡大によって、財政・税制、「福祉国家」・社会保障制度、経済開発戦略や産業政策など、既存のシステムの転換や制度変容が促されてきた。また、消費行動やライフスタイル、地域経済全般、ローカル・コミュニティや社会関係全般、さらに思想、文学、芸術などの文化的側面にもその影響は及んでいる。同時に、企業や金融のグローバルな大競争が激しくなるにつれて、ITやナノテク、バイオといった新たな技術革新が加速され、新しい経済発展の軸として、ますます注目されるようになった。中国、インドなどBRICsやアジアなど新興経済地域で経済発展が顕著になるなど、グローバルな規模で工業化や経済発展の面が強く現れてきた。

　こうしたグローバリゼーションの行く末について、実にさまざまな議論が提起されてきた。グローバリゼーションの結果、世界的な「融合」が進むこ

とを強調する見解がある。アメリカ的な社会経済・政治システムの編成原理が世界大に拡大するとみるアントニオ・ネグリとマイケル・ハートの「帝国」の議論（Hardt and Negri [2000]）や、グローバル化が世界にビジネス・モデルの一大転換をもたらすことを強調するT. L. フリードマンの世界の「フラット化」の議論（Freedman [2005]）などは、世界はますますグローバルな世界に進むとみた。90年代のアメリカの異例の長期好況を「IT革命」と結びつけた「ニューエコノミー」論や、中国やインドその他の新興経済地域の経済発展を強調する議論も、グローバル資本主義の発展的な面を強調する議論であった。

その一方で、グローバル資本主義化は、負の面もあわせもっていた。金融面では世界各地で通貨・金融危機が頻発した。また新興諸国など、世界的な経済成長の加速は資源・エネルギー問題や、地球温暖化や廃棄物など、環境問題を深刻化した。新自由主義的な政府規制撤廃や市場主義の拡大に伴い、各国・各地域内部やさらにグローバルな「格差社会」が拡大してきたとの批判がある。アフリカ等の崩壊国家の問題、地域紛争、テロリズムの問題など、政治・軍事的な危機も世界各地で顕在化している。

グローバリゼーションのこうした負の面に対して、世界的に反グローバリズムの潮流も強まった。金融グローバル化に伴う世界的な金融不安性の問題（Soros [1999年] など）や、世界的「格差」拡大と社会崩壊（Stiglitz [2002]、その他）など、その弊害への批判や限界に関する多くの議論が提出された。グローバリゼーションは、結局は終わりを迎える、という議論も出されていた（Gilpin [2000] など）。

しかし、とりわけ2000年代末にグローバルな規模で生じた、アメリカ発の深刻なグローバル金融危機・経済危機は、この間のグローバル資本主義化の一つの帰結として、アメリカを軸として出現した、とりわけ、新興経済圏を含む世界的な経済成長を加速するグローバルな規模での資本蓄積の構造とメカニズムである「グローバル成長連関」そのものの危機としてとらえる必要があるものである。その意味で、個々の問題領域を大きく超えて、この間の

グローバル資本主義化のそのものが全体として大きな限界を提示した事態であり、長期的視点から見ると、グローバル資本主義化そのもの大きな転機を画す可能性をも孕むものであることが強調されてよい。

（2） アメリカを軸とする「グローバル成長連関」の出現
——「グローバル・シティ」と「新帝国循環」

すでに SGCIME グローバル資本主義シリーズの別の巻でも論じた（とくに第 4 巻 SGCIME 編［2008］、簡略版としては同［2011］、［2013］）が、1970 年代を境にして、戦後の「持続的成長」の仕組みが崩れたあと、アメリカの動向を最大の震源として、企業・金融・情報のグローバル化と政府機能の新自由主義的転換が進んだことが、グローバル資本主義化のダイナミズムの最も中心にあったといってよい。こうしたアメリカのグローバル資本主義化の動きは、EU や日本などの先進国や韓国や台湾、さらには中国や、インド、ロシア、ブラジルといった新興経済諸国も巻き込んで進んだ。その一つの帰結としてアメリカを軸としてグローバルに経済成長を導く構造とメカニズムが出現した。それが、「グローバル成長連関」（つまりは、グローバルな広がりを持った資本蓄積の構造とメカニズム）である。

「グローバル成長連関」の構造とメカニズムの基軸的関係をごく単純化してとらえれば、①「グローバル・シティ」とその重層的なネットワークの発展と、②「新帝国循環」とも呼ばれるアメリカを中心とするグローバルな資金循環の構造が結びついた、世界的な経済成長の仕組みである。それは戦後資本主義世界経済の中心を占めた、戦後のアメリカの持続的成長のシステム[4]が、1960 年代末に行き詰まり、1970 年代に大きく衰退したことに始まる。グローバル資本主義化は、そうした事態に対応して、戦後システムを再編・転換してゆこうとするアメリカの主要企業や金融の動向を基本動力として進んだとみることができる。その結果が、企業・金融・情報のグローバル化とそれに対応した政府機能の新自由主義化を基本ロジックとする、グローバル資本主義化の進行であった。その意味で、グローバル資本主義化は、ア

メリカのそうした動向が最大の震源であった。「グローバル化」とは、「アメリカ化」であるとみる見方が一般に広くみられるのは、そうした事態を端的に表現したものといえよう。そうした「グローバル資本主義化」の帰結として、アメリカを軸としながら、世界的に経済成長を加速してゆく構造とメカニズムが出現した。グローバル資本主義の新たなグローバルな規模での資本蓄積体制として、ここでいう「グローバル成長連関」が1990年になるとかなりはっきりと姿を現したのである。

　こうした展開を必然化したのは、アメリカを軸に編成されていた戦後パックス・アメリカーナの内外の資本蓄積体制が衰退し、大きく転換してゆくプロセスであった。1970年代を境にアメリカの戦後の持続的成長の資本蓄積体制が崩れ、非常に深刻な国際競争力の後退に直面したアメリカの主要企業は、次々と海外生産を加速し（「オフショアリング」）、また、成長するアジア等の新興経済地域からの製品調達・半製品・部品等の輸入を拡大した（「グローバル・アウトソーシング」）。兵器製造・軍需産業を軸とした部分は国内に維持されたが、アメリカ経済の産業空洞化が大きく進んだ。他方では、そうしたグローバル化した主要企業の本社機能を軸として、グローバル・シティ機能が全米各所の主要都市で発展し、その連関がグローバルな規模でネットワークを形成しながら、アメリカの資本蓄積の主要な場として発展したとみることができる。

　世界最大のグローバル・シティであるニューヨークには、国際基軸通貨ドルによって国際決済機能が集中する関係をベースとして、金融諸機能が大きく集積し、ニューヨークのグローバル・シティ機能の中核を形成している。また、「成長するアジア」のゲートウェイであるロサンゼルス、あるいは世界最大のIT集積を要するサンフランシスコ＝シリコンバレーのような全米各地の中核都市には、グローバル企業の本社機能（グローバル事業展開の統括と経営企画・管理機能、研究開発など）が集積することにより、そうした機能を支える、法務、会計、金融、コンサルタント、情報、人材派遣などの専門ビジネスサービス、さらにはショッピングセンターや商業施設、レスト

ラン、アミューズメント、エンターテインメントが集積し、都市機能の拡大と関連した公共施設、インフラ建設や住宅建築なども拡大していった。ビジネス関連の専門職ばかりでなく、建設・建築労働者や、都市機能を支える雑多な職務が増大し、それを目指して、全米や中南米等やアジアなど世界的な労働力・移民流入が進んだ。グローバル・シティ機能は、グローバル企業・金融のグローバルな利益・所得形成が支え、内需拡大をリードする。こうしたグローバル・シティ連関が、グローバル資本主義化時代のアメリカの経済拡張の中心的な場となった（基本構図は第1章図1-10をみよ）。

　こうした資本蓄積の連関にアメリカ資本主義がシフトした結果、国民経済的に、アメリカには、大規模な「オフショアリング」・「グローバル・アウトソーソング」の展開を通じた巨額の財・サービス輸入を中心として、膨大な経常収支赤字構造が出現した。しかし、国際基軸通貨ドルを擁するアメリカには、国際決済が集中するグローバル金融センター・ニューヨークの金融機能を軸として、アメリカを軸とするグローバルな資金循環構造が出現（「新帝国循環」）した。国際基軸通貨ドルによる国際決済機能とニューヨークの金融ファシリティ・金融市場を通じて、集積するドルを原資に、アメリカの銀行は膨大な信用創造が可能であり、そこにゴールドマン・サックスなど投資銀行、さらには各種機関投資家・ファンド、さらにヘッジファンドが関与し、レバレジッド・ファイナンスを膨張させ、デリバティブと金融工学を駆使した投機操作を含む金融膨張を拡大した。こうして、「ファイナンシャライゼーション」と金融市場の「カジノ化」が大きく進行し、同時に、ニューヨークを中心とするこうした金融膨張を拡大の基本「エンジン」として、グローバルな規模で投資が拡大しながら、アメリカを軸とする世界的資金循環構造（「新帝国循環」）が形成され、グローバルに経済成長を加速する「グローバル成長連関」が出現したととらえることができる（基本構図については、第1章図1-11をみよ）。

　アメリカでは、グローバル金融センターとして決済・運用市場と各種金融ファシリティを備え「グローバル成長連関」の中心的な結節点の機能を担う

ニューヨークを筆頭に、ロサンゼルス地域やサンフランシスコ・シリコンバレーなど、全米各地に重層的に出現した「グローバル・シティ」とそのネットワークが、アメリカに世界的な富を集中し、所得形成と内需の拡大を導く中心的な「場」として機能し、アメリカ経済自体が「グローバル成長連関」による経済成長に大きくシフトした。アメリカ国内のサブセンター、さらに国際的にも各地域に、「メガコンペティション」を繰り広げる各国・各地域系のグローバル企業の、多種多様な本社機能と国際金融連関を軸として、ロンドンや、東京、上海、その他、さまざまな程度で「グローバル・シティ」が重層的に形成され、グローバルな経済発展の連関を形作っている。こうした「グローバル成長連関」の構造とメカニズムが、中国や「成長するアジア」だけでなく、とりわけ1990年代以降、インド、ブラジル、ロシアなどの他のBRICs諸国の経済成長を世界的に加速する基本フレームワークを与えてきた。

3 「グローバル成長連関」の危機とグローバル資本主義の現局面

(1) グローバル金融危機発現のダイナミズムと「グローバル成長連関」

　今回のグローバル金融危機・経済危機をもたらしたダイナミズムと原因については、実にさまざまな議論があるが、現代資本主義の現局面をグローバル資本主義化としてとらえる視点からいえば、そのプロセスで出現したアメリカを軸とした「グローバル成長連関」そのものの危機である点が最も重要である。とりわけ、その金融メカニズムに注目する必要がある。上で指摘したように、グローバル金融センター・ニューヨークは、米ドルの国際基軸通貨性により、世界の財・サービス、資本取引・金融取引の決済機能が集中し、金融市場その他世界最大の金融ファシリティが歴史的に集積している。「グローバル成長連関」は、アメリカのグローバル資本主義化による経常収支の巨額の赤字構造を基礎にして、そうした国際決済機能と金融ファシリティによって、ニューヨークに累積するドル資金をベースとした金融拡張がい

わば「水増し的」にアメリカおよび世界の経済拡張を促進するメカニズムを伴うものであった[5]。

　そうしたメカニズムが、アメリカおよび世界の「成長エンジン」の役割を果たす一方、ヘッジファンド等の大規模な投機的投資資金の形成を伴いながら、クロスボーダーな投機的金融操作と相まって、金融不安定性と金融市場のシステミックリスクをグローバルに拡大した。「ファイナンシャライゼーション」（金融膨張）（Epstein, ed. [2005] など）・金融グローバル化とそれに伴う金融市場の「カジノ化」（Strange [2001] など）として表現されてきた事態であり、最近はとくに「シャドウ・バンキング」問題として論じられている事態である[6]。

　それは、戦後パックス・アメリカーナの衰退と転換として、70年代初めの「金・ドル交換性の停止」と「変動相場制」への移行、さらに「レーガノミクス」が生み出した「双子の赤字」を原因とする「ドル不安」の高進という、金融リスクと不確実性の増大を大きな原因としたものであった。直接にはそれが、金融・為替市場のボラティリティと変動リスクを高め、「レーガノミクス」の金融自由化──1960年代末からのインフレーションの高進を通じ、ニューディール型銀行・金融規制と関連して大きく進んだ「銀行迂回（ディスインターミディエーション）」と証券化が最大の原因──を促すとともに、とりわけ「金融革新」として持てはやされた、金融工学的手法を駆使した新金融商品と金融操作の発展（ジャンク・ボンド・LBO ローン等を伴う M&A 金融、プログラム取引、ポートフォリオ・マネジメント、デリバティブの発展など、金融市場をまたがるクロスボーダーの金融操作・金融取引を大きく拡大させ、金融グローバル化を顕著に進展させながら、金融市場の「カジノ化」を促進したのである[7]。

　以上の点を含め立ち入った分析は第 1 章に譲るが、1990年代末のアメリカにおける「IT バブル」の発展とその崩壊後の2000年代の「住宅バブル」の発展は、そうした「グローバル成長連関」とその金融メカニズムを中心的な関係として生じたものであった。今回のアメリカ発のグローバル金融危機・

経済危機は、直接にはそれが内包した制度不備とシステム欠陥——とりわけ「証券化メカニズム」——を直接の原因として破綻して、グローバルな金融危機・経済危機に発展したものであった。その点はとくに強調されてよい。

（2） グローバル金融危機・経済危機の「第一幕」と政府機能

　2000年代に大きく進んだ住宅ブームが2006年にピークに達し、2007年春から次第にアメリカのサブプライムローン問題が顕在化して、ベアー・スターンズの危機、「パリバショック」を通じてアメリカ、ヨーロッパを中心に拡がった金融不安は、アメリカの5大投資銀行の一角を占めたリーマンブラザーズが破綻した2008年秋のいわゆる「リーマンショック」前後から急速に悪化し、証券化商品（住宅担保ローンなど各種の債務を担保とした小口化証券）の価格の暴落、株価の暴落と相まって、銀行や各種ファンド、その他、金融部門に巨額の損失を発生させ、大型金融破綻が相次ぎ、グローバルな規模で金融の機能麻痺が広がり、グローバル金融危機に発展した。消費の急減や輸出の急減など、実体経済にも大きな縮小の圧力が加わった。世界経済的な落ち込みは、1930年代の世界大恐慌の再来さえ危惧される事態となったのである。

　こうした危機の「第一幕」に対しては、第1に、アメリカの連邦準備制度、EUのECB、イングランド銀行、日銀など主要中央銀行によるMMF、CP市場の買い取り措置、極端な低金利（ゼロ金利）政策や量的緩和による大規模な流動性供給など、平時には通常は行われない「非伝統的」な異例の金融破綻防止措置が取られた。また、中央政府による公的資金の投入による銀行その他の救済や国有化、救済合併など、直接、間接の緊急対策が打たれ、全体的な金融崩壊は、かろうじて食い止められた。第2に、内需の急激な縮小を補い有効需要を創出して経済拡大を図るために、戦時期以来の異例に大規模な財政出動を通じた有効需要の追加による景気浮揚策が実行された。アメリカのアメリカ再生・再投資法（2009年2月、7800億ドル以上）や中国の財政措置（4兆元規模）を筆頭に、各国で、大規模な公共投資や大型

減税、またアメリカのGMやクライスラーの経営破綻の処理に対する巨額の財政支援なども含め、戦時期以来の異例に大規模で直接的な財政出動が図られた。

こうした危機の「第一幕」における各国政府の財政措置は、アメリカでは、GDPの4.9%、中国で6.3%にも上った（図序-1）[8]。こうして、2008年11月のG20声明で確認された、「非伝統的」手法を含むほとんど「あらゆる手段」（G20［2008］）が、国際協調を伴いつつ実行されたことで、2009年4-6月期を境に、急速な経済の下降は一段落し、2010年初めには回復が展望されるに到った（図序-2）。

こうした「非伝統的」な手段を含む政府・中央銀行の緊急措置は、一方では、中央銀行による無制限の流動性供給によって民間金融部門を肩代わりして支え、深刻な金融危機とそれによる民間金融の機能麻痺とシステム崩壊を食い止め、同時に金融麻痺のインパクトによる急激な経済下降圧力を、中央政府による財政出動による需要創出とを組み合わせて防止しようとする危機対応であった。それは、結局、大規模で深刻な金融危機による「グローバル成長連関」の逆回転に歯止めをかける、1930年代世界大恐慌と第二次大戦戦時経済を経て戦後現代資本主義に組み込まれた現代資本主義の「政府」機能が大規模に発揮されたものであったといってよい。とりわけ、アメリカ連邦準備制度（FRB）やイングランド銀行、ヨーロッパ中央銀行（ECB）や日銀の異例に大規模な金融の量的緩和は、「グローバル成長連関」の拡大の「エンジン」であった民間金融部門の麻痺を肩代わりして支えるものであったのである（図序-3）。その意味で、この間のグローバル資本主義化のイデオロギー的表現といってよい「新自由主義」は、政策思想的にいって、そうした現代資本主義の政府機能の特質を潜在化させていたに過ぎず、古典的自由主義とは異なるまさに「新」自由主義であった。

しかし、こうした現代資本主義の政府機能による危機回避措置の結果、世界経済が「グローバル成長連関」の破綻によって1930年代の「大恐慌」型の世界恐慌に陥ることはかろうじて回避されたが、各国とも財政赤字が急速に

序章　グローバル資本主義の転換と中心部経済　15

図序 - 1　グローバル金融危機後の主要国・地域の経済成長率の推移

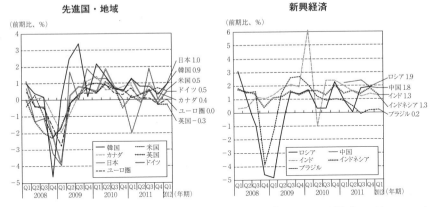

（出所）経済産業省『通商白書』2012、第1-1-2-35図、第1-1-2-36図（http://www.meti.go.jp/report/tsuhaku2012/2012honbun/figindex.html）。

図序 - 2　主要国・地域の景気対策

英国	約200億ポンド（約2.9兆円：対GDP比1.4%）
EU	約6000億ユーロ（約75.0兆円：対GDP比5.0%）
韓国	約92兆ウォン（約7.8兆円：対GDP比9.1%）
ドイツ	約885億ユーロ（約11.1兆円：対GDP比3.7%）
中国	約4兆元（約55.6兆円：対GDP比13.3%）
日本	2008年度 約12兆円（対GDP比2.4%） 2009年度 約20兆円（対GDP比4.2%）
米国	約7,870億ドル（約74.0兆円：対GDP比5.5%）
フランス	約332億ユーロ（約4.1兆円：対GDP比1.7%）
豪州	約2,061億豪ドル（約18.0兆円：対GDP比17.4%）

（出所）経済産業省『通商白書』2010年版、1-1-1-17図（http://www.meti.go.jp/report/tsuhaku2010/2010honbun_p/2010_01-1-1.pdf）。

図序-3　主要中央銀行による流動性注入

（バランスシートの規模　2008年1月＝100）

凡例：イングランド銀行、連邦準備、ヨーロッパ中央銀行（ECB）、日本銀行、連邦準備QE3予測

（出所）http://blogs.ft.com/gavyndavies/files/2011/12/ftblog1921.gif より作成。

拡大し、アメリカ、日本を始め、大幅な財政赤字と政府債務の累積を招き、とりわけユーロゾーンにおけるグローバル金融危機の「第二幕」に展開するに至って、その限界を大きく顕在化させた。その意味で、「グローバル資本主義」化の帰結である「グローバル成長連関」そのものの危機として現れた現代資本主義の危機の本質は、克服されているとはいえない。これは、グローバル資本主義の現局面が開示した大きな特徴として注目すべき事態である。

（3）グローバル金融危機の「第二幕」と現代国家の政府機能の限界

とりわけ、大きな問題として現れたのが、ギリシャを筆頭に、EU・ユーロゾーン（ユーロ導入諸国）の「弱い諸国」（ギリシャの他、スペイン、ポ

ルトガル、アイルランド、イタリアなど）の財政破綻への危惧の拡大であった。これらの諸国は、それぞれ国内的な問題を抱えていたが、とりわけグローバル金融危機・経済危機の影響によって財政状況が大きく悪化したため、そうした諸国の国債を大量に保有しているとくにヨーロッパ系銀行やファンドの破綻への危惧によって、金融不安が拡がり、危機の「第二幕」が進行したのである。こうしたユーロゾーン危機は、とりわけ危機の「第一幕」の衝撃によって、統一通貨ユーロの導入にも関わらず、各国が財政主権を保持するという、現在のEU・ユーロのシステムの基本的な限界が顕在化した事態であった。そうした限界を超えるべく、EFSM（欧州金融安定メカニズム）、ESM（欧州安定メカニズム）などによるEU諸国の共同した救済と支援を通じた危機対応が模索されたが、ドイツやその他主要EU構成諸国の国内的反対を大きな原因として対応が進まず、結局、ECBによる国債買い取りスキームにより危機はひとまず沈静化した（主に、田中［2012］、［2013］など）。しかし、こうした諸国の金融機能の低迷と財政再建に向けた財政緊縮は不可避であり、全体にも大きな財政制約の下でEU経済の回復は遅滞している。

　アメリカでは、住宅市場の低迷が続き、失業率は高止まりし、経済回復が進まないまま、2009年度から、連邦政府の財政赤字は連続して史上最大の1兆ドルを超え、連邦政府債務は法定上限に達した。グローバル資本主義化のプロセスで進んだ大きな所得格差の拡大を背景として、財政再建を巡る富裕層と中低所得者層の間の亀裂は非常に大きく、国論は二分され、いわゆる「ティーパーティ」・共和党保守派と民主党の間の対立を通じて、政治的なアポリア状態に陥り、先延ばしを繰り返してきた。結果的には、むしろ財政赤字が縮小する効果を生じているが、大規模な財政支出道は大きな困難に直面している。結局、連銀による三次に亘る金融の「量的緩和」措置（大規模な債権買取スキーム）が、アメリカ経済の成長の構造とメカニズムの軸となった「グローバル成長連関」を金融的に支え続ける状況となっている（詳しくは第1章参照）。

日本は、バブル経済崩壊後の「失われた20年」で累積した政府債務は、震災・原発危機の対策・復興による財政悪化が加わって、1000兆円超に達し、第二次大戦期を超える史上最悪となった。安倍政権の登場により、財政再建を棚上げした財政支出と組み合わせた「アベノミクス」で、円安・株高を演出することにひとまず成功したとはいえ、結局は、アメリカの量的緩和のフレームワークの枠内で、日銀の「異次元の金融緩和」に大きく依存した金融的な展開と、大きな財政制約の下での公共投資に依存するものである。その「第三の矢」とされる「新成長戦略」は、「国家戦略特区」の設置や、TPP戦略などに代表されるように、グローバル金融危機・経済危機で大きな限界を示している。結局、その「新成長戦略」は、本章でいう「グローバル成長連関」に依拠した「グローバル資本主義化」戦略に過ぎず、それ以外の有効な戦略は打ち出せていない[9]。

　こうして、資本の基本ロジックである利潤原理を推進原理とするグローバル資本主義化とそのイデオロギー的表現である「市場主義」・「新自由主義」のもとで潜在化していた戦後現代資本主義の政府機能が、金融危機・経済危機の対し財政・金融的に大規模に発揮され、それが「グローバル成長連関」の崩壊を回避させた。しかし、さらにそれはユーロゾーン危機による「第二幕」に展開し、その中で、主要国は大きな財政制約を顕在化させている。そのため、結局は、連銀、ECBを中心に、さらに日銀、イングランド銀行等が加わって、中央銀行による異例の金融緩和・量的緩和措置によって、実質上、ほとんど麻痺状態に陥った民間部門の金融機能を中央銀行信用膨張で肩代わりして支え、それが「グローバル成長連関」の大きな破綻を回避させているのが実態である。同時にそれは、資源・食料価格の高騰や中国沿海部などの不動産バブルを発展させる局面を含みながら[10]、結局は、主要中央銀行の異例に大規模な「量的緩和」（QE）は、「成長戦略」の視点から見ればまさに「流動性の罠」に陥っている。そうした異例の金融の「量的緩和」から脱却を図る「出口戦略」は不明瞭なままであり、むしろ、2013年12月からのアメリカの連銀の量的緩和の縮小（tapering）の開始[11]が、中国経済を含

め、新興経済諸国経済の破綻への危惧を拡大する事態を生じている。

　一方では、「強欲」な金融活動の抑制と金融システムの再生を図る金融規制、野放図な企業活動のグローバル化に対するさまざまな規制など、各国および世界的な政府の経済過程への介入強化の趨勢によって、この間世界を覆い尽くすかのように進んだグローバル資本主義化のプロセスは、大きな転機を迎えている。さらに、長期・歴史的な大きな視点でみると、すでにグローバル金融危機・経済危機への対応で登場した「G20」（世界主要20カ国首脳会議）にみてとれるように、米・欧・日本などこれまでの先進資本主義地域から、新興経済地域に世界経済的な重心が移る世界経済的な「パワーシフト」が進んでゆく趨勢を見て取ることもできる。しかし、これまでの現代資本主義の中心部経済である、アメリカ、日本の経済回復の遅滞と、ヨーロッパ経済の不況圧力が高まるにつれ、他方では、「グローバル成長連関」の作用によって1990年代以降「グローバル成長連関」に依存しながらとみに成長を加速してきた中国を筆頭に、インド、ブラジル、ロシアなどBRICs諸国や、その他「成長するアジア」諸国も、欧米向け輸出の減退によって輸出志向工業化・成長戦略の限界に直面し、ロシア、ブラジル、その他資源輸出依存の大きい諸国は、資源需要の減退と価格の下落によって、成長モデルの転換を迫られている。今や、グローバルな「パワーシフト」論の焦点となった新興経済全般にも、地域大国と周辺部諸国の成長戦略の分岐を含みながら、再び大きな転機となる可能性が高い事態となっている。

本書の課題と構成

　こうして、グローバル金融危機・経済危機は、この間約30年間のグローバル資本主義化のプロセスの大きな帰結の一つとみることができる。SGCIMEの「グローバル資本主義シリーズ」は、これまで、戦後パックス・アメリカーナの衰退と転換という現代資本主義の歴史的プロセスで進行したグローバル資本主義の展開の特徴的な事態を、実態的・理論的に多面的な解明するこ

とを試みてきた。本書を第1冊とする『グローバル資本主義の現局面』は、続く第2冊と合わせて、全体として、グローバル金融危機・経済危機とそのインパクトを焦点として、グローバル資本主義の「現局面」とその転換の行方について、主要な側面に絞って論じるものである。

　むろん、現実はさまざまな方向へと発散する様相を呈し、グローバル資本主義の危機とグローバル資本主義の変容がどういった方向に向かうのか、いまだその方向は不確実である。シリーズ第1冊である本書と、新興経済地域を論じる第2冊だけで、問題のすべてを解明し尽くすことはとうていできない。国際通貨体制や国際金融、グローバル企業の展開、グローバル・シティとそのネットワークの重層的発展の意義や実態など、グローバル・システムの問題やアメリカ、EU、日本などの資本本主義世界編成の中心部経済、またそれとの有機的な関連をもって展開されている新興経済地域の変容のダイナミズムについて、解明すべき点は数多い。より立ち入った包括的な分析と議論は今後の課題として残されている。しかし、本書は、続く第2冊とあわせて、グローバル金融危機・経済危機のインパクトのいわば主な断層に焦点を当てて解明を試みるものであり、それを通じて、グローバル資本主義の変容とその行方を探る上で、今後のより包括的な議論の手がかりを得る重要な意義を担うものである。

　今般のグローバル金融危機・経済危機は、「百年に一度」あるいは1930年代「世界大恐慌以来最悪」ともいわれ、それを受けたグローバル資本主義の現局面が、長期的・歴史的な資本主義の歴史的展開のなかで、現代の資本主義としてどのような歴史的な意義を持つものなのか、その歴史的位相の理論的解明もまた強く求められるものである。それは、とりわけ宇野理論の系譜からいえば、「段階論」的解明を要するものであり、改めて全面的に論ずべき課題である。その意味でも、これまでのSGCIMEによる『グローバル資本主義シリーズ』における各種の解明と議論に続き、グローバル資本主義の現局面を重点的に解明する本シリーズ2冊は、そうした理論的解明にとって、非常に重要な前提となるものといえよう。

こうした意義を担うものとして、シリーズ第1冊である本書では、とりわけグローバル・レベルの制度変容や構造転換の問題、およびこれまでの戦後現代資本主義の中心部経済であるアメリカ、EU、日本の特徴的な諸側面の解明を試みる。まず、第Ⅰ部「グローバル金融危機・経済危機とそのインパクト」で、アメリカに端を発するグローバル金融危機・経済危機の実相をとらえるとともに、そのインパクトが「ドル本位制」を中心とする現在の国際通貨体制、また、グローバル資本主義の展開と危機の焦点であるアメリカについて、政府機能および金融機能の転換の問題、EU・ヨーロッパの中心であるドイツ、およびとりわけ「ファイナンシャライゼーション」と「カジノ化」を大きな特徴とした金融グローバル化においてアメリカとEUおよびその他世界を仲介する独自の位置を占めたイギリスにおける問題を論じる。続く、第Ⅱ部「日本経済の現状と課題」では、グローバル金融危機・経済危機のインパクトのもとで、大震災津波被災と原発危機に見舞われ「二重の危機」にある日本経済の問題を、対外面、さらには金融面から、主な側面を論じる。

なお、本書に続く「グローバル資本主義の現局面」シリーズの第2冊『グローバル資本主義と新興経済』では、とりわけ変化の著しい新興経済地域について、中国、中南米、ロシア、東南アジアに焦点を絞って論じる。本書と合わせて参照されたい。

注
1) 「シャドウ・バンキング」論は、その問題点も含めて、第1章の注1および注25をみよ。
2) 「グローバリゼーション」に関する議論は、とりわけ1990年代半ば以降、幅広く登場してきているが、論点は非常に多岐にわたる。比較的早い時期のものとして、D. Held and A. McGraw [2003] をみよ。ここでは、とくに経済グローバル化に焦点を絞り、基本と考えられる点のみ取り上げた。グローバリゼーションに関する議論と論点をとりまとめたものは2000年前後から増えてきているが、グローバル金融危機直前のものとしては、同 [2007] がある。
3) この間のグローバルな資本主義の新たな展開を「新自由主義」概念でとらえる見解が、D. Harvey [2007]、D. Kotz [2015] など数多く現れている。しかし、グローバル

資本主義の展開との関係や、また戦後現代資本主義がなぜそうした動向が必然化したのか、そのダイナミズムの具体的解明は十分なされているとはいえない点が問題である。

4）戦後現代資本主義世界経済の中心を占めた、戦後アメリカの持続的成長の構造とメカニズム（＝資本蓄積体制）の内容とその特質、限界・衰退については、河村［2003］第3章および第4章の議論をみよ。

5）国際資金循環の構造と、国際基軸通貨機能に基づく国際決済機構の重要性については、故侘美光彦氏による1907年恐慌をめぐる「ポンド体制」に関する古典的研究（侘美［1976］）、また、同氏による1930年代世界大恐慌に関する「ポンド・ドル体制」の研究がある。侘美［1994］をみよ。関連して、戦間期の再建金本位期における包括的な研究としては、Brown, Jr.［1941］がある。こうした研究成果が、グローバル資本主義の現局面の解明に十分活かされているとはいえない点は大きな問題である。ここでの立論は、そうした研究成果を、グローバル資本主義の現局面の分析に活かす試みである。

6）アメリカを軸とするシャドウ・バンキング・システムの発展と、グローバルな金融膨張の問題については、第1章の注1および注25をみよ。

7）以上の点については、すでに各所でさまざまに論じているが、とくに河村［2009］、［2013］などをみよ。なお、今回の金融危機の原因を、金融部門の膨張（「ファイナンシャライゼーション」＝金融化）と金融グローバル化の趨勢の上に、「制度」不備を含む「証券化メカニズム」を通じた投機的信用膨張が、サブプライムローン破綻と「住宅バブル」崩壊を通じて崩落したものととらえる見解が一般的であり、G20による共同声明（2008年11月15日、G20［2008］）にも共通してみられるが、続く第1章でも論じているように、本シリーズの「グローバル資本主義」の展開という視点から見ると、「シャドウ・バンキング」論とともに、「グローバル成長連関」との関連が十分とらえられていないことが問題である。

8）主要各国の財政・金融政策を通じた景気刺激策の詳細は、経産省［2010］：15-16の1-1-16表で簡潔にまとめられている。同所を参照。

9）いわゆる自民党安倍政権による「アベノミクス」の「新成長戦略」（「第3の矢」）の中心となる「国家戦略特区」とその概要については、さしあたり、日本経済新聞［2013］、日本経済再生本部［2013］、新藤［2013］などをみよ。なお、グローバル金融危機と東日本大震災・原発危機という「二重の危機」に対する日本の経済社会再生の方途に関しては、別稿で、「衣・食・住・食・文化」が一体となった、基礎的ローカル・コミュニティのレベルからの再生が必要な点を提起している。河村［2013］序論を参照されたい。

10）食料価格の高騰が、エジプト、中東などの暴動の大きな背景となっているといわれる。その意味では、これもグローバル金融危機・経済危機の一環としてとらえることができるであろう。こうした側面については、Brown［2011］、および、The Fund for Peace［2011］のとくにp.4をみよ。

11）アメリカの連銀の「量的緩和」の縮小（Tapering）の開始については、とりあえず、Board of Governors of the Federal Reserve System［2013］、およびFederal Reserve Bank of New York［2014］をみよ。

＊本稿は、文部科学省科学研究費補助金基盤研究（A）、海外学術調査研究「金融危機の

衝撃による経済グローバル化の変容と転換の研究—米国・新興経済を中心に」（平成21〜24年度、課題番号21252004）（研究代表者：河村哲二）の研究成果と知見を利用している。また同基盤研究（C）「グローバル金融危機・経済危機からのアメリカ経済の回復過程の特質と問題点の実態研究」（平成26〜28年度、課題番号26380327）（研究代表者：河村哲二）による研究成果の一部である。

参考文献
河村哲二［2003a］、『現代アメリカ経済』有斐閣。
河村哲二［2003b］、「インパクトの源泉としてのアメリカ」SGCIME 編『グローバル資本主義と世界編成・国民国家システム　Ⅰ世界経済の構造と動態』、第Ⅰ集第1巻Ⅰ、御茶の水書房、2003年、序章。
河村哲二［2006］、「アメリカ企業と蓄積体制」SGCIME 編『グローバル資本主義と企業システムの変容』、第Ⅰ集第3巻第1章、御茶の水書房。
河村哲二［2008a］「アメリカの1990年代長期好況とニューエコノミー——戦後パックス・アメリカーナの衰退と『グローバル資本主義』下の景気循環」SGCIME 編『グローバル資本主義と景気循環』第Ⅰ集第4巻第1章、御茶の水書房。
河村哲二［2008b］、「『段階論』構成の方法と資本主義の諸カテゴリーの現実態」宇野没後30年記念集会コメント要旨（http://www.gssm.musashi.ac.jp/uno/）。
河村哲二［2009］、「グローバル金融危機と現代資本主義の『グローバル資本主義』化」『生活経済政策』2009年1月号（No.144）。
河村哲二、岡本哲志、吉野馨子編著［2013］『[3.11]からの再生——三陸の港町・漁村の価値と可能性』、御茶の水書房。
経済産業省［2010］『通商白書』2010年度版。
経済理論学会［2009］第57回大会共通論題「2008年世界恐慌と資本主義のゆくえ」2009年11月22日・23日、東京大学経済学部（http://georg.e.u-tokyo.ac.jp/57taikai/program/program-kaijo.pdf）。
新藤義孝（地域活性化担当大臣）［2013］、「国家戦略特区コンセプト」（http://www.kantei.go.jp/jp/singi/tiiki/kokusentoc_wg/pdf/concept.pdf）。
侘美光彦［1976］、『国際通貨体制』東京大学出版会。
侘美光彦［1994］、『世界大恐慌』御茶の水書房。
田中素香［2012］「ソブリン・金融危機とユーロ制度の変容」財務省財務総合研究所『フィナンシャルレビュー』平成24年第3号（通巻110号）、2012年3月。
田中素香［2013］「ユーロ危機の沈静化と今後の課題」*Chuo Online*（http://www.yomiuri.co.jp/adv/chuo/research/20130207.htm）。
日本経済新聞［2013］、「戦略特区の概要決定」（2013年10月18日）（http://www.nikkei.com/article/DGXNASFS1800G_Y3A011C1MM0000/）。
日本経済再生本部［2013］、「国家戦略特区における規制改革事項等の検討方針」（http://www.kantei.go.jp/jp/singi/tiiki/kokusentoc_wg/pdf/kettei.pdf）。
Board of Governors of the Federal Reserve System [2013], *Press Release*, December 18, 2013 (http://www.federalreserve.gov/newsevents/press/monetary/20131218a.htm).
Brown, Lester R. [2011], "The New Geopolitics of Food: From the Middle East to Mada-

gascar, high prices are spawning land grabs and ousting dictators," *Foreign Policy*, May/June 2011（http://www.foreignpolicy.com/articles/2011/04/25/）.

Brown, Jr., William Adams, [1940] *The International Gold Standard Reinterpreted, 1914-1934*, National Bureau of Economic Research（http://papers.nber.org/books/brow40-1）.

Epstein, Gerald A., ed. [2006], *Financialization and the World Economy*, Edward Elgar Pub.

Federal Reserve Bank of New York [2014], *Statement Regarding Purchases of Treasury Securities and Agency Mortgage-Backed Securities*, January 29, 2014（http://www.newyorkfed.org/markets/opolicy/operating_policy_140129a.html）.

Freedman, Thomas L [2005], *The World Is Flat: A Brief History of the Twenty-first Century*, Farrar, Straus and Giroux（伏見威蕃訳『フラット化する世界（上）、（下）』日本経済新聞社、2006年、2008年）.

G20 [2008], *Declaration of the Summit on Financial Markets and the World Economy* (November 15, 2008)（Ministry of Foreign Affairs of Japan: http://www.mofa.go.jp/policy/economy/g20_summit/index.html）.

George Soros [1998], *The Crisis Of Global Capitalism: Open Society Endangered*, Public Affairs（大原進訳『グローバル資本主義の危機』日本経済新聞社、1999年）.

Giddens, Anthony [1990], The Consequences of Modernity, Polity Press（松尾精文・小幡正敏訳『近代とはいかなる時代か？』而立書房、1993年）.

Gilpin, Robert [2000], *The Challenge of Global Capitalism: The World Economy in the 21st Century* Princeton University Press（古城佳子訳『グローバル資本主義—危機か繁栄か』東洋経済新報社、2001年）.

Greenspan, Alan [2008], *Remarks in "This Week with George Stephanopoulos" interview*, September 14, 2008,（http://blogs.abcnews.com/politicalradar/2008/09/greenspan-to-st.html）.

Hardt, Michael and Antonio Negri [2000], *Empire*, Harvard University Press（水嶋一憲・酒井隆史・浜邦彦・吉田俊実訳『〈帝国〉—グローバル化の世界秩序とマルチチュードの可能性』以文社、2003年）.

Harvey, David [2007], *A Brief History of Neoliberalism*, Oxford University Press（渡辺治・森田成也・木下ちがや・大屋定晴・中村好孝訳『新自由主義』作品社、2007年）.

Held, David, Anthony McGrew, David Goldblatt, Jonathan Perraton [1999], *Global Transformations: Politics, Economics, and Culture*, Stanford University Press.

Held, David and Anthony McGrew, eds. [2003], *The Global Transformations Reader: An Introduction to the Globalization Debate*, Second Edition, Polity.

Held, David and Anthony McGrew, eds., [2007], *Globalization/Anti-Globalization: Beyond the Great Divide*, Second Edition, Polity.

Kotz, David [2015], *The Rise and Fall of Neoliberal Capitalism*, Harvard University Press.

Sassen, Saskia [1996], *LosingConrol?: Sovereignity in An Age of Globalization*, Columbia University Press（伊豫谷登士翁訳『グローバリゼーションの時代』平凡社、1999年）.

Sassen, Saskia［2001］, *Global City*, Princeton University Press（伊豫谷登士翁・大井由紀・高橋華生子訳『グローバル・シティ——ニューヨーク・ロンドン・東京から世界を読む』筑摩書房、2008年）.

Sassen, Saskia［2006］, *Territory, Authority. Rights*, Princeton Unversity Press（伊豫谷登士翁監修、伊藤茂役訳『領土・権威・諸権利』明石書店、2011年）.

Steger, Manfred B.［2003］, *Globalization: A Very Short Introduction*, Oxford University Press（櫻井公人・櫻井純理・高嶋正晴訳『グローバリゼーション』岩波書店、2005年）.

Stiglitz, Joseph［2002］, *The Globalization and Its Discontents*, W. W. Norton & Company（鈴木主税訳『世界を不幸にしたグローバリズムの正体』徳間書店、2002年）.

Strange, Susan［1986］, *Casino Capitalism*, Basil Blackwell（小林襄治訳『カジノ資本主義——国際金融恐慌の政治経済学』岩波書店、1988年）.

I　グローバル金融危機・経済危機のインパクトとアメリカ経済

第1章
アメリカ発のグローバル金融危機・経済危機とグローバル資本主義の不安定性

河村哲二

はじめに

　すでに序章で明らかにしたように、2007年春から顕在化したサブプライムローン危機に端を発するアメリカ発の金融危機は、2008年秋には、「百年に一度」、「世界大恐慌以来最悪」（Greenspan［2008］など）といわれる非常に深刻な世界規模のグローバル金融危機・経済危機に発展した。アメリカのRMBS（住宅抵当貸付をベースとした証券化商品）を中心とする証券化商品の価格暴落による金融部門の巨額の損失の発生によって、アメリカおよびイギリス・ヨーロッパ大陸の主要金融市場を中心に、銀行間市場など金融・信用市場の深刻な流動性危機と機能麻痺が生じ、グローバルな全般的信用不安と大規模かつ広範囲に金融危機が発展した。とりわけ、2008年の9月のリーマンブラザーズの破綻を含む一連の大規模な金融破綻の発生を通じて、アメリカを始め世界的な株価の暴落スパイラルを伴いながら、住宅市場の崩壊や、アメリカおよびグローバルな自動車市場の急激な縮小など、消費・生産・雇用の全般的縮小を招き、金融危機と経済危機の「負のスパイラル」をグローバルに加速し、1930年代「世界大恐慌」の再来が危惧される事態に至った。

　今回のグローバル金融危機は、この間の金融部門の膨張（「ファイナンシャライゼーション」＝金融化」）と金融グローバル化の趨勢の上に、「制度」不備を含む「証券化メカニズム」を通じた投機的信用膨張が、サブプライム

ローン破綻と「住宅バブル」崩壊を通じて崩落したことによるものとする見解が一般的である[1]。「貨幣」や資本主義の「投機性」そのものに還元し、現実の資本主義の具体的実態と遊離した単純な極論まで登場した（岩井［2008］など）。しかし、今回のアメリカ発のグローバル金融危機は、単に、そうした金融バブルの発展と崩壊という現象に解消できない。とりわけ、アメリカのみならず世界的に急速な実体経済の連鎖的な縮小が相互促進的に生じたことは、金融機能麻痺のインパクトを震源として、この間のグローバル資本主義化を通じて出現したアメリカおよびアメリカを軸とする世界的な新たな資本蓄積の基軸的連関（本稿では、「グローバル成長連関」と呼ぶ――SGCIME編・河村［2008］を参照）そのものが、その拡大の「エンジン」であった金融メカニズムの崩壊を通じて、大きく逆回転したことを示すものであった。そこに、「百年に一度」という事態の問題の核心がある。

いいかえれば、この間、1970年代半ばを大きな画期とする戦後パックス・アメリカーナの政治経済体制の衰退と転換のプロセスで顕著な進展を見せた、企業・金融・情報のグローバル化と政府機能の新自由主義的転換が相互促進的に出現させた「グローバル資本主義」化のプロセスで出現した、アメリカを軸とする新たなグローバルな規模での資本蓄積の基軸的連関そのものの危機であり、その意味で、まさにグローバル恐慌といってよいものであった。

本章では、その最大の震源地であるアメリカに焦点を絞って、グローバル金融危機・経済危機の発現の原因とプロセスを明らかにし、アメリカを軸とするグローバル資本主義の現局面の特質を明らかにする。それをふまえて、グローバル資本主義の現局面が現代資本主義の変容としてどのような歴史的位相にあるのかを、アメリカを軸に明らかにしたい[2]。

1 アメリカ発のグローバル金融危機

(1) アメリカ発のグローバル金融危機をとらえる基本視点

今回のアメリカ発のグローバル金融危機・経済危機の引き金となったサブプライム危機そのものを捉える場合、次の3つの次元の異なる要因が複合したもの捉えるべきものである。

第1に、1990年代末に発展した「ITバブル」の崩壊後、リスクマネーを含む内外の大量の投資資金が、とりわけリスク転嫁を含む証券化メカニズムを介して、住宅金融市場に流入して2003～04年から顕著に発展したアメリカの「住宅バブル」が崩壊したことが直接の原因である。その意味で、1970年代後半から大きく進んだ、アメリカ経済のいわゆる「ファイナンシャライゼーション」（「資本蓄積の金融化」というべき金融膨張現象）の直接の延長上にあるものである。

第2に、「住宅ブーム」の過程で、アメリカ固有の社会経済的特質である住宅金融（および信用市場一般）の人種的セグレゲーション、とりわけ「制限約款」による居住地区の人種隔離と「レッドライニング」による住宅抵当貸付の差別的取り扱いの是正措置の進展――公民権法以降とくに「コミュニティ再投資法」（CRA）に代表される[3]――と結合し、「略奪的貸付」を含むサブプライムローンがとりわけマイノリティ層に拡大したことがベースにあった。アメリカ固有の社会経済的な特殊条件を基礎過程とするものであり、その意味で、まさに「アメリカ発」の金融危機であった。

しかし、第3に、もう一つ強調すべき点は、今回のグローバル金融危機の直接の原因となったアメリカの「住宅ブーム」のバブル的発展とその崩壊は、1990年代長期好況、とりわけ「ITバブル」の発展とその崩壊の直接の延長上にあることである。それは、今回のグローバル金融危機が、この間ほぼ30年間にわたって進行した、アメリカを震源とする現代資本主義の「グローバル資本主義」化そのものに淵源することを示している。

すでに序章で概括し、また各所（とくに河村［2008］、最新の概括として

同［2013a］、［2013b］）で論じたように、「グローバル・シティ」機能と「新帝国循環」の結合を中心的関係とし、さらにドルの基軸通貨性とグローバル金融センターニューヨークの金融ファシリティを結節点と媒介とした「グローバル成長連関」が出現した。そうしたより大きな構造的観点からみると、それが1990年代以降のアメリカの一連の景気循環全体——異例の長期好況・その末期にかけての「ITバブル」の発展とその崩壊、およびそれに続く「住宅バブル」とその崩壊という、1990年代から2000年代後半の一連の過程——を、基本的に規定している。今回のアメリカ発のグローバル金融危機は、そうした基軸的連関そのものが発展させた危機である。その意味で、単に金融バブルの発展と崩壊という現象に止まらず、1970年代半ばを画期とする戦後パックス・アメリカーナの衰退・転換とグローバル資本主義化という、現代資本主義におけるアメリカとアメリカを軸とするグローバルな資本蓄積体制の転換の現局面の特質がもたらした危機として分析される必要がある。それによって初めて、今回のグローバル金融危機・経済危機の全体的特質とインパクトの本質が明らかになるものである。

（2） 分析の焦点

サブプライムローンそのものは、クレジットビューローのFICOスコア（Fair Isaac Corporation Score）およびその他の融資基準が、伝統的な適格基準と比べて低い信用格付けの個人向けローン（住宅抵当貸付、その他ペイデイローンなど）の総称であるが、すでに種々明らかにされているように、とくに今回のアメリカ発のグローバル金融危機を引き起こす直接の発端となったアメリカのサブプライムローン問題の中心は住宅抵当貸付（mortgage loan）であった。アメリカのサブプライム住宅抵当貸付は、1990年代初めから拡大し、1994年の35億ドル（1〜4家族向け住宅抵当融資額の4.5%）から2006年には6000億ドルに達し、全体の20%を占めるに至った（Bernanke［2008］）。とりわけ1990年代「ITバブル」の崩壊と「9.11」事件を挟む2001-03年の景気後退期の低金利を機に急増した（後掲図1-3、図1-5）。

RMBS、ABS（資産担保証券）、さらに各種CDO（多数債権プール型資産担保証券）などの証券化メカニズムがリスク分散の重要な手段を与え、同時にヘッジファンドやヨーロッパ等からの内外の投機資金を含む大量の投資資金を吸引して、住宅融資が急増した（詳しくは後述）。この過程でいわゆる「略奪的貸付」[4]の拡大を含んで、貸付の質が大きく劣化した。

とりわけ2003-04年に急増して住宅抵当貸付の大半を占めたハイブリッド型変動金利モーゲージ（Hybrid ARM：1979年に認可）——2～3年以降に金利・返済額が急増する——を中心に、金利上昇（2004年後半から開始）のなかで住宅各価格が2006年半ばから反転・下落を開始したこと（後掲図

図1-1　モーゲージ関連証券化証券価格の動向

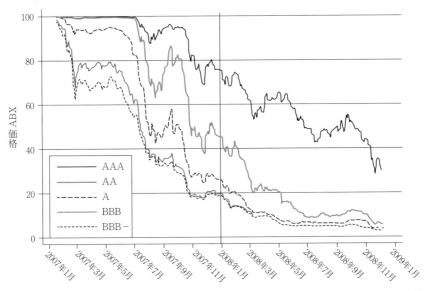

（注）Markit 7-1シリーズ・インデックスによる。ABXは、モーゲージ関連資産担保証券化商品に対するクレジット・デフォールト・スワップ（CDS）の複合指数。
（出所）Markus K. Brunnermeier, "Deciphering the Liquidity and Credit Crunch 2007-2008," p.83, Fig.1 *Journal of Economic Perspectives*, Vol. 23, Number 1, 2009, pp.77-100.（http://www.princeton.edu/~markus/research/papers/liquidity_credit_crunch.pdf）から作成。

1-12)と相互促進的に、返済延滞率と差し押さえが急増した。その結果、2007年初めから、こうした劣化したサブプライムローンを担保とするRMBS価格が急落を始め（図1-1）、ABSなど他の証券化商品にも波及しながら、アメリカ、さらにヨーロッパの銀行、投資銀行・証券会社、ヘッジファンド等の巨額損失を招き[5]、流動性危機が発生した。債券保証会社（モノライン）にも財務危機が拡大し、証券化商品市場全体に信用不安が拡大した。関連損失による財務内容の悪化から、証券5位のベアー・スターンズが救済合併に追い込まれるなど大型破綻を生じ、金融不安が拡大した。直接にはこれがサブプライム危機の発端であった

投機的操作を含む投資資金の商品市場への流入を大きな原因とする原油・食料・その他資源価格高騰によるコスト上昇と消費減少の影響をはさみ、2008年夏には、証券化市場全体の機能麻痺と銀行その他金融機関の財務毀損によるクレディット・クランチやローンの縮小、社債・CP市場を含む金融市場の機能低下の影響とあいまった実体経済悪化と信用不安の拡大という負のスパイラルが進行した。とりわけ2008年9月15日のリーマンブラザーズ破綻を契機に世界な株価暴落が加速し、さらにCDS（信用デフォルトスワップ）などデリバティブを組み込んだシンセティックCDOを中心に、MBS関連証券化商品市場より遥かに規模が大きく、かつ投機性の強いCDO市場の全体的な機能停止が生じ、全般的金融危機と、実体経済との相互促進心的な負のスパイラルが発展した。金融制度そのものの全面的な崩壊を生じかねない1930年代「世界大恐慌」型の構造的危機の実質を有するに至った。

こうした経過をたどって、アメリカの住宅抵当貸付の問題を中心として発現したサブプライム危機は、短時間の内にグローバルな規模の金融危機・経済危機に発展したが、それは、恐慌史の視点からみれば、まさに「世界恐慌」の様相を呈し、しかも、「大恐慌以来最悪」・「百年に一度」と形容されたように、実体経済の大幅な縮小とともに国際通貨・金融システムの全面的な崩壊を生じた1930年代「世界大恐慌」型の構造的恐慌と規定できるものといえよう。

今回のアメリカ発のグローバル金融危機・経済危機は、上記の3つの要因の複合がその基本的な原因とみることができるが、その関連では、グローバル資本主義の展開との関連で、とくに次の2点がその分析の焦点となる問題であるといえよう。第1に、直接にはアメリカのサブプライム危機であったものが、短期間にグローバルな規模で実体経済を巻き込んだ金融危機・経済危機に発展したのはなぜか、という点である。第2には、かつての1930年代「世界大恐慌」の下降局面と対比すると、今回のグローバル金融危機・経済危機の大きな特徴として、アメリカ連邦準備制度、ヨーロッパ中央銀行（ECB）、さらにイギリス、ヨーロッパ、日本を含む主要各国の中央銀行・政府の大規模な財政金融措置が平時としては異例の規模と質を持って発動され、「大恐慌型」の下降過程の進行が阻止されたことの意義をどうみるかという点である。それは、ニューディールと第二次大戦を経た現代資本主義の特質が改めて大きく顕在化したものであり、かつての「世界大恐慌」とは大きく異なるグローバル資本主義の現局面の大きな歴史的特質を示している。その意味も、合わせて解明される必要がある。続いて以下、こうした2点を大きな焦点として、この間のグローバル資本主義の展開によって出現した「グローバル成長連関」との関係を軸に、今回のグローバル危機・経済危機の発現のダイナミズムとその特質をよりたち入って分析し、現代資本主義のグローバル資本主義としての変容の持つ歴史的意義を明らかにすることにしよう。

2　1990年代長期好況・「ITバブル」の発展とサブプライムローン問題

（1）　1990年代長期好況の特徴と「ITブーム」

まず、サブプライム危機をもたらした2000年代の「住宅ブーム」の特質を見るためには、それに直接先行したアメリカの1990年代長期好況の基本構造を明らかする必要がある。すでに別稿でも論じたように（河村［2008a］）、

1991年春から開始されたアメリカの1990年代長期好況は、そのベースとして、①1980年代から進んだアメリカの戦後企業体制の再編効果——事業のオフショアリングやグローバル・アウトソーシングを伴う事業再構築、事業プロセス革新などの経営革新、生産システムの「リーン化」や硬直的な伝統型労使関係の再編など——によるコスト削減をつうじた企業収益の改善が、②財政赤字の縮小（財政改革と一部は冷戦終結による「平和の配当」の効果）とあいまった長期金利の低下と結合して、企業セクターの設備投資を大きく拡大したことが、1990年代初期の景気拡大を主導した。そこに1990年代半ば以降「ITブーム」が加わって異例の長期好況を生んだとみる必要がある。一部の「ニューエコノミー」論者のように、「ITブーム」だけを強調する見解は表面的なとらえ方にすぎないが、1990年代前半のアメリカ経済の好況を異例の長期間継続させたのは、とくに1990年代後半から顕著となった「IT

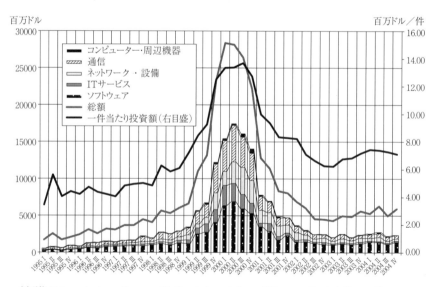

図1-2　ベンチャー投資額：1995-2004年（四半期別）

（出所）PricewaterhouseCoopers/National Association of Venture Capital（https://www.pwcmoneytree.com/MTPublic/ns/）より作成。

第1章 アメリカ発のグローバル金融危機・経済危機とグローバル資本主義の不安定性　37

ブーム」の効果であったことは確かである。

　1990年代後半の「ITブーム」は、直接には、「IT革命」の旗手として登場した「ドットコム」企業など新興企業・ベンチャー企業が、内外の投資資金の大量の流入（図1-2）に促進され、IPO（新規公開）ブームを生みつつ、NASDAQを中心に株価上昇を加速し、ブーム化したものであったといってよい。

　それは、「シリコンバレー」を筆頭とするIT集積とベンチャー・ブームが、ニューヨーク証券市場——とくにNASDAQ——と金融ファシリティを結節点として、大量の投資資金・投機資金を引きつけ、経済拡張の一大ブームを生じたものであった。とりわけここで強調されてよいのは、1998年からアジア通貨金融危機等による「質への逃避」を経て、リスクマネーを含む大量の投資資金がIT関連セクターに流入したことが「ITブーム」をバブル的に発展させた。そうした関係が活発に作用し、IT関連の設備投資が増大して景気拡大を刺激し、主要企業の好業績をベースに株価が上昇基調にあった「オールド・エコノミー」企業にも波及して、「ニューエコノミー」と「オールドエコノミー」の分野が複合しながら、全体として、株価・資産価格連動景気という性格を強めて経済拡張が加速された。これが「ニューエコノミー」現象の実像であったといってよい[6]。

　今回の金融危機の発端となったサブプライム問題との関連で注目されるのは、1990年代末にかけて住宅部門も活況を呈し、景気の持続的拡大を促進したことである。金利の安定と所得の堅調な伸びを基盤として、1980年代に購買層に達したベビーブーマー層による高額・大型住宅への買い換え需要の増加がそのベースを与えた。しかしさらに、とくに1980年代末のS&L危機・破綻後のアメリカの新たな住宅金融方式が登場したことを受け、住宅価格の上昇と金利の相対的低水準（図1-3）に促進され、ジャンボ・ローンの拡大を含む新規住宅モーゲージが増大し、借換えやホームエクイティ・ローンが拡大した（図1-4）。こうした住宅価格上昇分の現金化による追加所得が旺盛な消費需要を支え、持続的好況を拡大する効果を持った。

図1-3 住宅モーゲージ・ローン利率：1971–2013年（伝統型・適格；週別）

（出所）Freddie Mac, Primary Mortgage Market Survey® Archives, Conventional, Conforming, Treasury-Indexed FRM and ARM Weekly Data（http://www.freddiemac.com/pmms/pmms_archives.html）より作成。

またとくに注目されるのは、変動金利抵当貸付（ARM：認可は1979年）も拡大し、証券化メカニズムと相まって、非白人層への住宅抵当貸付が拡大したことである。1999年4～6月期に7割近くに上昇した持ち家比率のうち非白人層の上昇が重要な部分を占めた。一面では、コミュニティ再投資法（CRA）や信用情報・融資先情報開示などのマイノリティ低所得者層への住宅金融機会の拡大支援策の成果である（Dymski［2007］：8-9）ため、グリーンスパン連邦準備制度理事会議長は「信用の民主化」"democratization of credit" の発展と捉えた（Greenspan［1997］）が、実際には、こうして、今回のサブプライムローン問題のベースが発展し始めていた。連邦金融規制当局は、すでに1990年代末から2001年にかけて、野放図なサブプライム貸付に懸念を示し、警告を発していた[7]。

図1-4 モーゲージ借換、現金化、ホームエクイティ・ローン：1995-2007年

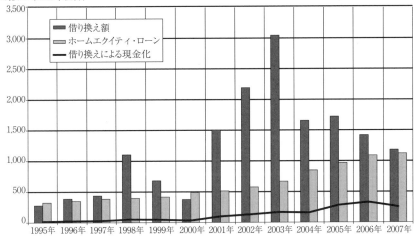

(注) 全都市消費者物価指数（CPI-U）によりインフレ調整した価額。ホームエクイティによる借換の現金化額は、借換後のモーゲージ額と残高の105％の差額。
(出所) Freddie Mac, *Cash Out and Refinance data*; Freddie Mac, *Economic and Housing Market Outlook*, February 2008; Federal Reserve Board, *Flow of Funds*. Joint Center for Housing Studies of Harvard University, "The State of the Nation's Housing 2008（http://www.jchs.harvard.edu/research/publications/state-nations-housing-2008）, appendix table A-4 より作成。

（2）「ITバブル」崩壊への対応と住宅ブーム

「ITブーム」は、実態を大きく超えてIT・インターネットの発展を過大評価した期待に基づく投機的なブームであり、流動的投資資金の大量流入による「バブル」の性格が強かった[8]。そのため、1999年から2000年前半にかけて、労働力不足や原油価格上昇などのインフレ傾向と、貯蓄率の大幅な低下など、長期経済拡大に伴う限界が顕在化したのに対応したFRBの金融引き締め（1999年8月から開始され、FF誘導利率が2000年3月21日までに0.25％ずつ4度、5月16-19日に0.5％引き上げ）[9]を契機に崩壊した。NASDAQ株価は3月の5000ドル以上（複合指数）のピーク水準から、9月初め（「9.11テロ」の直前）には3分の1近くまで暴落し、「9.11」の衝撃が

加わって、2002年秋には1100ドル台まで落ち込んだ。2001年第1四半期を境にIT投資は急減し、IT関連需要の低迷、株価下落による設備投資の減少と消費支出に対する「逆資産効果」を通じて、景気下降が開始された。失業率は、2001年初め（4％以下）から急上昇し2002年1月には6％近くに達した。2000年春を境にNYSEの株価も横ばいから下落に転じ、さらに秋の「9.11テロ」の衝撃が加わり、2003年3月には7600台まで下がった。

　しかし、FRBによる金融緩和とブッシュ減税を中心とした景気浮揚政策に「9.11テロ」に対応した国内安全保障とアフガン・イラク戦争戦費支出が加わって、景気の大幅な下降は回避された[10]。とりわけ大幅な金融緩和措置がとられた。FRBは2001年1月から金融緩和に転じていたが、「9.11テロ」の衝撃によるニューヨーク金融市場の麻痺に対応した緊急利下げで、連銀割引率とFFレートは、10月・11月初めにそれぞれ0.5％ずつ引き下げられ、最終的には、2002年1月後半には2.0％と1.0％という低水準となった（直前のピークは2000年5月後半のそれぞれ6％、6.5％）。こうした大幅な金融緩和は、「株価・資産価格連動景気」という性格を強めていた「ITバブル」が崩壊した後の、主に資産デフレの回避を意図したものといってよい（Greenspan［2007］訳：331-335）。

　実際にNY証券取引所の株価は、2003年末までに1990年代末の水準を回復した。NASDAQ市場も、2004年初めには2000（複合指数）を回復し、上昇傾向となった。しかし、とりわけ今回の金融危機との関連で強調すべきは、2000年代初めのこうした大幅な金融緩和が、「ITバブル」から住宅金融へと流動的投資資金を大きくシフトさせ、証券化メカニズムを通じた投機的金融操作を拡大しながら、「住宅ブーム」を持続し、さらに拡大させたことであった。その意味で、今回の金融危機の直接の発端となった「住宅バブル」とその崩壊は、「ITバブル」とその崩壊の延長上にある。

　モーゲージローン金利の記録的な低下（前掲図1-3）により、新規住宅モーゲージや借り換え操作が拡大し、住宅支出と住宅価格の上昇を促進しながら同時に消費支出を拡大する効果を持った。借り換えブームとなった2002年

第1章 アメリカ発のグローバル金融危機・経済危機とグローバル資本主義の不安定性 41

図1-5 住宅モーゲージ・ローン総額の推移と構成：2001-2007年

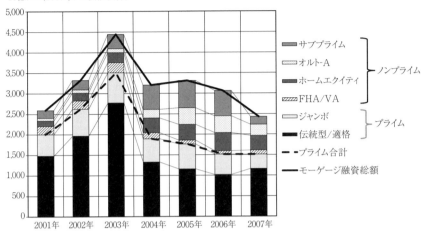

（注）ドル価額は、消費者物価指数で調整済み。
（出所）Inside Mortgage Finance, *2008 Mortgage Market Statistical Annual*. Harvard University, The Joint Center for Housing Studies, *State of the Nation's Housing 2008*, Appendix Table A-6より作成。

表1-1 サブプライム住宅抵当貸付とその証券化：2001-04年

	抵当貸付総額 （10億ドル）	サブプライム 抵当貸付 （10億ドル）	総額に占める サブプライム 比重	サブプライム 担保MBS （10億ドル）	サブプライム 抵当貸付の 証券化比率
2001年	2,215	190	8.6%	95	50.4%
2002年	2,885	231	8.0%	121	52.7%
2003年	3,945	335	8.5%	202	60.5%
2004年	2,920	540	18.5%	401	74.3%
2005年	3,120	625	20.0%	507	81.2%
2006年	2,980	600	20.1%	483	80.5%

（出所）Inside Mortgage Finance, *The 2007 Mortgage Market Statistical Annual*, *Top Subprime Mortgage Market Players & Key Data (2006)*. U. S. Joint Economic Committee, "The Subprime Lending Crisis: The Economic Impact on Wealth, Property Values and Tax Revenues, and How We Got Here," Report and Recommendations by the Majority staff of the Joint Economic Committee, Senator Charles E. Schumer, Chairman and Rep. Carolyn B. Maloney, Vice Chair, October 2007, p.18による。

第1～第3四半期には、伝統的適格モーゲージローンから590億ドルが現金化され、消費支出等に支出され、同期GDPを0.4%上昇させたと推計されている（CEA［2003］訳：40-41）（前掲図1-4）。しかも、とりわけ景気回復が進んだ2003-04年にサブプライムローンが大きく拡大した（図1-5、表1-1）。

（3） 住宅金融の拡大と「住宅ブーム」

ファニーメイ、フレディマックの「適格住宅ローン」（conforming loan）の上限額は、すでに1990年代末にかけて住宅価格の上昇を受けて引き上げられていたが、2001年からさらに大きく引き上げられた（1世帯用住宅で2000年の25万2700ドルから2001年に27万5000ドル、2005年に35万9650ドル）。当初は、ファニーメイ、フレディマックを中心にGSEが住宅金融に占める比重が増大し、2003年には47.1%に達した（図1-6）。GSEによる証券化も拡大した（表1-1）。しかし同時に、限度額を超えるGSE非適格ローンのジャンボローンやホームエクイティ・ローンが拡大し（図1-5）、また、サブプライム・モーゲージが急速に比重を高めた。融資側でも、2004年から、GSEや商業銀行など伝統的な貸し手以外の民間金融が急速に拡大した。この過程で、後のサブプライム危機の直接の原因が大きく準備されたといってよい。なかでも、証券化メカニズムを通じて、流動的投資資金、とりわけヘッジファンド等のリスクマネーが住宅金融分野に大量に流入したことが、住宅ブームのバブル的発展を促進するものであった。

第1に、証券化メカニズムにより、住宅モーゲージのオリジネーターは、住宅モーゲージを投資銀行等に売却することによって直接にはリスク転嫁が可能であり、リスク回避が容易になった金融機関による高リスク融資が拡大し、低信用層向けローンを容易にした。サブプライム住宅モーゲージ融資額は2002年から2004年でほぼ倍増し、その証券化比率は、2003年には7割、2004年からは8割を超えた（表1-1）。こうした債権を買い集めMBS（抵当担保証券化証券）やABS（資産担保証券）に仕立てる投資銀行や証券会社

第1章　アメリカ発のグローバル金融危機・経済危機とグローバル資本主義の不安定性　43

図1-6　住宅モーゲージ債権保有構成の推移：1979-2006年（年別）

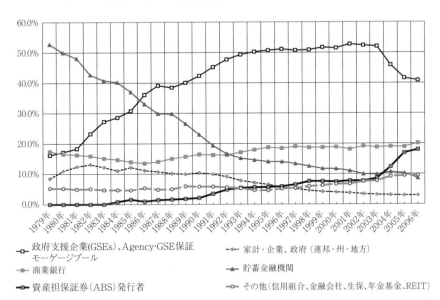

── 政府支援企業(GSEs)、Agency・GSE保証モーゲージプール　　-･- 家計・企業、政府（連邦・州・地方）
── 商業銀行　　── 貯蓄金融機関
── 資産担保証券（ABS）発行者　　── その他（信用組合、金融会社、生保、年金基金、REIT）

（出所）Board of Governors of the Federal Reserve System, "Federal Reserve Statistical Release, Z.1, Flow of Funds Accounts of the United States"; published 8 March 2007; <http://www.federalreserve.gov/releases/z1/20070308/>.

はリスクを広く分散し、またサブプライムローンや高リスク融資であっても、SIVs（Structured Investment Vihicles）を活用したオフバランス化によって、財務的健全性を確保できるとみなされた。さらに同様のメカニズムを通じて、ローンのみを原資産とするローン担保証券（CLO）や、債券のみを原資産とする債券担保証券（CBO）、さらには一般に信用リスクを含む資産を原資産とする債務担保証券（CDO）の発行が増大し、何段階にもわたる複雑な証券化操作を通じて、広くリスク分散とリスクプレミアムを階層化した証券化が図られ、内外の投資資金を幅広く吸引した（図1-7）。

　第2に、こうした証券化メカニズムは、リスクマネーの流入を加速するメカニズムを内包していた。証券化・再証券化の各組成段階で、原商品を層別に切り分け、金融工学を駆使してリスク配分を調整し、さらに高格付けを獲

図1-7 アメリカの住宅モーゲージ関係の証券化の構図

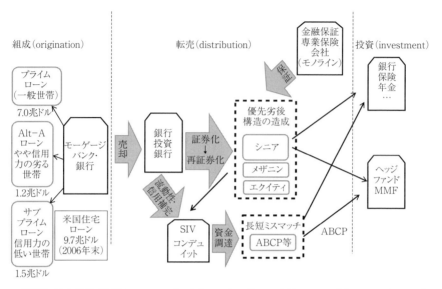

（出所）日本銀行『金融システムレポート』2008年3月 p.5、図表B1-1：「米国サブプライム住宅ローン関係の証券化の構図」より作成。

得する関係を組み込んで、多種多様な証券化商品化が作りだされた。一般的には、優先劣後関係を通じて、ローリスク・ローリターン（上位）のシニア、ミドルリスク・ミドルリターン（中位）のメザニン、デフォルトが起これば最初に損失を被るハイリスク・ハイリターン（下位）のエクイティに切り分け、元格付けがBBB（投資適格の最低格付）のRMBSを組み込んでも、シニアはAAA（同最上位格付）を取得可能とし、AAAのシニアを組成することで生じる全体のリスクの歪みは、エクイティ部分に押し込められた（図1-8(1)、(2)）。主なリスクテーカーとして、こうしたハイリスク・ハイリターンのCDO等の証券化商品の主な引受け手となったのが、各種ヘッジファンドであった。しかも、ヘッジファンドや投資ファンド、不動産ファンド向けのレバレッジド・ローン（低格付けのシンジケートローン）が大きく拡大した。このプロセスは、銀行信用拡張に依存しながら大きく加速し

図1-8(1) 証券化・再証券化の概念図

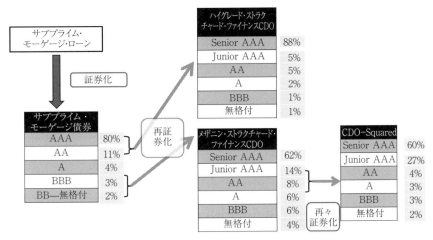

（出所）IMF, World Economic and Financial Surveys: *Global Financial Stability Report- Containing Systemic Risks and Restoring Financial Soundness*, April 2008, p.60 をもとに作成。

たのである。

　こうして2000年代前半からのアメリカの住宅ブームを中心とする金融ブームは、複雑な仕組み金融（structured finance）を組み込んだ証券化メカニズムを通じ、銀行信用拡張によるレバレッジ・ドファインスに大きく支えられながら、内・外の流動的な投資資金、さらにはハイリスク部分へのヘッジファンドに代表される投機的資金が、住宅金融市場、その他に大量に流入したことを大きな要因として発展したものであった。その意味で、1990年代後半から末にかけて大きく加速した「ITブーム」のバブル的発展と共通する性格を持つものであった。

　1990年代末にかけての「ITブーム」は、「シリコンバレー」を筆頭とするIT集積とベンチャー・ブームが、ニューヨーク証券市場（とくにNASDAQ）と金融ファシリティを結節点として、大量の投資資金、投機的資金を引きつけ、経済拡張の一大ブームを生じたものであった。2000年代前半の住宅ブームの加速は、直接には「ITバブル」の崩壊を受けた流動的な

図1-8(2) 証券化・再証券化のメカニズム

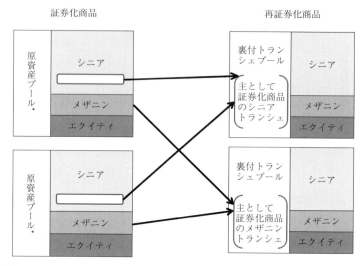

＊証券化商品の原債権プールは、住宅ローン債権、ノンリコースローン債権、クレジットカードローン債権、企業売掛債権など多様
（出所）日本銀行『金融システムレポート』2008年3月 p.30、図表B3-1をもとに作成。

投資資金が、2001-03年の低金利・住宅政策に促進されて、IT部門やIT関連のベンチャー投資から、証券化商品メカニズムを通じて住宅金融市場に大量に流入し、とくにサブプライムローン関連の高リスク証券化商品に集中して高収益を上げる関係にシフトしたことが大きな要因であった。

ここで大きく問題となるのは、両者を通じて作用したいわば共通のメカニズムとは何であったという問題である。これが、先に指摘した、第3の側面、すなわち、戦後パックス・アメリカーナの衰退と転換のプロセスで、著しい「ファイナンシャライゼーション」（Epstein, ed.［2006］など）を伴いながら進んだ、アメリカのグローバル資本主義化の流れと、そのなかで登場してきたアメリカおよびアメリカを軸とする新たな経済拡張の基軸的連関（＝グローバルな資本蓄積体制の基軸）とその不安定性という、より大きなメカニズムの問題である。

3 アメリカのグローバル資本主義化と「グローバル成長連関」の出現

(1) 「ファイナンシャライゼーション」の進展

　リスクマネーを含む大量の流動的投資資金の累積という問題そのものは,「ファイナンシャライゼーション」という1970年代以降の戦後パックス・アメリカーナ・システムの衰退と転換がアメリカ——および世界——にもたらした特徴的な現象である[11]。「ファイナンシャライゼーション」は,直接には,金融取引が実体経済を大きく超過して発展する現象である。

　指標の一つとして,アメリカにおける金融取引額の対GDP比率をみると,それは,1960年代後半からやや上昇するものの1950～60年代には2倍強までで安定的に推移していた。しかし1970年以降は急速に上昇に転じ,とりわけ1980年代以降は,実に40倍,1990年代にはさらに50倍強まで上昇した(図1-9)。この数字はデリバティブ,スワップなどのOTC(相対)取引を含まないが,その取引総額は1990年代にさらに大きく増大した(BIS[2000],[2007]などによる)。

　こうした「ファイナンシャライゼーション」[12]は,1970年代初めの「金・ドル交換性の停止」と「変動相場制」への移行というベースの上で,とりわけ「レーガノミクス」が生み出した「双子の赤字」を原因とする「ドル不安」の高進を大きな原因として進展したとみるべきものである。戦後パックス・アメリカーナの国際通貨・金融面の変容が,金融・為替市場のボラティリティと変動リスクを高め,「レーガノミクス」の金融自由化——1960年代末以来のインフレの高進がニューディール型銀行・金融規制のもとで促進した「ディスインターミディエーション」を最大の原因とする——を促すとともに,とりわけ金融工学的手法を駆使した新金融商品と金融操作の発展——ジャンク・ボンド・LBOローン等を含むM&A金融,プログラム取引,ポートフォリオ・マネジメント,デリバティブの発展などの「金融革新」——と,金融市場をまたがるクロスボーダーの金融操作・金融取引を大きく拡大

図1-9 アメリカ経済の「ファイナンシャライゼーション」—アメリカ金融市場の各種取引額の推移

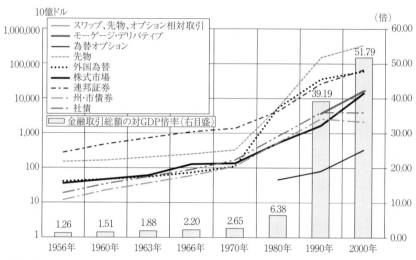

(注) 対GDP比以外は、対数目盛による。
(出所) Wikrent, Tony, *Financial Trading in U. S Table*（http://en.wikipedia.org/）より作成。

させた。今回の金融危機の主役となったアメリカの銀行、投資銀行、証券会社や年金基金など機関投資家、ヘッジファンド等は、国内金融規制を脱し、金融業務・金融操作のグローバルなネットワークを発展させ、金融グローバル化を進展させながら、金融市場の「カジノ化」[13] を生じた。

　1980年代後半の金融ブームは、戦後企業体制の再編と転換をベースとしながら、そうした展開が最初に顕著に現れた現象であった。1980年代後半の金融ブームはとくに1980年代後半から「マネーゲーム」化し、1980年代末には、ジャンク・ボンド市場の崩壊とS&Lの破綻を生じ、いったん終焉を迎えた。しかし、「ファイナンシャライゼーション」現象は、1990年代に一段と顕著になって引き継がれた（図1-9）。それは、各国、各地域の通貨・金融市場の制度的ゆがみや国際収支の構造的脆弱性などと結びついて、この間とくに周辺部で（ないしはアメリカ以外で）頻発してきた一連の通貨・金融

危機の基本原因としてさまざまに指摘されてきている（Arestis et al. eds [2001], Epstein, ed, [2008] など）。

1998年から顕著となった「ITブーム」のバブル化は、実際にはこうした関連のなかで、リスクマネーが、1997年のアジア通貨金融危機、1998年のLTMCの破綻を招いたロシア通貨金融危機による「質への逃避」を経てIT関連などベンチャー・ブームに流入したことを大きな要因としたものであった。その点からいえば、今回のアメリカ発のグローバル金融危機も、直接には、住宅金融の「カジノ化」と投機的発展が、証券化メカニズムそのものが内在した問題を通じて崩壊したものとして、いわば一般的に「投機の発展とその崩壊」（"bubble and bust"）で説明してもよいかもしれない。

しかし、すでに別稿でも論じた（河村［2008a］）ように、1990年代アメリカの異例の長期好況を含む景気循環は、単にリスクマネーの大量流入によって生じた「ITバブル」の発展と崩壊のみに一面化できない。実際には、グローバル資本主義化の進展を通じて、とりわけアメリカの資本蓄積の基軸的な関係が、「グローバル・シティ」機能の発展と新「帝国循環」の結合した「グローバル成長連関」に大きくシフトしたこととの関連で捉える必要がある。それは、1980年代初頭を画期として展開したアメリカの企業・金融・情報のグローバル化とそうした動向を促進する政府機能の新自由主義的な転換──「レーガノミクス」を画期とする──の総合的帰結といってよく、1960年代末に大きな限界を顕在化させたアメリカの戦後企業体制の再編と転換が必然化したものである[14]。

アメリカのそうした動向は、戦後パックス・アメリカーナの衰退と転換の過程そのものであり、1990年代から今回のグローバル金融危機・経済危機に到るまで、アメリカ経済の一連の展開を規定づけるダイナミズムの基本であり、アメリカおよび世界的なグローバル資本主義化を促進する最大の震源となったものである。続いてこの点を、3つの側面からさらに立ち入って分析しておこう[15]。

（2） 1990年代のアメリカの新たな経済発展軸の出現と「ITブーム」

　第1の側面は、金融グローバル化と並んで、この間のアメリカのグローバル資本主義化の中心を占めた、主要企業のグローバル化の問題である。この間、アメリカの主要企業は、産業や業種、企業ごとに程度や形態は異なっても、全体的には、製造、研究開発、サプライチェーン、あるいは販売や流通など、事業活動のあらゆる領域で、関連業務や専門サービスを含むグローバル・アウトソーシングやオフショアリングの拡大と、クロスボーダーM&Aなどを伴う企業間の複雑な合従連衡・提携関係を繰り広げながら、事業ネットワークをグローバルな規模で構築してきた。そうした各地の拠点や関連会社など、グローバル事業ネットワークを本社機能のもとに組織的に統合管理する関係を発展させ、高収益をグローバルに確保する戦略に転換してきた。こうした主要企業のグローバル化は、戦後現代資本主義の転換というより大きな視点からみると、戦後パックスアメリカーナの衰退と転換に対応した、戦後企業体制の組み替えを目指す主要企業の戦略的展開を基本動因として進行したものであった。

　戦後現代資本主義を規定づけた戦後パックス・アメリカーナの政治経済体制——第二次大戦期の戦時経済を画期として出現した圧倒的な政治・軍事・経済優位を基盤としてアメリカに主導されて確立されたもの——の中核を占めた1950・60年代アメリカの資本蓄積体制は、①アメリカ基幹産業の大企業・巨大企業の戦後企業体制（「成熟した寡占体制」を特徴とする）を中核とし、②管理資本主義的政府機能（ケインズ主義）と、③戦後パックス・アメリカーナの世界的政治経済体制（IMF＝ドル体制・GATT体制および「冷戦」・世界的軍事体制）の3つの側面がシステマティックに一体化した「持続的成長」のシステムであった（詳しくは河村［2003］第3章をみよ）。しかし、そうしたシステムは、1960年代末から戦後企業体制の内在的問題をベースとして機能不全を拡大し大きく衰退した。そのプロセスで現れた労働コスト・高エネルギーコストによる高コスト構造と、低成長への転換のもとで激化した内外の大競争に挟撃され、とりわけ1970年代の後半に深刻化した

戦後企業体制の機能不全と厳しい国際競争力の低下問題に対処しようとするアメリカ主要企業の動きが、アメリカのグローバル資本主義化のダイナミズムの基本動因となった。

　そうしたダイナミズムは、本質的には、アメリカの戦後資本蓄積体制における企業体制・金融・政府機能の制度的連関が機能不全を起こしそのシステマティックな相互関係が解体されたため、「資本の基本ロジック」（基本的には $G\cdots G'$ で示される利潤原理）が、既存の制度連関から切り離され「むき出し」の形で顕現し、戦後パックス・アメリカーナシステムを構成した既存の制度構造の改変とシステム転換を伴いながら新たな資本蓄積体制の形成を模索するという関係を本質とした——その意味で資本主義の「段階移行」的性格をもつ[16]。そのため、国内的な制度改変と再編の領域を超えて企業・金融・情報のグローバル化を相互促進的に進行させ、またそれに対応して、政府機能の新自由主義的転換（ケインズ主義に代表される「管理型国家」から市場主義的「競争型国家」への転換—「レーガノミクス」を画期とする—を促進したのである。

　第2に、「グローバル・シティ」という新たな都市機能と都市空間の出現である。「グローバル・シティ」機能とは、グローバル企業や金融機関の世界的事業展開の戦略立案とグローバルな事業管理運営、あるいはグローバルな研究開発の統括の中枢機能を果たす本社機能と経営組織を軸とし、そうした機能を支える金融や流通、法務、会計、情報などの専門事業サービスが集積し、さらにエンターテインメント、住宅その他の都市機能が一体となったものである。それは、R. ライシュが1990年代初頭に事実上提起し（Reich [1991]）、S. サッセンらが概念化した（Sassen [2001] など）ものであるが、この間の企業・金融、さらに情報グローバル化と、政府機能の新自由主義的転換とが複合して発展したものである。とりわけ主要企業が、「大競争」状況に対応し、高収益をグローバルに確保することを目指し、グローバル事業ネットワークの構築とそれを組織的に統合管理する本社機能を発展させてきたことが軸となって出現したものといってよい。

とくに重要な点は、「グローバル・シティ」機能が、グローバルな事業連関を通じて実体経済的・金融的収益を集中し、いわばグローバルな規模でアメリカに富を集中させる連関の中心的な「場」となっていることである。同時に、関連専門サービスの専門職やさまざまな職務の増加により、移民を含む労働力を大量に吸引しながら、各種都市公共サービス・住宅建築の拡大を伴い、そうした連関が作り出す雇用と所得フローが、アメリカの内需拡大を牽引する基軸的関係となっている（概念図としては、図1－10）。

アメリカにおいては、この間、グローバル金融センターとして、ドルの国際基軸性を基盤にグローバルな決済機能と国際金融ファシリティが集積するニューヨークを筆頭に、「グローバル・シティ」が、それぞれの機能の重点と地政学的位置とも関連しながら、重層的に形成され、グローバル資本主義としてのアメリカの新たな経済発展の軸を形成している――実際にはロンドンや東京、さらには上海、バンコク、その他新興経済各地域にも、相互の複合的な連関を含んで「グローバル・シティ」の都市領域が重層的に出現し、グローバル資本主義化の重要な媒介と結節点のネットワークを形成している。

こうした「グローバル・シティ」状況の典型は、カルフォルニア州にみることができる（2007年9月、2009年8－9月に現地実態調査を実施）。ITブームのもとでのシリコンバレーおよびサンフランシスコとその周辺部では、IT・ITベンチャー企業とIT関連の研究・開発等を核として、また、ロサンゼルスとその周辺地域では、中国やNIES、ASEAN諸国その他、新興アジア経済との密接な関連を含む内外のグローバル企業の本社や販社機能、研究開発、・デザイン拠点あるいは港湾や物流・商業、その他専門事業サービス、さらにはその他各種都市機能に関連したサービスなどが集積し、経営管理や専門職、上級技術者や法務・会計その他専門ビジネスサービス職から、単純作業の雑多な職務などに到るまで、雇用機会も大きく拡大してきた。そうしたダイナミズムが、移民を含む各種の人口流入を大きく促進し、従来のレッドライニングの居住区域にも、新興住宅地域が広がった。こうした地域

が、今回の金融危機の発端となったサブプライム問題の集中する地域と大きく重なっている[17]ことは強調されてよい。

第3に、こうした展開がもたらしたアメリカを焦点とする新たな世界的資金循環構造——いわゆる「新帝国循環」——の出現の問題である。アメリカ経済における企業のグローバル化と「グローバル・シティ」機能の基軸化は、国民経済レベルでみれば、グローバル企業群のクロスボーダーの内部取引であれ、市場取引であれ、グローバルに広がる膨大なグローバル・アウトソーシングとオフショアリングのシステムによって、アメリカに巨額の経常収支赤字を恒常的に生み出す構造を生じている。それは、資金循環としてみれば、海外投資収益や金融・商業・情報サービス、ソフトウェア、知的所有権収入などで一部は相殺されるが、全体としては国際基軸通貨としてのドルとニューヨークの金融ファシリティ機能に支えられた、グローバルな規模で

図1-10 「グローバル・シティ」の構図

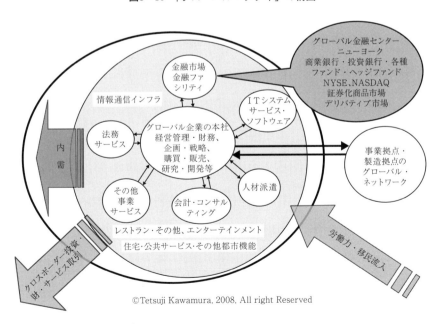

©Tetsuji Kawamura, 2008, All right Reserved

のアメリカへの大規模な資金流入によってファイナンスされる関係にある。これが、アメリカを軸にした新たな「帝国循環」である[18]。

　この関連でもう一点強調されてよいのは、「ファイナンシャライゼーション」[19]と金融グローバル化に伴う金融市場の「カジノ化」（Strange［2001］など）として表象されてきた、その金融的側面である。そうした新たな基軸的連関の結節点と媒介を形成している金融メカニズムは、ドルの基軸通貨性によってグローバル金融センター・ニューヨークにドル資金を累積させ、それを原資とした信用膨張を含む金融拡張が、新「帝国循環」全体を拡張させ、グローバルにいわば「水増し的」に経済拡張を促進する関係を内包していた。それが、アメリカおよび世界の「成長エンジン」の役割を果たした。しかし、同時にそれは、レバレッジド・ファイナンスを大きな特徴するヘッジファンド等の大規模な投機的投資資金の形成を伴いながら、クロスボーダーの投機的金融操作と相まって、金融不安定性と金融市場のシステミックリスクをグローバルに拡大するものであったのである。

　以上の３つの側面で明らかになったように、こうした発展を通じて、アメリカ経済は、とりわけ1990年代以降、かつての戦後パックス・アメリカーナの全盛期の国内的な持続的成長の資本蓄積体制——基幹産業を基盤とする「成熟した寡占体制」を中核とした——とは大きく異なる、グローバル資本主義としての経済拡張の新たな連関である「グローバル成長連関」を軸とした関係にシフトした（概念図としては、図1－11）。こうした連関を軸にしてみると、1990年代長期好況・「ITバブル」の発展、その崩壊後の「住宅バブル」発展と崩壊を含むこの間の一連のアメリカの景気循環の展開を、同一の構造の中で捉えることが可能となる。

　第１に、1990年代末に大きく顕在化したベンチャー・「ITブーム」とそのバブル的発展は、そうした連関が最初に大きく作用した現象である。①シリコンバレーを筆頭に、IT、バイオテクノロジーなどの新たな技術革新の進展と新たなビジネスモデルの出現を核とした中核的な都市領域の発展と、②ニューヨーク証券市場——とりわけNASDAQ市場——と金融ファシリティ

第1章　アメリカ発のグローバル金融危機・経済危機とグローバル資本主義の不安定性　55

とが金融的に結合され、内外の投資資金を大量に吸引しながらIT関連設備投資を拡大し、③各種専門ビジネス・その他サービス（住宅建築や関連した都市公共サービス、娯楽や商業施設、雑サービスを含む）の発展が連動して、「オールドエコノミー」にも波及しながら経済の一大拡張ブームを生じたものであった（河村［2008a］、［2008b］など）。

　第2に、今回のサブプライム問題に端を発する深刻なグローバル金融危機・経済危機は、「ITバブル」崩壊後にいわば代替的に「バブル化」して発展した「住宅ブーム」が、アメリカの社会経済的特質と複合したサブプライムローン問題を拡大しながら進行し、2006年半ばから反転したことが、リスク分散スキームの虚妄性など「証券化メカニズム」の「制度」不備[20]を顕在化させ、証券化商品価格の暴落と市場麻痺を引き起こしたことによってもたらされた。

図1-11　アメリカを軸とする「グローバル成長連関」の構図

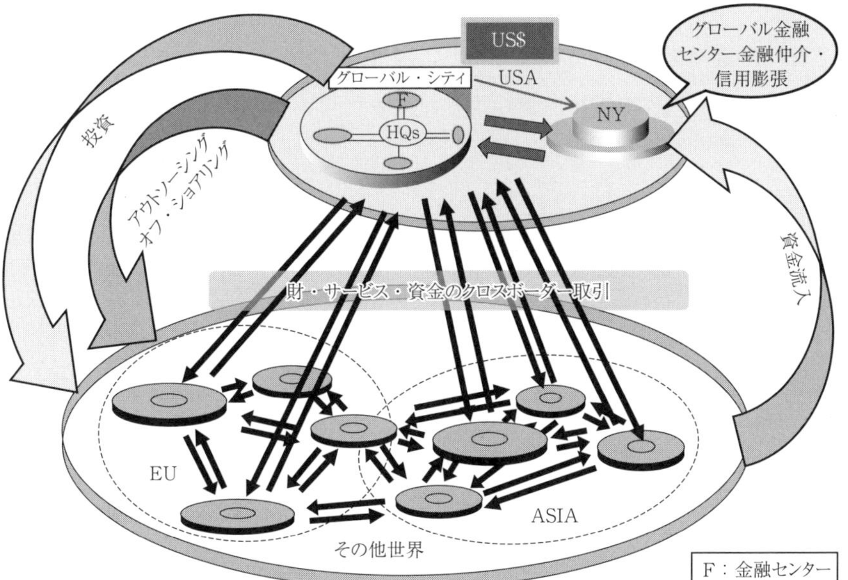

©Tetsuji Kawamura, 2008, All right reserved

F：金融センター
HQs：　本社

「ITバブル」そのものは、結局、IT・インターネットの発展を過大評価した希薄な根拠にもとづく文字通り「バブル」的な発展であり、2001年春に崩壊した[21]が、2002年初めにかけて実施されたFRBの急激な金融緩和に、ブッシュ減税、アフガン・イラン戦争と国内テロ対策費による財政支出の膨張が加わって[22]「住宅ブーム」に火がつき、1990年代から持ち越されて累積してきた大量の流動的投資資金、とりわけヘッジファンドに代表されるリスクマネーが、「ITバブル」崩壊後、金融工学手法を駆使した「リスク分散スキーム」を軸とする複雑な「証券化メカニズム」を通じて住宅金融に大量に流入した。「新帝国循環」によってニューヨークに累積するドル資金を原資に信用膨張を招くメカニズムが、ハイレバレッジの借り入れによるヘッジファンド投資、ABCPによるSIV等の資金調達、多段階の証券化プロセスにおける担保掛け目の水増しや過大プライシングなどの「証券化メカニズム」を通じて大きく作用し、投機的な信用膨張を大きく加速した[23]。

しかし、証券化・再証券化メカニズムにおけるSIVsによる「オフバランス」化や「リスク分散」スキームは多分に見せかけのものであり、多層の証券化・再証券化における格付けメカニズムや「モノライン」による保証システムも、結局は住宅価格上昇に依存した楽観的リスク評価に依存したものであった。そのため、証券化の原商品のサブプライムローンにおける延滞率の拡大・差し押さえの拡大と、ほぼ2006年半ばをピークとして住宅価格の下落が相乗的に拡大すると（図1-12）、その虚妄性が顕在化し、大規模なダウングレーディング（格下げ）を通じて、証券化商品全体に大きな価格下落と市場麻痺が拡大した[24]。それは、「市場」の本質である「不確実性」と「リスク」の区別を混同した金融工学手法をベースとした「証券化メカニズム」の——さらにはいわゆる「シャドウ・バンキング」システム全体の——欠陥が、大きく顕在化した事態であった。

こうして、1990年代後半から2000年代初めの「ITバブル」の発展とその崩壊に代わって進んだ、2000年代前半からの「住宅ブーム」のバブル的発展が、アメリカの社会経済的特質と複合したサブプライム・ローン問題を拡大

図1-12　住宅価格の動向（S&P ケース＝シラー住宅価格指数）：1987-2014 年（月別）

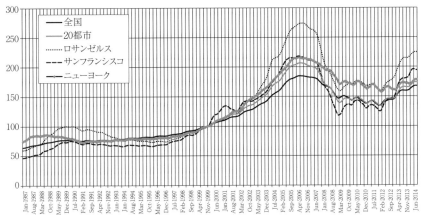

（注）3ヶ月移動平均による月別指数（2000年1月＝100　季節調整済み）。2ヶ月のラグを含む。
（出所）S&P/Case-Shiller Home Price Indices, Nov.25, 2014（http://www.spindices.com/index-family/real-estate/sp-case-shiller）より作成。

しながら進み、2006年半ばから反転したことが、「証券化メカニズム」の制度的な不備を顕在化させ、証券化証券価格の暴落を招いた。これが、直接には、サブプライム危機である。しかし、ここで強調すべき点は、それが、「グローバル成長連関」の結節点であり、拡張のエンジンであったニューヨーク金融市場を直撃したため、アメリカ発のグローバル金融危機に発展し、さらにその影響が実体経済に及んだことで、まさにグローバル金融危機・経済危機に発展したことである。

　金融危機の直接の原因は、とりわけ、一面でファイナンシャライゼーション、金融市場のカジノ化をもたらした金融グローバル化を通じて、従来の銀行システムの外部で大規模に発展した金融メカニズムの不安定性に直接起因するものであった。実際にも、こうした金融グローバル化によって伝統的な金融システムとその規制メカニズムの外で発展した「シャドウ・バンキング・システム」（あるいは「パラレル・バンキング・システム」）の「システ

ミック・リスク」の増大問題などとして、かなり早くから指摘され（PIMCO［2007］など）、その制度不備、システム欠陥が今回のグローバル金融危機を招いた原因として論じられるようになっている（李［2013］、またThe Finacial Crisis Inquiry Commission［2011］、U. S. Senate［2011］、FSB［2011］など）[25]。

　しかしより重要なのは、上で確認してきたように、証券化メカニズムを軸とするそうした金融膨張のメカニズムが、その制度不備、システム欠陥を通じて破綻し、深刻な金融危機におちいったことで、グローバル資本主義化を通じて出現した「グローバル成長連関」そのものの危機となったことが、今回のグローバル金融危機・経済危機の本質であったことであろう。

（3）　アメリカ発のグローバル金融危機への発展

　2008年前半には、証券化商品の暴落を忌避して、投機的資金が商品市場に流入したことを大きな原因として、原油や食料、その他資源価格が高騰し、コスト上昇と消費減少が生じた。こうした影響を挟みながら、結局、2008年夏には、証券化証券の市場全体が機能麻痺に陥り、銀行その他金融機関の財務が損なわれて、貸し渋り（クレディット・クランチ）と貸し付けの縮小が進み、社債・CP（無担保の短期社債）市場を含む金融市場の機能が低下した。そのため実体経済も悪化し、それがまた金融部門に跳ね返るという悪循環（負のスパイラル）が進行した。証券化商品に深く関与していた投資銀行やモーゲージ・バンクの財務の悪化が拡大し、金融危機が深化していった。関連損失による財務内容の悪化から、3月に投資銀行5位のベアー・スターンズ危機が表面化しJPモルガンによる救済合併に追い込まれ、さらに金融不安が急速に拡大した。証券化商品暴落が拡大し、株価の急落が進む中で、秋にかけて事態の悪化が進行した。こうしてサブプライム危機が深化し、2008年9月15日の最大手の投資銀行の一つであるリーマンブラザーズの破綻をきっかけに、世界的な株価暴落が大きく加速した（図1-13）。

　これが直接には「リーマンショック」と呼ばれる事態である。マスメディ

図1-13　グローバル金融危機時の主要国株価動向

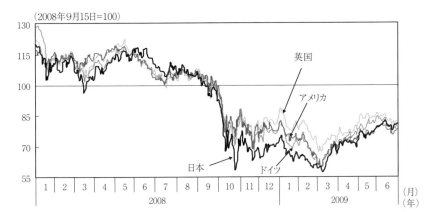

（出所）内閣府『平成21年度年次経済財政報告』平成21年7月、104頁、第2-1-1図　http://www5.cao.go.jp/j-j/wp/wp-je09/pdf/09p02011.pdf）より作成。

ア等の通俗的把握では、リーマンブラザーズの破綻そのものが金融危機の原因であるかのように言う「リーマンショック」論が一般的であるが、リーマン・ブラザーズの破綻は、以上の一連の金融危機のプロセスで生じたもので、全体プロセスの一部にすぎない[26]。実際にも同日、メリルリンチがバンク・オブ・アメリカに買収され、また、翌日16日には、CDS（信用デフォルトスワップ）の最大の最終引き受けの位置にあったAIGの危機が表面化した。これは、FRB融資（850億ドル）で救済されたものの、CDSなどのデリバティブを組み込んだシンセティックCDO（負債担保証券化証券）を中心に、MBS関連証券化証券の市場よりはるかに規模が大きく、また投機的な性格が強いCDO市場の全体的な機能停止が生じ、証券化証券市場そのものが、全体的な崩壊の危機に陥った。商業不動産金融、クレジットカード、LBOローン（リスクの高い企業買収への貸し付け）、さらにCDSも含むCDO・証券化証券市場全体に及び、銀行、証券、その他金融会社、ヘッジファンド等に、さらに巨額の損失を拡大した。

こうした一連の展開が、イギリス・ヨーロッパを巻き込んで相次ぐ大型金

表1-2 金融部門の潜在的損失推計額（IMF）（10億米ドル）

アメリカ・ローンの減価額（時価評価）

	残高	4月推計	10月推計	構成（総計比）	銀行	保険	年金基金/貯蓄	GSEs・政府	その他（ヘッジファンド等）
サブプライム	300	45	50	3.56%	35-40	0-5	0-5	·	10-15
Alt-A	600	30	35	2.49%	20-25	0-5	0-5	·	5-10
プライム	3800	40	85	6.05%	25-30	0-5	0-5	45-55	0-5
商業不動産	2400	30	90	6.41%	60-65	5-10	0-5	·	10-20
消費者ローン	1400	20	45	3.20%	30-35	0-5	0-5	·	10-15
企業ローン	3700	50	110	7.83%	80-85	0-5	0-5	·	25-30
レバレッジド・ローン	170	10	10	0.71%	5-10	0-5	0-5	·	0-5
合計	12370	225	425	30.25%	255-290	5-40	0-35	45-55	60-100

関連証券の損失（時価評価）

	残高	4月推計	10月推計	構成（総計比）	銀行	保険	年金基金/貯蓄	GSEs・政府	その他（ヘッジファンド等）
ABS	1100	210	210	14.95%	100-110	40-45	35-55	39736	39746
ABSCDOs	400	240	290	20.64%	145-160	55-75	30-45	15-20	15-30
プライム MBS	3800	0	80	5.69%	20-25	39736	39741	20-25	0-5
CMBS	940	210	160	11.39%	80-90	20-25	15-35	39741	15-20
消費者 ABS	650	0	0	0.00%	……				
高級企業債	3000	0	130	9.25%	65-75	20-30	20-35	· 5-20	
高利回り企業債	600	30	80	5.69%	45-50	39736	15-20	· 5-15	
CLOs	350	30	30	2.14%	15-20	0-5	0-5	· 5-10	
証券合計額	10840	720	980	69.75%	470-530	155-210	125-215	55-80	55-125
ローン・証券総計	23210	945	1405	100.00%	725-820	160-250	125-250	100-135	115-225

（注）Goldman Sachs; JPMorgan Chase & Co.; Lehman Brothers; Markit.com; Merrill Lynch; and IMF staff estimates による。
　　ABS = asset-backed securities; CDO = collateralized debt obligation; CLO = collateralized loan obligation; GSE = government- sponsored enterprises; CMBS = commercial mortgage-backed security; MBS = mortgage-backed security.
　　プライム住宅ローンには、GSE 支援モーゲージ・ローン証券部分を含む。
（出所）IMF World Economic and Financial Surveys: *Global Financial Report*, October 2008（http://www.imf.org/）.

第1章　アメリカ発のグローバル金融危機・経済危機とグローバル資本主義の不安定性　61

融破綻と、流動性危機を深刻化して、銀行間市場など金融・信用市場全体の機能麻痺を生じ、アメリカ、ヨーロッパ、日本、新興経済地域の株価暴落と相まって、実体経済にも深刻な影響を与えた。その結果、アメリカだけでなく、世界的なデフレ・スパイラルが加速されるに至ったのである。ヨーロッパ、日本等に関しては次章以降に譲るが、金融危機の震源となったアメリカに与えた衝撃はきわめて大きかった。

ローン・関連証券の減価・損失額は、「リーマンショック」直後の2008年10月の時点で、合計1兆4050億ドルに上る（ローンで4250億ドル、証券で9800億ドル）。これは09年4月時点ではさらに倍増し、総額2兆7120億ドル（ローンで1兆680億ドル、証券で1兆6440億ドル）に上った（表1−2）。こうした金融資産の大幅な損失の背後にはさらに巨額の不良債権が累積し、連銀による巨額の資金供給と、公的資金による資本増強がない限り、維持できないものとなった。

株式時価発行総額の縮小も極めて大きく2007年10月−08年10月減少額も、ある推計では22兆ドルに上る。これは、世界GDP総計約54兆ドルの実に

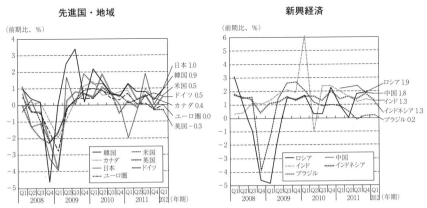

図1−14　主要国・地域の経済成長率の推移

（出所）経済産業省『通商白書』2012、第1−1−2−35図、第1−1−2−36図（http://www.meti.go.jp/report/tsuhaku2012/2012honbun/figindex.html）。

40％に当たるものであった（「日本経済新聞」2008年10月1日付）。その後、2009年3月を境にアメリカ等の主要国の株価水準は上昇に転じたため、この喪失額はやや縮小したが、金融部門にも巨額の含み損を生じるとともに、全体に「逆資産効果」を通じて実体経済へのデフレ圧力を加えた。アメリカの住宅不動産価値の喪失額も、2008年10月時点で総計5～6兆ドルに達した（2006年6月ピーク時の住宅資産価値額が23兆ドルに対し、S&Pケース・シラー住宅価格指数（20都市）の2006年6月-08年8月の下落率22％を乗じた数字）。その後も住宅価格は下落を続け、住宅価値の喪失額はさらに拡大した（前掲図1-12）。

　こうした膨大な金融資産の損失が金融部門の財務を大きく毀損し、また、株・住宅不動産資産の巨額の消失は、「逆資産効果」を通じて実体経済にも大きなデフレ圧力を生んだ。不況圧力によって商業用不動産価格の下落は停止せず、融資更新期間が住宅ローンより短い（3―5年）商業用不動産融資（約3.7兆ドル）とそれに基づく証券化証券による現実および潜在的損失が、金融機関の大きな負担となった。中小・地方銀行の破綻が高水準で続き、商業銀行部門の貸し出し機能はほとんど麻痺状態となった。

　以上のプロセス全体をごく単純化してまとめれば、第1に、2000年代初めの「ITバブル」の発展とその崩壊に代わって進んだ「住宅ブーム」のバブル的発展が、アメリカの社会経済的特質と複合したサブプライムローン問題を拡大しながら進み、2006年半ばから反転したことが、「証券化メカニズム」の制度的な不備[27]を顕在化させ、証券化証券価格の暴落を招き、金融部門に巨額の損失が累増していった。そのため、銀行システム全体が資金不足と相互不信におちいり、深刻な流動性危機に発展し、金融システムそのものが、機能麻痺に陥った。その結果、第2に、アメリカおよびアメリカを軸とする「グローバル成長連関」を通じた世界的な経済の拡大の「エンジン」となっていた金融膨張のメカニズムが完全に逆回転して、実体経済を悪化させ、それが金融危機をさらに加速する関係が加速し、金融制度そのものの全面的な崩壊を生じかねない、1930年代「世界大恐慌」型の全般的な金融危機

と、実体経済的な経済危機に発展したのである。2009年初めにかけて主要国は、軒並み10％内外（四半期別前期比）の大幅なマイナス成長となった（図1-14）。こうしてまさに、「グローバル成長連関」そのものが崩壊の危機に直面したのである。

4　危機への政策的対応とその本質
　　　――現代資本主義の政府機能と恐慌

（1）　緊急財政政策の限界と金融政策

　こうした金融システム全体が崩壊しかねない深刻な金融危機と実体経済の危機の累積的進行に対し、歴史的に見ても異例に大規模な政府機能（とりわけ財政・金融機能）が発揮されて危機を食い止めたことが、今回のグローバル金融危機・経済危機の最大の特徴であった。

　第1に、アメリカの連邦準備制度を筆頭に、ヨーロッパ中央銀行（ECB）、イングランド銀行、日本銀行など、主要中央銀行による平時には通常は行われない「非伝統的」な金融破綻防止措置が取られた。また、政府による公的資金の投入による銀行その他の救済や国有化、救済合併など、直接、間接の緊急対策が打たれ、全体的な金融崩壊は、かろうじて食い止められた。

　とりわけ、金融危機の最大の震源となったアメリカでは、「緊急経済安定化法」（Emergency Economic Stabilization Act of 2008、2008年10月3日成立：TARPの創設）によるシティバンク等への大規模な資本注入、住宅・商業用不動産ローンとその関連証券などの不良債権買取を実施し、また、保有資産の保証、金融機関への融資を通じて個別金融機関の直接救済を図るとともに、預金保護措置の拡充と並んで、債務保証やMMF、企業のCPなど特定資産の買取りまで行い、金融市場の機能回復を図った（表1-3）。

　第2に、実体経済の急速な縮小に対する主要国の財政的対策も異例に大規模なものであった。なかでもアメリカは、最大規模を占めた。とりわけ、再

64　Ⅰ　グローバル金融危機・経済危機のインパクトとアメリカ経済

表1-3　アメリカの緊急金融対策（「第一幕」）

	個別金融機関への支援（バランスシートの改善等）			金融市場の機能回復			預金保護
	資本注入	不良債権買取	保有資産の保証	融資	債務の保証	特定資産の買取	
	○「緊急経済安定化法（TARP）」に基づく資本注入を実施（09年11月10日時点）：合計3,145億ドル（約28兆円） ──資本注入プログラム2,047億ドル ・AIG 698億ドル ・シティ・グループ 200億ドル（追加分） ・バンク・オブ・アメリカ（追加分）200億ドル ──公的資本返済（09年11月10日時点）：合計709億ドル（約6.3兆円） ○大手金融機関19行に対してストレステストを実施し、うち10行について合計746億ドルの資本増強が必要と発表。	○不良債権買取のための「官民投資プログラム（PPIP）」を発表。 ──不良証券買取プログラム 財務省の出資：最大300億ドル（約2.7兆円） 組成規模（09年11月5日時点）：164億ドル（約1.5兆円）	○シティ・グループ及びバンク・オブ・アメリカの保有資産に対して政府保証を実施。 ──保証資産額：3,010億ドル（約27兆円） ・シティ・グループ 3,010億ドル ※バンク・オブ・アメリカに対する保証（1,180億ドル）は実施されず。	○FRBがAIGの不良資産を買い取るLLCに対する融資を実施。 ──融資額：525億ドル（約4.7兆円） ○FRBがAIGの不良資産を買い取るLLCに対する融資を実施。 ──融資額：525億ドル（約4.7兆円）	○FDIC（連邦預金保険公社）が金融機関が新規に発行する債務を保証。 ──事業規模：1兆4,000億ドル（約126兆円） ※緊急の場合を除き09年10月で終了。	○FRBによるCP買取制度（CPFF）、CPを買い取る金融機関等への融資制度（AMLF及びMMIFF）を創設。 ・FRBのバランスシート上のCP残高：143億ドル（約1.3兆円） ※09年11月11日時点 ○FRBが消費者・中小企業向けローンを担保とするABSやRMBS、CMBSの保有者に対して貸付を行う制度（TALF）を創設。 ──貸出規模：最大1兆ドル（約90兆円） ○FRBによるGSE債及びGSE保証のMBSを買取るプログラムを創設。 ──買取規模：最大1兆4,250億ドル（約128兆円） ○FRBが長期国債の買取実施を発表。 ──買取規模：3,000億ドル（約27兆円） ※09年10月に買取を終了。	○預金保護の上限を10万ドル（約897万円）から25万ドル（約2,242万円）に引上げ。 ○決済用預金の全額保護。 ○預金保険準備率の悪化を受け、保険の前払いと保険料率の増額。

（出所）内閣府『世界経済の潮流』2009年Ⅱ、第1-1-5表より作成。

選後のオバマ政権のもとでの「アメリカ再生・再投資法」（American Recovery and Reinvestment Act—ARRA、2009年2月）によるものが最も大規模・包括的なものであった。

　同法による財政対策は、①財政支出（裁量的支出と義務的経費）で合計5730億ドル（メディケイド・医療保険補助などで1447億ドル、教育で909億ドル、失業給付の延長など社会保証関係で825億ドル、ハイウェイ・道路・橋梁・鉄道・上下水、その他運輸などのインフラ投資に809億ドル、グリーン・エネルギーへの貸し付け・投資613億ドルなど）、同時に②租税の直接還付を伴う大型減税2880億ドル（戻し減税を柱とする個人減税2370億ドル、損失控除と代替ミニマム税減税を中心とする企業減税510億ドル）を柱とした、総額8000億ドルを超えるきわめて大規模かつ広範囲にわたるものであった（主にUS Congress House [2009]、CRFB [2009]）。しかも、2009・10・11年度に大半が実行されるものとされ、実際に、10年2月までに、経済対策財政支出総額の34%にあたる2720億ドルが支出された（連邦財政支出1790億ドル、減税930億ドル）。その他を含め、アメリカの財政による景気対策は、2009〜10年度にそれぞれ、GDPの1〜2%を占めた。

　世界的にも、中国の財政措置（4兆元規模）など、各国で、自動車・家電品購入への減税や補助金や公共事業の大幅な拡大など、大規模な財政措置がとられた。中国経済の拡大は、アメリカ、ヨーロッパや日本、アジア経済にも大きな恩恵を与えた（図序-2をみよ）。

　2008年11月のG20声明で確認された、「非伝統的」手法を含むほとんど「あらゆる措置」による大規模な政府機能の発揮によって、2009年4-6月期を境に、急速な経済の下降は一段落し、2010年初めには、アメリカ経済もまた世界経済も、回復するかに現れた。

（2）　恐慌対策としての国家機能の限界とその特質

　こうして、「市場の危機」に対し、「国家」（とくに政府財政と中央銀行機能）が大規模に介入し、金融危機・経済危機の累積的深化が防止され、シス

テム崩壊の危機がひとまず回避されたことは、1930年代の世界大恐慌と第二次大戦の戦時経済を経て確立された戦後現代資本主義の特質を示すものである。しかし、序章や、後の章で見るように、中央銀行を含むそうした政府機能に大きな限界が現れているのも、今回のグローバル金融危機・経済危機の大きな特徴である。いわば危機の規模と本質が、現代資本主義国家の国家機能を超える本質を持っていることが示されている。

　第1に、とりわけ、アメリカ、日本、ヨーロッパのなど主要国の財政赤字が急増し、政府の債務が累増し、主要国の財政制約が大きく増大し、財政機能に大きな限界が現れている。主要国で最大の財政スペンディングを実施したアメリカの財政は、2009年度以降も住宅市場は低迷し、失業率も高止まりしたままで、経済回復は足踏み状態を続ける中、2009年度から連続して史上最大の1兆ドル超の連邦財政赤字が発生し続けた。その結果、連邦政府債務は、2011年2月には法定上限の14兆ドルに到達した。曲折を経て同年8月には上限が16兆ドルに引き上げられたが、赤字削減と連動しており、ブッシュ減税（2010年に2年間延長）の期限切れ（12年末）による打ち切りの問題も含め、いわゆる「財政の崖」問題に直面した。大統領選挙と同時に実施された上・下院選挙でも解消されなかった上・下院の「ねじれ」が加わって（上院は共和党、下院は民主党が多数派を占める）、財政再建に向けた増税措置と支出削減をめぐって国論は2分され、財政再建問題は、政治的アポリアの状態が続いている。実際には、その結果、財政赤字削減が進む結果となっているが、実体経済的には回復を遅滞させるものとなっている。その背景には、「グローバル成長連関」による経済の拡大に乗ったグローバル企業・富裕層と、取り残され、周辺化された多数の中・低所得者層との間の、所得格差の拡大などによる大きな社会的亀裂と「分断」が横たわっている[28]。

　この関連で、もう一つの重要な特徴は、ギリシャを筆頭に、EU・ユーロゾーン（ヨーロッパ統一通貨［ユーロ］導入諸国）の「弱い諸国」（ギリシャの他、スペイン、ポルトガル、アイルランド、イタリアなど）の財政破綻の危惧が広がり、そうした諸国の国債を大量に保有している銀行やファンド

の破綻が危惧され金融不安が大きく拡大し、危機の「第二幕」が進行するに到ったことであった（田中［2013］）。序章でも指摘したように、ユーロゾーン危機は、危機の「第一幕」の衝撃によって、統一通貨ユーロの導入にも拘わらず、各国が財政主権を保持するという、現在のEU・ユーロのシステムの基本的な限界が顕在化した事態であった。

　日本もまた例外ではない。むしろ財政問題は、1980年代バブル経済崩壊後の「失われた20年」と、グローバル金融危機・経済危機に、大震災津波被災と原発危機による「二重の危機」によって、先進国中最悪の状態に陥っている。今や政府債務は、GDPの200％に達している。

　第2の問題は、中央銀行機能の限界の問題である。グローバル金融危機の「第一幕」、「第二幕」で大きく顕在化した財政制約によって、結局は、アメリカ、ヨーロッパ、日本すべて、中央銀行による異例に大規模な金融の「量

図1-15　連銀信用の拡大：連邦準備銀行資産構成の変化（2007年1月-2014年11月：週別）

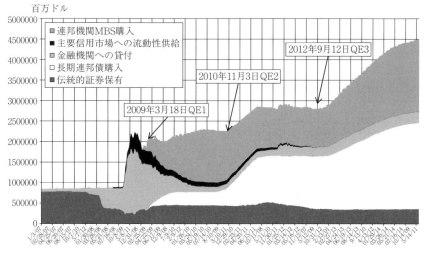

（出所）Federal Reserve Bank of Cleaveland, *Credit Easing Policy Tools, Summary View*, 2007.01-2014.11,（http://www.clevelandfed.org/research/data/credit_easing/index.cfm）より作成。

的緩和」に依存する状態となった。アメリカでは、財政問題の政治的アポリアのなかで、連銀の「大規模市資産買い取り（large-scale asset purchases—LSAPs）による大規模な「量的緩和」に依存する度合いを高めてきた。

　金融危機が深刻化した2008年11月25日に、連銀は、金融危機の「第一幕」の中心を占めたアメリカ住宅金融・住宅市場の崩壊を防ぐ目的で、GSEの直接債務1000億ドル、MBS5000億ドルの買い入れ措置による第1次の「量的緩和措置」（QE1）を発表した。2009年3月にはさらに長期財務省証券の買い取り（3000億ドル）と、MBS直接債務1000億ドル、MBS購入7500億ドルへと購入規模を追加拡大し、2010年3月の終了までに、財務省ノートとMBSの購入を中心に、1兆7500万ドルに保有規模を拡大した[29]。こうした措置により、アメリカのマネタリーベースはほぼ倍となった。その後、こうした連銀による「量的緩和」措置は縮小に転じたが、ユーロゾーン危機による金融危機の「第二幕」が深刻化するにつれ、2010月8月から「量的緩和措置」の復活が示唆され、同年11月3日には、6000億ドルの財務省証券の追加買い入れプログラム（QE2）が発表され、2011年6月22日に終了までに、月約750億ドルのペースで続けられた。

　ユーロ危機は、ECBの「最後の貸し手」機能の実現、ESM創設、銀行同盟および関連する諸機構の創設の進展という主に3つが相まって、2012年7月を最後に沈静化に向かい（田中［2012］）、グローバル金融危機「第二幕」の危機局面はひとまず過ぎ去った。連銀は、2011年6月末までに予定通りQE2を終結させたが、9月21日には、「オペレーション・ツイスト」（満期まで6-30年を残す財務省長期証券4000億ドルの買い入れと同額の満期まで3年以下の財務省証券の売却操作、およびMBS・機関債の返済金を財務省証券ではなくMBSに再投資）に転換した。しかし、その後もアメリカの失業率は高止まりし、住宅市場の低迷も続くなど、回復は大きく進展しなかった。こうした事態に対応し、2012年9月13日、財政問題の解決の政治的アポリアが続く中、連銀は、失業率の「かなり」の改善が見られない限り、月400億ドルのMBSを買い取るQE3を開始した。さらに「財政の崖」問題を

目前にして、12月12日には、短期証券の売却なしに長期財務省証券を買い取りを継続（月450億ドル）措置を発表し、QE3を拡充した。

2012年末の時点で、連銀は財務省長期債券1兆5670億ドル、MBS1兆4100億ドル、GSE債務1750億ドルの、合計6兆1520億円を買い取り、マネタリーベースを大きく拡大した（オペレーション・ツイストによる財務省短期債売却分6670億ドルを除く）[30]（図1-15）。

グローバル金融危機・経済危機の「第一幕」・「第二幕」の緊急危機対策を通じて、主要国の財政機能が大きく限界に直面し、今や、アメリカの連銀を筆頭に、ECB、さらに「アベノミクス」の路線に沿った日銀による「異次元金融緩和」（2013年4月3日・4日、日本銀行金融政策決定会合で導入決定）を中心に、主要要中央銀行による大幅な金融の量的緩和――とりわけアメリカの連銀による――が、「グローバル成長連関」における金融的な拡張の「エンジン」となっていた民間金融部門の機能不全に代わり、グローバル経済全体を支えているのが実態である（図序-3をみよ）。

おわりに　グローバル資本主義の現局面の特質とその意味
　　　　――現代資本主義の政府機能と恐慌

本章の分析を通じて、今回のアメリカ発のグローバル金融危機・経済危機は、単に「バブル」とその崩壊というだけで捉えるのでは、危機の本質は十分明らかにならず、この間のグローバル資本主義化――それは、戦後現代資本主義の展開という視点から見ると、1970年代境にして大きく進行した戦後パックスアメリカーナの資本蓄積の構造とメカニズムの衰退と転換によって必然化した、アメリカにおける企業・金融・情報のグローバル化と政府機能の新自由主義的転換を最大の震源として展開した――を通じて出現した、アメリカを軸とするグローバルな規模の資本蓄積の構造とメカニズムである「グローバル成長連関」そのもの危機としてとらえる必要があることが明確になったと思われる。それは、各国国民国家の国家機能――とくに財政機能

——による対応の限界に示されているように、各国の国民経済的フレームワークの限界をも大きく顕在化させている。その点を含め、続いて、本章の以上の議論を総括して、グローバル資本主義の現局面の歴史的位相をどうとらえるべきかを論じて結びとしよう。

まず第1に確認されてよいのは、今回のグローバル金融危機・経済危機が、アメリカを軸とする「グローバル成長連関」そのもののが発現させた「恐慌」現象であったことのもつ、現代資本主義の変容という視点からみたその意味という問題である。

アメリカのサブプライム危機を発端に、急速に金融危機がグローバルに拡大し、しかもアメリカのみならず世界的な実体経済の急速な加速的縮小を相互促進的に生じた。そこにはアメリカを軸とする「グローバル成長連関」のいわば逆回転というより大きな枠組みが作用したものであった。

1970年代を境にして、戦後パックス・アメリカーナの中心を占めたアメリカの戦後「持続的成長」の構造とメカニズムが大きく衰退したことを受けて、アメリカでは、戦後システムの再編と転換がさまざまに模索（詳しくは［河村［2003］第6章）され、企業・金融・情報のグローバル化と政府機能の新自由主義的転換を主要経路とする、アメリカのグローバル資本主義化が進んだ。そうした動きは、アメリカを最大の震源地として、EUや日本などの先進国や韓国や台湾、さらには中国や、インド、ロシア、ブラジルといった諸国も巻き込んで進んだ。その一つの帰結として、ほぼ1990年代の初めに出現したのが、「グローバル・シティ」機能と「新帝国循環」が結合した「グローバル成長連関」であった。それが、1990年代～2000年代のアメリカ、およびEU、日本などの中心部経済、さらには、東アジア・東南アジア、あるいはBRICsなど、新興経済の経済成長のフレームワークを提供した主要な関係であったとみることができる（河村［2008］、およびアジアについては［2012］をみよ）。

こうしたアメリカを軸とする「グローバル成長連関」においてとりわけ重要な点は、国際基軸通貨ドルと金融ファシリティの深さと広がりによって、

グローバル金融センター・ニューヨークに集積するドル資金をベースとして、とりわけ「証券化メカニズム」を中心とする「シャドウ・バンキング」システムを通じた膨大な信用膨張のメカニズムが、「グローバル成長連関」全体の拡大の動力となっていたことである。今回のアメリカ発のグローバル金融危機は、「証券化メカニズム」を中心として、著しい「ファイナンシャライゼーション」と金融市場の「カジノ化」現象を伴う金融膨張メカニズム自体の制度欠陥とシステム不備、とりわけ、金融規制当局のコントロール外の「シャドウ・バンキング」化の進展を通じて、アメリカのサブプライム危機に端を発して、全体の金融システム崩壊を招く危機に発展した。それが、金融機能の麻痺を通じて、実体経済に大規模な縮小圧力を生じ、相互促進的に危機が深化したのである。そこに今回のグローバル金融危機・経済危機の震度の本当の意味がある。金融市場・金融機能の麻痺によって、一時は、金融の縮小とグローバルな成長連関の逆回転による輸出縮小という「二重の経路」を通じて、実体経済そのものの縮小と金融危機が相互促進的に拡大し、「グローバル成長連関」そのものが崩壊しかねなかったといってよい。むしろ放置すれば、「グローバル成長連関」そのものが回復不能なまでに毀損される本質を備えていた。

　一面では、確かに、今回のグローバル金融危機・経済危機は、金融恐慌から、産業恐慌に発展し、短期間に相互促進的に累積的な経済下降をもたらすという意味で、現象的には、古典的恐慌の性格を備えていた。しかし同時に、大規模ないわゆるデット・デフレーションによる実体経済の大規模な縮小圧力と並んで、金融システム全体が崩壊する危機を内包していた。その意味では、1929-33年の「世界大恐慌」と同質の「構造的恐慌」[31]の内実を備えていたため、その後の不況も「大恐慌型不況」を招く内実を備えている。「大恐慌以来最悪」（Greenspan [2008]）、あるいは「100年に一度」という形容は、その意味で、妥当なものであった。しかし、1930年代の「世界大恐慌」との類似性を指摘するだけでは、グローバル資本主義化として展開された現代資本主義の現局面の本質を明らかにすることにはならない。グローバ

ル資本主義の展開の現局面そのものに即してその資本蓄積の構造とメカニズムの問題そのものとして問題が特定される必要がある。この間の、グローバル資本主義化による「グローバル成長連関」の出現とその危機として解明することの意義は、その点にある。

　この関連では、さらにとりわけ注目すべきグローバル金融危機・経済危機の第2の特徴は、以上で確認したように、「市場の危機」を政府機能（とくに財政および中央銀行機能）が肩代わりして支えるという、戦後現代資本主義の特質が、深刻な危機によって大きく顕在化したことである。それは、序章でも指摘したように、いったんは、グローバル資本主義化とそのイデオロギー的表現である「新自由主義」のもとで潜在化したかにみえた戦後現代資本資本主義の「国家と市場」関係の本質が、危機によって大きく顕在化した事態であったといってよい。

　まず、アメリカのサブプライム危機を発端とするグローバル金融危機の「第一幕」は、2008年11月のG20声明で確認された、「非伝統的」手法を含む財政・金融のほとんど「あらゆる措置」が発動され、金融機能の麻痺のインパクトによる急激な経済下降圧力を、金融システムの崩壊と「グローバル成長連関」そのものが回復不能なまでに毀損されるのを防いだ。その結果、世界経済が「グローバル成長連関」の破綻によって1930年代の「大恐慌」型の世界恐慌に陥ることはかろうじて回避された。実際にも、2010年には回復するかに現れた。

　しかしながら、同時に3の特徴として顕在化したのは、そうした政府機能の限界という問題である。グローバル資本主義化のプロセスで生じた「グローバル成長連関」による金融的膨張とその破綻による金融的損失の規模は非常に大きく、その実体経済の縮小圧力の規模は、戦後現代資本主義の特徴であった国民国家フレームワークの枠内での対処を大きく超えるものであった。「平時」には異例の規模の財政手段による対策は、主要国で急速に財政制約を顕在化させ、各国とも財政赤字が急速に拡大し、アメリカ、日本を始め、大幅な財政赤字と政府債務の累積を招き限界に達した。

とりわけ、グローバル資本主義化に対し地域統合とユーロゾーン形成で対応してきたEUシステムの矛盾を介して、ユーロゾーン危機に展開してグローバル金融危機の「第二幕」が進行したことにより、むしろ財政措置の限界が非常に明確となった。その結果、結局は、危機回避は、アメリカの連邦準備制度を筆頭に、ECB、さらに日銀、イングランド銀行等が加わって、中央銀行による異例の金融緩和・量的緩和措置に大きく依存するものとなった。グローバル金融危機の「第一幕」では、連銀を始め、主要中央銀行の緊急金融対策で金融システム崩壊を防ぎつつ、大規模な財政機能の発揮によって実体経済の大幅な縮小を食い止めながら、「グローバル成長連関」の崩壊を回避した。しかしそのプロセスで、急速に限界に達した財政機能に代わって、「第二幕」以降は、実質上ほとんど機能麻痺状態に陥った「グローバル成長連関」の拡大の「エンジン」であった民間部門の金融機能を、中央銀行信用膨張が肩代わりして支え続けているのである。

　今回のグローバル金融危機・経済危機を、アメリカを軸とする「グローバル成長連関」そのものの危機とみる視点からすると、こうした事態は、グローバル資本主義化を通じたグローバルな規模での資本蓄積の構造とメカニズムの現状が抱えている問題を明らかにするものである。それは何よりも、戦後パックス・アメリカーナの衰退と転換のなかで、グローバル資本主義化を主導し、「グローバル成長連関」の中心を占め、グローバル金融危機・経済危機の最大の震源となったアメリカ資本主義の現状が直面する課題に集約的にみてとれる。今やアメリカは大きな「ジレンマ」に直面しているといってよい。そこには、グローバル資本主義化によって深刻化した、社会経済的分断と政治的アポリアが大きな問題として横たわっている。

　一方では、緊急対策で、政府機能が大規模に発揮されたことで、新自由主義の「小さな政府」理念は、少なくとも一時的には吹き飛んでしまった。しかし他方で、市場主義に導かれたグローバル資本主義化による経済成長の構造とメカニズムからは、そう簡単には後戻りはできない。グローバル資本主義化を通じて、国内産業基盤はすでに弱体化[32]しており、金融はもとよ

り、アメリカ企業の収益源は、グローバル化に依存する関係を大きく強めた。この間登場してきたグローバルな成長の連関を無に帰することはできない。かつての戦後パックス・アメリカーナ全盛期のように、国内市場を主要な基盤とする国民経済的な資本蓄積体制には簡単には戻れない。そのため、国際調整を含め、金融システムの制度的安定化・制度整備を通じ、「グローバル成長連関」のなかで登場してきた、新たな資本蓄積のグローバルな連関を、国内的にもグローバルにも安定化させ、システムとして機能させる課題を解決する以外には道はない。しかしそれも、これまでの新自由主義的な「小さな政府」論と市場主義に大きな転換を迫るものとなるため、簡単ではない。実際にも、「強欲」な金融投機を抑制し、金融システムの健全化を図るために、金融活動を幅広く規制する「ドッド・フランク法」（金融規制改革法：2010年7月）が成立したが、銀行取引に大きな制限を課す「ボルカー・ルール」の実施は棚上げになったままである。

　国内的には、1990年代のITやその後の代替的な住宅ブームに代わる成長の核を再形成しながら、「グローバル成長連関」の再構築を図ることが現実的な方向であろう。しかし、再選を果たしたオバマ政権が指向した輸出振興政策は、「グローバル成長連関」の機能不全のもとでは大きな限界がある。また、国内製造業の強化も、企業のグローバル化と産業空洞化の趨勢のもとでは、簡単には進まない。政権一期目の再生エネルギー等の環境への公共投資で長期の経済成長を図る「グリーン・リカバリー」構想[33]を推進するには、財政制約が非常に大きい上、既存企業の反対が強い。しかもそれは、中長期的な課題である。「グローバル成長連関」に代わる有効な国内的資本蓄積の基軸は、未だ確立されていない。そうしたベースの上では、民間金融部門の機能不全を代替的に支える異例の大幅金融緩和措置は、「流動性の罠」の状態から脱却できず、ましてその「出口」への展望はかなり長期にわたって不確かなままとなる。

　他方で、序章で指摘したように、グローバルに経済拡張をもたらす可能性のある、中国やインド、ブラジル等の地域大国の「内需連関」の構築はやは

第 1 章　アメリカ発のグローバル金融危機・経済危機とグローバル資本主義の不安定性　75

り中長期的な課題であり、まして、ドルの国際基軸通貨性とニューヨークの金融ファシリティによる金融膨張を拡張の「エンジン」とした、「グローバル・シティ」機能を軸とした以前の「グローバル成長連関」に代わる新しいグローバルな規模の資本蓄積の構造とメカニズムを出現させる見込みは薄いのが現状といえよう。

　こうした点から見ると、今回のアメリカ発のグローバル金融危機が明らかにしたのは、戦後現代資本主義を規定づけていた戦後パックス・アメリカーナ・システムの衰退と転換が1970年代を境にして大きく必然化して以降、アメリカを最大の震源として進行してきたグローバル資本主義化が、新たな「制度」・「システム」形成の模索過程にあり、いわば過渡的なものであることを明らかにした。今回のアメリカ発のグローバル金融危機・経済危機は、まさに戦後現代資本主義の現状の、そうしたその意味での「過渡期」としての歴史的位相を明確に開示した事態であったといえよう。

注

1）この点は、序章でも指摘したように、G20の緊急首脳会議（2008年11月15日）の共同声明（G20［2008］）にも共通してみられる。この時点では、こうしたG20に代表される見解は、まだ、岩井［2008］に代表されるような金融的投機の発展と崩壊一般に解消した議論と必ずしも区別できないものであった。しかし、すでに、今回のグローバル金融危機の原因を、「シャドウ・バンキング・システム」（初期のものとしてPIMCO［2007］、［2009］など）、「パラレル・バンキング・システム」（Geithner［2013］）など、金融グローバル化の進展で出現した、アメリカを軸とする証券化メカニズムを中心としたグローバルな規模の特徴的な金融メカニズムそのもののシステム欠陥に求める見解が出されており、その後「シャドウ・バンキング規制」論に展開している。アメリカ議会の金融危機調査委員会の最終報告（The Natonal Financial Crisis Inquiry Commission［2011］）、上院小委員会報告（U. S. Senate［2011］）、また、G20金融安定化理事会の2011年秋の見解（FSB［211］）などをみよ。しかし、こうした議論も、本章が論じているように、この間のグローバル資本主義化のプロセスで出現した、アメリカを軸とするグローバルな経済拡張の構造とメカニズムである「グローバル成長連関」の重要な一環として、「シャドウ・バンキング」の問題が十全に位置づけられていない。そのため、今回のグローバル金融危機・経済危機における、グローバル金融メカニズムのシステミックな問題のもつ意義が十分明らかになっていない。その点が「シャドウバンキング」論の大きな問題である。注25もみよ。

2）アメリカ発のグローバル金融危機発現の直接的な問題の議論として、本稿と同趣旨で

すでにいくつかの論考を発表している。とくに、河村［2009］、また簡略版として同［2013］をみよ。
3）戦後から今日に至るGSEsを組み込んだアメリカの住宅貸付市場の基本的関係は、ニューディール政策の一環として30年代末にFNMA（連邦住宅抵当公庫 Fannie Mae）が設立された時点にさかのぼる。それ以降も長く、「制限約款」（restrictive covenants：非白人に住宅を売却しない約款）による居住地区の人種セグレゲーションと、それと重なった「レッドライニング」（redlining：特定警戒地区に対する抵当貸付［担保融資・保険引き受け］の拒否）を通じた住宅金融の制限があった。これが、非白人の居住が集中するレッドライン地区の非白人に対する抵当貸付の差別を継続させ、賃貸住宅不足、高家賃、低質住宅などの状況を生んだ。公民権法（Civil Rights Act of 1964）以降、その是正措置が進展した。公正住宅供給法（1968年修正公民権法のTitle VIII）、信用機会均等法（1974年）とFRB Regulation B、住宅抵当貸付開示法（1975年）を経て、77年にコミュニティ再投資法（1977年 CRA）が成立した。その後95-97年にFRBがCRAに基づく検査・監督方式を大幅に改革した──検査基準の明確化・簡素化と零細企業向け貸出しも対象化。こうした措置を通じて状況は大きく改善されてきた。さしあたり山本統一［2002］、Dymski［2007］：8-9などをみよ。
4）「略奪的貸付」predator lendingの定義と問題点については、U. S. HUD［2001］：16をみよ。
5）2007年6月14日～22日に、ベアー・スターンズ傘下で、サブプライムMBSに投資していた2つのヘッジファンドが重大な損失を出し、マージン・コール用の資金調達のため38億ドルに上る債券を売却するとの噂が拡大したことが、サブプライム危機が顕在化する最大の発端であった（1ファンドが資本注入され、他は清算）。10月11日～23日にMoody'sによる2,500のサブプライム債券を格下げ、続いてS&Pが590件のCDOおよび145件・37億ドルのCDOトランシュを格下げし、注意リストに移した。同週、Moody'sの117件のCDOトランシュ格下げ、Fitchの約370億ドルのCDOの格付け見直しなど、広範な格下げが発表されたことによって、RMBSだけでなく、他の証券化商品の価格下落に拡大し、サブプライム危機が深刻化した。BIS［2007］：96.
6）90年代の異例の長期好況と「ITブーム」・「ニューエコノミー」現象については、河村［2008a］、［2008b］をみよ。
7）"Interagency Guidance on Subprime Lending"（March 1, 1999）と"Expanded Guidance for Subprime Lending Programs"（January 31, 2001）。このガイダンスで、金融機関に対しサブプライムローンに特有のリスクを特定・監視・管理するためのリスク管理体制の整備や資本・貸倒引当金の充実を求め、また消費者保護の観点から、①返済能力より担保価値に基づく融資、②高額の手数料を課す頻繁な借り換え要求、③ローンの商品性を隠微するような詐欺的なマーケティング、といった行為を1つでも伴う融資行為を不正あるいは略奪的融資とする基準を設定し、こうした融資行為を回避するよう注意を喚起した。みずほ総研［2007］：22もみよ。
8）インターネット関連ビジネスのベンチャー企業（いわゆる「ドットコム企業」）のビジネスモデルは、IT革命の潜在的可能性を短期的な収益見込みと混同した超楽観的なものが多かった。その株価形成は、数十年先までの収益を先取りしたものであり、その面で「バブル」そのものであった。詳しくは河村［2003a］第7章、［2008a］をみよ。

9) この一連の金融引き締めは、「国内労働市場の逼迫と景気過熱の可能性に対して『少しばかりの保険』を掛け」、「景気が最終的に下降し始めたときに、もう一度、軟着陸を目指せるように、体制を整えた」と表現されているが、株価の全般的暴落を回避する意図があったと推測できる。Greenspan［2007］訳：286-294をみよ。
10)「ITバブル」崩壊の直接的な縮小効果は主に次の点に要約できる。①異例の長期好況の後の「ストック調整」局面への移行。「ITバブル」崩壊で過大な需要上昇カーブに従った設備投資が過剰な生産能力として顕在化し、それが設備投資の中心を占めたIT関連投資を大きく縮小させた。②株価の全般的低下による「逆資産効果」。90年代の家計株式保有率の急増（99年には家計の約半分47.9％に上昇した——US Dept. of Commerce［2006］, Table 1187）ことで、株価下落の「逆資産効果」は拡大していた。株式保有者の2000年第1四半期～02年第2四半期の資産価値喪失額は7兆ドルにのぼり、約2800億ドル——GDP約3％分——の消費の縮小効果を持ったとされる（U. S. Councils for Economic Advisors［2003］訳：39）。こうした大きな「逆資産効果」を相殺したのが、①アフガン戦争（2001年10月～）とイラク戦争（2003年3月～）による直接・間接の軍事支出と国内外のテロ対策による財政支出、②ブッシュ政権による大型減税、③金融緩和に促進された住宅ブームの維持と拡大であった。より詳しくは河村［2008a］：46-48をみよ。なおアフガン・イラク戦費支出については、「社会的コスト」を含めた負の効果を指摘するStiglitz and Bilmes［2008］の議論がある。
11) 井村［2008］も、こうした「ファイナンシャライゼーション」の問題を「実体経済から独立した金融活動」としてとらえ、投機的金融活動が生み出す危機の問題として、サブプライム問題をその原因とともに論じている。
12)「ファイナンシャリゼーション」概念や金融不安定性の問題については、さしあたりEpstein, ed［2005］をみよ。
13) この点は、Strange［1986］など、さまざまに論じられてきているが、さしあたり河村［2008a］をみよ。
14) 90年代長期好況に関する「ニューエコノミー」論は、その点では意味がある議論であった。河村［2008a］。
15) 詳しい議論としては、すでに各所で論じた。河村［2003a］、［2003b］、［2006］、［2008］など。包括的な概論としては河村［2009］。1970年代以降のアメリカ経済の再編と転換の基本動向については、河村［2003a］のとくに第5章～7章で論じている。河村［2006］では、戦後企業体制の転換の問題に焦点を絞り、その動因とプロセスを、アメリカ企業のグローバル企業化の本質および現代資本主義の歴史的な位相の解明にもつ意義を焦点として論じている。グローバル資本主義化を通じて出現した、「グローバル・シティ」機能と「新帝国循環」の結合を基本連関とする「グローバル成長連関」に、アメリカおよびアメリカを軸とする新たな資本蓄積体制の出現をみる本稿の基本点は、同第4節 pp.155-158で概略を示し、河村［2008a］の第4節（pp.49-58）で立ち入って論じた。
16) 資本蓄積体制の転換における「制度」形成・「システム」形成の意義については、河村［2006］：149-154。また同［2008b］もみよ。
17) この点に関して、武蔵大学総合研究所オープン・リサーチ・センタープロジェクト（2003-07年度研究代表者・研究総括責任者：河村哲二）による2007年8・9月、および

文部科学省科学研究費補助金基盤研究（A）海外学術調査「金融危機の衝撃による経済グローバル化の変容と転換の研究——米国・新興経済を中心に」（平成21〜24年度、課題番号21252004）（研究代表者：河村哲二）によって2009年8-9月に実施した現地調査の成果を利用している。主な対象は、カルフォルニア州サンフランシスコ市・シリコンバレーおよびその周辺、ロサンゼルス市とその周辺、およびメキシコのティファナ市の「グローバル・シティ」状況、サクラメント市のサブプライム住宅ローン問題の状況の実態調査、金融機関・金融状況（サンフランシスコ連銀、日本銀行ニューヨーク支店、みずほ銀行等）の聞き取り調査を実施した。サクラメント市の非白人住民の70%がレッドライン地区に居住し、今回のサブプライム問題による延滞と差し押さえの集中地域と重なっている。Hernandez [2007] もみよ。

18) ここでいう「新帝国循環」は、1960年代までの戦後パックス・アメリカーナ全盛期の「帝国循環」、さらに1980年代に出現した「ドル本位制」のもとでの「新帝国循環」と対比すれば、それとは異なる新たな「新帝国循環」を形成する。アメリカを軸とする世界的な資金循環とその構造的特徴については、池田 [2003] をみよ。また、「帝国循環」の用語については、同、注1をみよ。また河村 [2008a] もみよ。

19) 注12に同じ。

20) 「証券化メカニズム」の不備については、①「仕組み債」がもつ「リスク転化」・「リスク分散」関係の問題——SIVによるオフバランス化の虚妄性、優先・劣後関係による切り分け手法など、③相対取引——「エクイティ」部分、CDSやそれを組み込んだCDOなど。②証券化商品のプライシングの問題——担保掛目の問題、市場関係におけるいわゆる「リスク」の本質——むしろ確率分布が描けないという意味で、F.ナイトがいうように「リスク」（risk）というより「不確実性」（uncertainty）（Knight [1921]：232、およびChapter VII）——を無視したデフォルト確率分布の想定やその近似的計測、諸変数間の連関の無視などが挙げられよう。こうした欠陥は、証券化・再証券化が重層的に積み重なるにつれ、その問題性が累積的に拡大する関係にある。

21) 上記注8をみよ。

22) 上記注10をみよ。

23) 「証券化メカニズム」と銀行信用膨張との関連については多くの指摘があるが、とくに、FSB [2011]：1-3をみよ。また、FRB of New York [2011]、日本銀行 [2008]、IMF [2008a] などもみよ。Tokunaga & Epstein [2014] は、単純なグローバル・インバランス論を超えて、アメリカを中心として発展した証券化メカニズムを軸とする「シャドウバンキング・システム」とグローバルな金融膨張の関係およびその不安定性について立ちって分析している。しかし、本稿で問題にしている、「グローバル成長連関」における「新帝国循環」として現れた国際的資金循環構造と国際基軸通貨ドルをベースとする国際決済機構との関連は明確にされていない点に、問題が残る。

24) 上記、注20もみよ。

25) 「証券化メカニズム」を中心として発展した、いわゆる市場型の新たなグローバル金融メカニズムの不備と制度的・システム的な欠陥は、注1でも指摘したように、早くから「シャドウ・バンキング」論として論じられ、今回のグローバル金融危機の原因する議論が有力となっている。しかし、シャドウ・バンキング・システムの厳密な定義は、1980年代以来の金融革新・自由化とグローバル化と密接に関連したデリバティブなどの

第1章　アメリカ発のグローバル金融危機・経済危機とグローバル資本主義の不安定性　79

金融商品と金融機関、それによる金融操作の発展が非常に多様なため、各種の議論で必ずしも一致していない（李［2013］：165-168をみよ）。G20の金融安定化委員会（FSB）では、「最も広義には、通常の銀行システム外の金融主体や活動が関与する信用仲介のシステム」（FSB［2011］：3、李［2013］：168）と定義されているように、基本的に1980年代以来の金融革新・自由化とグローバル化を通じて、「オフバランス化」操作など、従来の銀行・金融規制システムの外で大きく発展した金融システムという意味で、金融規制当局の視点による用語法であるという性格が強い。しかし、実態としては、ノンバンクによる信用仲介のシステムには、銀行による「暗黙の保証」だけでなく、貸し付け・信用創造という通常の銀行業務も大きく組み込まれている。なお、FSB［2013］は、とくに規制的視点から、ノンバンクによる信用仲介システムのうち「システミック・リスク」と「金融規制を掘り崩す規制裁定」の側面にとくに焦点を絞っている。ニューヨーク連銀による報告書にシャドウ・バンキング・システムの概念図がまとめられている（Tobias and others［2013］）が、本章で論じている「証券化メカニズム」を軸とした金融膨張のメカニズムと、基本は同じである。詳細な異同の検討は、煩瑣となるので省略する。

26）今回のグローバル金融危機・経済危機を「リーマンショック」としてのみ表現したり、あるいは金融危機そのものの原因とする見解が一般に広く見られるが、それは、そうした一局面で生じた事態を過度に単純化した見解である。リーマンブラザースの破綻は、金融危機を深刻化する直接の契機となったことは否定できないが、急速に悪化する金融危機の進行の途上で生じた、今回のグローバル金融危機・経済危機の一局面にすぎない。破綻に至る経緯は、FDIC［2011］で確認できるが、リーマンブラザースは、他の大手投資銀行同様、グローバル証券化メカニズムに深く関与し、サブプライム危機が進行する中で急速に財務内容が悪化し、2008年4月のベアー・スターンズのJ.P.モルガンチェースによる救済合併時点ですでに次の破綻候補に取り上げられていた。資本増強や資産整理、救済合併交渉が進展しないまま、とりわけ9月のGSEs危機によってMBSポートフォリオを中心に、保有資産がさらに劣化し、最終的に9月15日の連邦破産法11条申請にいたったものである。リーマンの破綻による直接の「ショック」は、財務省の内部的な分析（Swagel［2009］、とくに同：39-42）では、本章の図1-7の証券化メカニズムの構図にそくしてみると、とりわけ次のような経過をたどって、〈商業銀行―SIVs―ABCP―MMMF〉連関の部分で、金融危機全体を大きく加速したとされている。

　すなわち、リーマン破綻により、リーマンのCPと中期社債（mid-term notes）が額面割れしたことで、The Reserve（Primary）Fund（MMMFの最古参大手）の純資産の額面割れ（the breaking of the buck）と巨額の損失が発生し、ファンドの解消に追い込まれた。9月5日〜19日の外国投資家など投資家による資金引き上げは、同ファンド資産の7％以上に当たる約2000億ドルに達したとされる。こうしたMMMFからの資金引き上げ（MMMFの「取り付け」）を通じ、CP市場が麻痺し、それを放置すると企業がバックアップのクレジットライン（借入枠）に手を付けることとなるため、銀行に過大な負担がかかることから、銀行が資本金の防護のため、CP、Repo、CD等への投資ではなく現金の保蔵を強め、その結果、資金調達の枯渇で、broker-dealersが、ヘッジファンドその他取引先へのクレジットラインを削減し、その結果、資産の投げ売り・借

入投資の解消（deleverage）が大規模に生じることになり、金融市場の危機を大きく加速した。こうした関連を取り出せる。
27)「証券化メカニズム」の不備と制度的な欠陥は、さまざまに指摘されているが、市場関係におけるリスクの本質（確率分布が描けないという意味で、フランク・ナイトの「不確実性」にあたる）を無視した債務不履行の確率分布の想定や、その近似的計測など、金融工学手法の問題が大きい。上記注20および河村［2009］をみよ。
28「財政の崖」問題とそれを巡る民主党、共和党の対応については、さしあたり、財務省［2012］、U. S. CBO［2013］などをみよ。
29) 田中［2013］も、同様の見解を示している。「激しいユーロ危機が2011年後半から12年春・夏のギリシャ離脱危機まで続いた。だが12年7月を最後に危機は沈静化へと向かった。」…「ECBの『最後の貸し手』機能の実現、ESM創設、銀行同盟および関連する諸機構の創設への進展、これら3つが相まって、ユーロ危機の沈静化をもたらしたのである。」（田中［2013］）。
30) 以上、連銀の第1次～第3次の「量的緩和」措置（QE1～QE3）の骨子とその直接的効果の分析については、ECB、イングランド銀行、日本銀行の量的緩和措置も含め、Fawley and Neely［2013］: 61-78をみよ。
31) 1929-33年の「世界大恐慌」の「構造的恐慌」としての特徴については、さまざまなとらえ方があるが、ここでは、主に、第1に、再建金本位制そのものを崩壊させたこと、第2に、当時の金融システム、とりわけ銀行恐慌の第3波によってアメリカの銀行制度そのものを破綻させる危機まで深刻化しており、当時の資本主義の制度構造そのものを破壊するものであったことを、「構造」そのものの恐慌現象という意味で用いている。こうした「世界大恐慌」の特徴については、全体として、侘美［1994］をみよ。
32) グローバル化と伝統型の労使関係や労務管理構造の転換と関連し、アメリカにおいても所得格差が構造的に拡大している。それは、戦後パックス・アメリカーナ全盛期（1950・60年代）の戦後企業体制による「持続的成長」の構造——所得平準化を大きな特徴とした——がすでに過去のものとなったことを意味する。それはアメリカの資本蓄積がむしろ国民経済的枠組みの内部だけでは十分持続できないことを示すものである。詳しくは河村［2003a］: 348-352をみよ。
33) オバマ政権初期の"Green Recovery"構想については、Pollin and others［2008］をみよ。

＊本稿は、文部科学省科学研究費補助金基盤研究（C）「グローバル金融危機・経済危機からのアメリカ経済の回復過程の特質と問題点の実態研究」（平成26～28年度、課題番号26380327）（研究代表者：河村哲二）の研究成果の一部である。

参考文献

池田正雄［2003］、「アメリカをめぐる世界的資金フローの変化とその歴史的意義」、SGCIME編『グローバル資本主義と世界編成・国民国家システムⅠ　世界経済の構造と動態』、シリーズ第Ⅰ集『グローバル資本主義』第1巻第Ⅰ集第4章、御茶の水書房。
井村喜代子［2008］、「サブプライムローン問題が示すもの」『経済』、No.153、2008年6月。
岩井克人［2008］、「自由放任は第二の終焉」（日本経済新聞、『経済教室』2008年10月24日

付朝刊）

河村哲二［2003a］、『現代アメリカ経済』有斐閣。

河村哲二［2003b］、「インパクトの源泉としてのアメリカ」、SGCIME編『グローバル資本主義と世界編成・国民国家システムⅠ世界経済の構造と動態』、第Ⅰ集第1巻Ⅰ、御茶の水書房、2003年、序章。

河村哲二［2006］、「アメリカ企業と蓄積体制」SGCIME編『グローバル資本主義と企業システムの変容』、第Ⅰ集第3巻第1章、御茶の水書房。

河村哲二［2008a］「アメリカの1990年代長期好況とニューエコノミー──戦後パックス・アメリカーナの衰退と『グローバル資本主義』下の景気循環」SGCIME編『グローバル資本主義と景気循環』第Ⅰ集第4巻第1章、御茶の水書房。

河村哲二［2008b］、「段階論」構成の方法と資本主義の諸カテゴリーの現実態」宇野没後30年記念集会コメント要旨（http://www.gssm.musashi.ac.jp/uno）。

河村哲二［2009］、「グローバル金融危機と現代資本主義の「グローバル資本主義」化」『生活経済政策』2009年1月号（No.144）。

河村哲二［2013a］、「グローバル資本主義の現局面」、SGCIME編『現代経済の解読』（増補新版）、御茶の水書房、2013年、序章。

河村哲二［2013b］、「戦後パックス・アメリカーナの転換とアメリカ発のグローバル金融危機」、SGCIME編『現代経済の解読』（増補新版）、御茶の水書房、2013年、第2章。

財務省［2012］「山場を迎える『財政の崖』問題」『マンスリートピックス』NO.14 2012年12月21日（http://www5.cao.go.jp/keizai3/monthly-topics/2012/1221/）。

侘美光彦［1994］『世界大恐慌──1929年恐慌の過程と原因』御茶の水書房。

田中素香［2012］「ソブリン・金融危機とユーロ制度の変容」財務省財務総合研究所『フィナンシャルレビュー』平成24年第3号（通巻第110号）、2012年3月。

田中素香［2013］「ユーロ危機の沈静化と今後の課題」*Chuo Online*（http://www.yomiuri.co.jp/adv/chuo/research/20130207.htm）。

内閣府［2008］、『世界経済の潮流』2008年春（http://www5.cao.go.jp/j-j/sekai_chouryuu）。

日本銀行［2008］、「金融市場レポート」2008年7月31日（https://www.boj.or.jp/research/brp/fmr/data/mkr0807a.pdf）。

山本統一［2002］、「米国の個人信用情報──金融サービスにおける現状の一断面」*US Insight Silicon Valley Research*, Vol. 12 January, 2002, Report 2（http://www.nttdata.com/usinsight: 2008年7月25日アクセス）。

李立栄［2013］、「シャドーバンキングの実態と規制強化の方向性」日本総合研究所『JRIレビュー』Vol.6, No.7（http://www.jri.co.jp/MediaLibrary/file/report/jrireview/pdf/6784.pdf9）。

Arestis, Philip, Michelle Baddeley and John MeCombre, eds. [2001], *What global economic crisis?*, Palgrave.

Bank for International Settlement [2000], *The global OTC derivatives market continues to grow*, Press release 13 November 2000 (http://www.bis.org/press/p001113.htm).

Bank for International Settlement [2007], *Triennial and semiannual surveys on positions in global over-the-counter (OTC) derivatives markets at end-June 2007*, November

2007 (http://www.bis.org/press/p071121.htm)
Bank for International Settlement [2008], *BIS 78th Annual Report*, 30 June 2008 (http://www.bis.org/publ/arpdf/ar2008e.htm).
Bernanke, Ben S. [2008] *Fostering Sustainable Homeownership*, Speech of Chairman Ben S. Bernanke at the National Commity Reinvestment Coalition Annual Meeting, Washington, D. C. (http://www.federalre-serve/newsevents/speech/bernanke 20080314a.htm).
Board of Governors of the Federal Reserve System [2007], "Federal Reserve Statistical Release, Z.1: Flow of Funds Accounts of the United States," published 8 March 2007 (http://www.federalreserve.gov/releases/z1/20070308/).
Board of Governors of the Fedearl Reserve System [2008], *Monetary Policy Releases, 2008* (http://www.federalreserve.gov/newsevents/press/monetary/2008monetary.htm).
Committee for a Responsible Federal Budget [2009]. "Analysis of The American Recovery and Reinvestment Act", *U. S. Budget Watch*, February 17, 2009 (http://appropriations.house.gov/pdf/press- summary 02-12-09.pdf)
Dooley [2008], Michael P., David Folkerts-Landau and Peter M. Garber, "Will Subprime be a Twin Crisis for the United States?," NBER Working Paper 13978, April 2008 (http://www.nber.org/papers/w13978.pdf?new_window=1).
Dymski, Gary A. "From Financial Exploitation to Global Banking Instability: Two Overlooked Roots of the Subprime Crisis," (mimeo) presented at the Musashi University Research Institute ORC Project International Symposium: *The Dynamism of Globalization -- Its Impact and Transfiguration of Economy, Society and Culture*, December 15, 2007, Musashi University, Tokyo Japan
Epstein, Gerald A., ed. [2006], *Financialization and the World Economy*, Edward Elgar Pub.
Fawley Brett W., and Christopher J. Neely, "Four Stories of Quantitative Easing," Federal Reserve Bank of St. Louis, *Review*, January/February 2013, 95 (1) (http://research.stlouisfed.org/publications/review/13/01/Fawley.pdf)
Federal Home Loan Mortgage Corporation, Corporate Communications [2007], *The Freddie Mac Reporter Fact Book 2007* (http://www.freddiemac.com/)
Fedral Deposit Iinsurance Corporation [2011], "The Orderly Liquidation of Lehman Brothers Holdings Inc. under the Dodd-Frank Act," *FDIC Quarterly*, Vol.5, No.2, 2011 (http://www.fdic.gov/bank/analytical/quarterly/2011_vol5_2/lehman.pdf).
Federal Home Loan Mortgage Corporation [2015], *Primary Mortgage Market Survey Archives: Conventional, Conforming, Treasury-Indexed FRM and ARM weekly data* (http://www.freddiemac.com/pmms/pmms_archives.html).
Financial Stability Board [2011], "Shadow Banking: Strengthening Oversight and Regulation," (http://www.financialstabilityboard.org/wp-ontent/uploads/r_130829c.pdf).
G20 [2008], *Declaration of the Summit on Financial Markets and the World Economy* (November 15, 2008) (Ministry of Foreign Affairs of Japan: http://www.mofa.go.jp/

policy/economy/g20_summit/index.html)
Geithner, Timothy F. [2008] "Reducing system risk in a dynamic financial system," June 9th, 2008 (http://www.bis.org/review/r0806126.pdf).
Greenspan, Alan [1997], *Remarks by Chairman Alan Greenspan At the Economic Development Conference of the Greenlining Institute, San Francisco, California,* October 11, 1997: "Consumer Credit and Financial Modernization" (http://www.federalreserve.gov/boarddocs/speeches/1997/19971011.htm).
Greenspan, Alan [2008], *Remarks in "This Week with George Stephanopoulos" interview,* September 14, 2008 (http://abcnews.go.com/blogs/politics/2008/09/greenspan-to-st/).
Hernandez, Jesus [2007], "The Subprime Crisis at a Micro Scale: Redlining, Housing Segregation, and the Crisis of Social Reproduction in Sacramento," (mimeo) presented at the Musashi University Research Institute ORC Project International Symposium: *The Dynamism of Globalization,* December 15, 2007, Musashi University, Tokyo Japan.
International Monetary Fund [2008], *World Economic and Financial Surveys: Global Financial Stability Report – Containing Systemic Risks and Restoring Financial Soundness,* April 2008 (http://www.imf.org/external/pubs/ft/gfsr/2008/01/pdf/text.pdf).
Joint Center for Housing Studies of Harvard University [2008], *The State of the Nation's Housing 2008* (http://www.jchs.harvard.edu/research/publications/state-nations-housing-2008).
Joint Center for Housing Studies of Harvard University [2006], *Housing Markets, 2006* (http://www.jchs.harvard.edu/sites/jchs.harvard.edu/files/son2006_housing_markets.pdf).
Knight, Frank H. [1921], *Risk, Uncertainty and Profit,* 2006 version by Cosimo, Inc.
NewYork Times [2008], *Times Topics: Economic Stimulus,* January 9, 2008 (http://topics.nytimes.com/).
OECD [2002], *Economic Outlook,* No.71, June 2002 (http://stats.oecd.org/Index.aspx?DataSetCode=EO71_MAIN).
PIMCO, Paul MacCauly [2007], "Global Central Bank Focus -- Teton Reflections," August 8, 2007 (http://media.pimco.com/Documents/GCB%20Focus%20Sept%2007%20WEB.pdf).
PIMCO, Paul MacCauly [2009] "Global Central Bank Focus -- Teton Reflections," August 8, 2007 (http://media.pimco.com/Documents/GCB%20Focus%20Sept%2007%20WEB.pdf).
Pollin, Robert, Heidi Garrett-Peltier, James Heintz, and Helen Scharber [2008] *Green recovery: A Program to Create Good Jobs and Start Building a Low-Carbon Economy,* Department of Economics and Political Economy Research Institute (PERI), University of Massachusetts-Amherst, Center for American Progress, September 2008 (http://www.americanprogress.org/issues/2008/09/pdf/green_recovery.pdf).
Pozsar, Z., Tobias Adrian, A. Ashcraft and Hayley Boesky [2010], *Shadow Banking,* Federal Reserve Bank of New York Staff Reports no. 458, July 2010 (http://www.

newyorkfed.org/research/staff_reports/sr458_July_2010_version.pdf).
Reich, Robert B. [1991], *The Work of Nations: Preparing Ourselves for 21st Century Capitalism*, Vintage Books（中谷巌訳『ザ・ワーク・オブ・ネーションズ——21世紀資本主義のイメージ』ダイヤモンド社、1991年）.
Sassen, Saskia [2001], *The Global City: New York, London, Tokyo*, 2nd edition, Princeton University Press（伊豫谷登士翁・大井由紀・高橋華生子訳『グローバル・シティ——ニューヨーク・ロンドン・東京から世界を読む』筑摩書房、2008年）.
Stiglitz, Joseph E. and Linda J. Bilmes [2008], *Three Trillion Dollar War: The True Cost of the Iraq Conflict*, W W Norton & Co Inc., 2008（楡井浩一訳『世界を不幸にするアメリカの戦争経済』徳間書店、2008年）.
Strange, Susan [1986], *Casino Capitalism*, Basil Blackwell（小林襄治訳『カジノ資本主義——国際金融恐慌の政治経済学』岩波書店、1988年）.
Swagel, Phillips [2009], "The Financial Crisis: An Inside View," Brookings Papers on EconomicActivity, Spring 2009（http://www.brookings.edu/~/media/projects/bpea/spring%202009/2009a_bpea_swagel.pdf.）.
Tokunaga, Junji, and Gerald Epstein [2014], "The Endogenous Finance of Global Dollar-Based Financial in the 2000s: A Minskian Approach", PERI Working Paper Series 340, University of Massachusetts, Amherst.
The Natonal Financial Crisis Inquiry Commission [2011], *The Financial Cisis Report: Final Report of the National Commission on the Causes of the Financial and Economic Crisis in the United States*, Offical Government Edition, Submitted by Pursuant to Public Law 111-21, January 2011（http://www.gpo.gov/fdsys/pkg/GPO-FCIC/pdf/GPO-FCIC.pdf）
U. S. Congress, House [2009], "The American Recovery and Reinvestment Act of 2009: Creating Jobs, Supporting the States and Investing in Our Country's Future", February 12, 2009（http://appropriations.hovse.gov/pdf/PressSummary02-12-09.pdf）
U. S. Congress Senate, Permanent Subcommittee on Investigation, Committee on Homeland Security and Governmental Affairs [2011], *Wall Street and The Financial Crisis: Anatomy of a Financial Collapse*, April 13, 2011（http://www.hsgac.senate.gov//imo/media/doc/Financial_Crisis/FinancialCrisisReport.pdf?attempt=2）
U. S. Congressional Budget Office [2007], *Estimated Appropriations Provided for Iraq and the War on Terrorism, 2001-2006*（http://www.cbo.gov/sites/default/files/cbofiles/ftpdocs/75xx/doc7506/gwot_tables_2006_08.pdf）.
U. S. Congressional Budget Office [2009], *The Budget and Economic Outlook: Fiscal Years 2009 to 2019, January 2009*（http://www.cbo.gov/sites/default/files/cbofiles/ftpdocs/99xx/doc9957/01-07-outlook.pdf）.
U. S. Congressional Budget Office [2013], *Fiscal Cliff Deal*, Janyary 4, 2013（http://www.cbo.gov/publication/43835）。
U. S. Councils for Economic Advisors [2003], *The Annual Report of the Councils for Economic Advisors,2003*, USGPO（萩原伸次郎監訳『米国経済白書』エコノミスト臨時増刊、毎日新聞社、2003年6月9日）

U. S. Department of Commerce, Bureau of the Census [2006], *Statistical Abstract of the United States: 2006*, (http://www.census.gov/compendia/statab/2006/2006edition.html)

U. S. Department of Housing and Urban Development [2001], *HUD-Treasury Joint Report on predatory lending*, 2/16/2001 (http://www.hud.gov/library/bookshelf12/pressrel/treasrpt.pdf)。

Wikrent, Tony [2007], *Financial Trading in U. S Table*, November 12, 2007 (http://en.wikipedia.org/)

cao.go.jp/keizai3/monthly_topics/2012/1221/topics_014.pdf)

第2章
グローバル金融危機と国際通貨体制

石橋貞男

はじめに

　2008年のグローバル金融危機は、ドルを基軸通貨としてきたそれまでの国際通貨体制を揺るがした点において、グローバル資本主義の現局面を画する重要な出来事であると考えられる。戦後IMF体制の崩壊としての1971年金・ドル交換停止の後、ドルが金の裏付けを失いつつも国際通貨の基軸として機能し続けた国際通貨体制が、大きな転換期にさしかかっている。このグローバル金融危機は今後、「戦後パックス・アメリカーナ」が終焉し新たな体制へ移行した1つの契機になったと位置づけられることになろう[1]。

　とはいえ、次の国際通貨体制はまだその姿を現していない。歴史的な過程としてはさまざまな方向へ行く可能性があるが、問われているのは、結局、われわれにとって貨幣とは何かという根本の問題に帰着するのでないかと考えられる。人類が最終的に金からの呪縛からいかに解放されるのかという問題である。この課題を解く方向性をもたない限り、新たな世界を展望することができないことだけは確かであるように考えられる。

　本章は、大きくはこのようなグローバル資本主義の現局面が1つの大きな歴史的な画期にあることを国際通貨体制の視点から考えようとしている。そのためには、まず現在に至る歴史的な過程を見極めておかなくてはならない[2]。

　グローバル金融危機の引き金となったリーマン・ショックから7年が経過

した。グローバル金融危機は、その後の世界的な財政出動および金融緩和政策によって、現時点において大恐慌後のような状況に陥らずに、表面的には深刻な状況を脱しているようにみえる。しかしその金融政策は、アメリカ連邦準備制度理事会（FRB）による3度にわたる量的緩和（Quantitative Easing: QE1・2・3）を代表とする非伝統的なものであった。また、この量的金融緩和策は、証券化商品といった金融商品だけでなく国債の大量購入によるもので、信用維持政策とともに財政赤字を下支えした点において財政と金融の融合的な政策展開がみられた点が注目されるべきである。13年末にNY株の高騰がみられ、バブル発生への懸念からFRBはようやく量的金融緩和策の規模を段階的に縮小していくことになり、14年10月に量的金融緩和政策（QE3）を終了した。

しかし本格的な出口戦略は、まさにこれから始まる。ようやく新たな安定的な成長への模索が始まったばかりである。緩和を縮小するという憶測だけで、新興国に投資されていたドルの逆流と新興国通貨の為替レートが下落する兆候もみられた。また中国では、4兆元の財政出動をきっかけに活発化したシャドウ・バンキング・システムの中で、「理財商品」の破綻が不動産価格の低落とともに懸念されている。さらに欧州では、10年から12年にかけての債務危機が発生に対して、それを沈静化する切り札となった「国債無制限買い取り」宣言による、欧州中央銀行（ECB）の資産膨張が懸念されている。15年5月ギリシャ財政危機が再燃した。

日本でも、通貨安政策の側面をもつアメリカの量的金融緩和に対応し、デフレ脱却を目指し大規模な「量的・質的金融緩和」が13年4月から導入された。そしてアメリカの量的金融緩和の終了に合わせるかのように、「量的・質的金融緩和」が逆に拡大された。日本の量的金融緩和は、巨額の財政赤字を補完する意味合いが非常に強い点が特徴的である。

アメリカでは、約5倍に膨張したFRB資産を元に戻す出口戦略の成否がこれから問われ、利上げの時期を探っている。しかし、日本は量的金融緩和を拡大していく方向にあり、出口は展望されていない。ECBも15年1月か

ら量的金融緩和に舵を切ったばかりであり、今後、新たなバブルの発生と崩壊の懸念が残されている。結局、グローバル金融危機は完全に乗り越えられたとはいえず、非伝統的な金融政策の帰趨という形で危機が続いていると考えられる。

　さてグローバル金融危機の発端は、07年夏から注視されたアメリカのサブプライムローン問題であった。08年春の投資銀行ベアー・スターンズはJPモルガン・チェースによる救済で一息ついたが、08年9月の同リーマンブラザーズの破綻をきっかけにして世界的な株価下落と信用収縮に至り、一気にグローバル金融危機へと展開した。グローバル金融危機は、世界経済の拡大局面を創出してきた基軸通貨国アメリカにおける過剰投資・消費に咎めが入ったことを意味しており、アメリカに依存してきた世界経済の実体面の縮小を惹起し、全面的なグローバル経済危機に至った。同時に、世界の銀行であったアメリカの国際的決済・信用創造・金融仲介機能が麻痺したことにより、ドルを基軸通貨とする国際通貨体制の在り方が大きく問われることになった。

　そこで国際通貨体制という観点から、グローバル金融危機について考えたい。グローバル金融危機はさまざまな複合的な要因によると考えられるが、それらの複合的な要因の背景には、国際通貨体制というより根本的な課題があるのではないか。つまり、国際通貨体制がグローバル金融危機の大きな外枠としてあったのではないかということである。

　まず、グローバル金融危機の原因となったサブプライム問題を金融自由化の中で理解し、サブプライムローンを膨張させた証券化手法の問題点と住宅バブルによる過剰投資・消費の実態を概観する。次に、金融自由化を軸に金融の新潮流と国際通貨体制との関連を考察した後、国際通貨体制における基軸通貨国の特権がもたらしたアメリカの膨大な経常収支赤字を論じる。さらに、基軸通貨国の特権により支えられてきたグローバル・インバランスの実態とグローバル・インバランスのサステナビリティ論を検討して、最後に、ドルを基軸とする国際通貨体制が抱える課題と今後の方向性を明らかにした

い。

1　グローバル金融危機の複合的要因

（1）　サブプライム問題の背景

　グローバル金融危機はサブプライム問題を発端としていたが、サブプライム問題は21世紀型金融の新潮流が複合的に作用した結果であると捉えられる。新潮流とは、金融のグローバリゼーション、金融の自由化、金融のデジタル化の進展である[3]。

　そして新潮流にまとまりを与える原動力が、70年代以降の「戦後パックス・アメリカーナの衰退と転換」（河村［2009］：5-6）における金融のグローバリゼーションである。その背後には国際過剰資本があった（大庭［2008］：171）。利潤追求のため世界中を移動するグローバル資本にとって、2つの大きな制約がある[4]。

　1つは技術的要因に関わる金融取引の費用である。取引費用は情報通信技術のデジタル化により低下した。とくにインターネット利用は革命的であった。インターネットは無国籍性を本質とし、グローバル化を推進する技術そのものである。情報通信技術の発展なしには、金融取引のグローバル化もない。世界中の金融取引が世界中の金融市場において時空を超えて実行できる場が与えられた。各金融市場は、取引費用の低下とスピードアップによりグローバルに連動化・一体化する市場となった。デジタル化により証券化商品のような高度な金融商品の組成も可能となった（石橋［2007］：98-103）。

　もう1つは制度的な問題である。金融は規制で雁字搦（がんじがら）めにされてきた。規制は結局、取引費用に跳ね返る。国際過剰資本は、各国の金融や税制に関する規制から離れ、ユーロ市場のような自由なオフショア金融センターへ向かった。金融自由化はこのユーロ市場から始まった。これが各国の金融自由化を促進したのは、多国籍銀行が国内金融市場でもユーロ市場のような規制の少ない環境を望み、国内金融市場における規制が厳しければ金融取引が国外

に移ることになるからである（徳永［2009］：139-141、149-150）。

　国際過剰資本にとって重要なのは、資本取引の自由化であるが、それは各国の金融制度の自由化と相互促進的に進行した。ここでは、アメリカの金融自由化を①金利の自由化、②業務の自由化、③金融商品の自由化の３つに分けて考える（斎藤［2003］）。

　金融規制は、1929年大恐慌後の「1933年銀行法（Glass-Steagall Act）」に始まる。預金金利規制・要求払い預金に対する付利禁止・連邦預金保険制度の創設・銀行業務と証券業務の分離を内容としていた。規制緩和への胎動は、70年代の初めから始まり、99年の「新金融制度改革法（Gramm-Leach-Bliley Act）」の成立へ帰結した。

　まず①「金利の自由化」は、60年代後半のインフレによる市場金利上昇を背景とした。規制のある預金金利と証券市場での市場金利とが乖離し、金利の高い証券市場へ銀行からの資金流出現象（disintermediation）が発生した。その中で、銀行と証券会社の新金融商品開発を通じた資金獲得競争がみられた。結局、83年の金利自由化は銀行間競争を激化させ、銀行の利鞘を圧縮した。それは銀行に手数料収入が得られる証券業務への関わりを促した。つまり、一方で証券会社は小口の投資信託であるMMF（Money Market Fund）により預金から資金を引き寄せ、証券市場で運用する。他方、銀行は82年に決済機能付きの自由金利預金MMDA（Money Market Deposit Accounts）が認められ、CP（Commercial Paper）や債券性の譲渡性定期預金CD（Negotiable Certificate of Deposit）を証券市場で発行し資金を調達するようになった。最終的な資金提供者は、預金から元本保証のないMMFなどに資金をシフトさせ、銀行は、これまでの預金による資金調達から証券発行に依存した。銀行が調達面と運用面において、大きく市場に依存する「間接金融」へと移行した。

　次に②「業務の自由化」は、銀行業務と証券業務の分離を問うものである。銀・証分離の根拠は大恐慌時に問題となった「利益相反」にあった。しかし、銀・証分離を原則とするGlass-Steagall Actは、徐々に形骸化されて

いく。最終的には、99年に Gramm-Leach-Bliley Act が制定され、金融持株会社のもとで銀行の証券会社との資本系列関係が認められた。商業銀行を中心とする金融持株会社による金融コングロマリットの形成が進むとともに、伝統的な投資銀行との間で軋轢が生じた。商業銀行系の金融グループによる投資銀行の買収ならびに証券業務への進出である。これがグローバル金融危機に大きく関わっている。

例えば、投資銀行のゴールドマン・サックスは業務を次の3つに分けていた。(a) 投資銀行業務（株式・債券引受業務など）、(b) トレーディング業務・プリンシパルインベストメント業務、(c) 資産運用業務・証券サービス業務であるが、99年以降、(b) による収益の増加が著しくなる。(b) にはディーリング業務などの自己勘定業務を含むが、とくにウエイトが高まったビジネスが「originate to distribute」であった。これは、証券化商品という金融商品を創って（originate）、売る（distribute）ことにより、金融商品のいわば生産と流通の利益を一挙に得るビジネス・モデルである。これが、サブプライムローンに利用された（金本［2009］：213-216）。

さらに③「金融商品の自由化」として、「資産の証券化」にふれておきたい。アメリカにおいては、既に70年代に最初のモーゲージ担保証券（Mortgage Backed Securities: MBS）が登場し、80年代には消費者信用などの債権の証券化が進行していた。遡れば19世紀から始まる住宅金融の歴史の中で、1930年代から60年代までは第2期とされ、34年には連邦住宅庁（Federal Housing Administration: FHA）によってFHA保険という形で住宅ローンに対する公的な信用補完が提供されていた（第1次公的信用保証）。それに対して70年代以降の第3期には、ファニーメイなどの政府支援機関が住宅ローンを担保とするMBSを発行し、MBSに対して信用保証を付けた（第2次公的信用保証）[5]。そして、サブプライム・ローンで問題となる証券化商品は、公的信用保証が付かない、民間だけで完結するノンエイジェンシーMBSであった。問題は、ノンエイジェンシーMBSが急増する過程で起きた（みずほ総合研究所編［2007］：第2章、松田［2009］：71-74）。

（2） サブプライム問題

　サブプライム問題がグローバル金融危機へと展開する過程において「資産の証券化」が大きな役割を果たした。サブプライム・ローンを膨張させた証券化手法の問題点と住宅バブルによるアメリカの過剰投資・消費とを概観したい。

　証券化のスキームは、直接金融と間接金融の「中間型」ともいう「市場型間接金融」で活用される。「市場型間接金融」では、2種類の金融機関が借り手と市場にそして貸し手と市場に介在し、市場取引で金融を媒介する。貸し手側には、受益証券という間接証券を発行して資金を集め、それを証券市場で投資する投資信託会社やヘッジファンドなどの運用会社が介在する。借り手側には、資金融通をした銀行などの貸出債権としての資産を販売可能な証券に組成し直し、それを市場に供給する投資銀行などが介在する。ここで組成される証券が、資産担保証券（Asset-Backed Securities: ABS）という証券化商品である。金融機関と資金の運用者・調達者との間は相対取引となるが、金融機関同士が証券化商品を市場取引する[6]（池尾ほか［2006］：20-23、斎藤［2003］：268-273）。

　ポイントは、それまでは銀行が保有し続けた貸出債権が証券化され、販売され、銀行のバランスシートから切り離される点にあった。つまり、借り手のデフォルト・リスクが、証券化商品として切り分けられ、最終的な資金運用者へ移転されるという点にあった。しかし現実には、このような証券化が「信用力が低い」と判断される借り手への住宅ローンに利用されるとともに、「市場型間接金融」が複雑な形をとった。1つは、第1段階の証券化、第2段階の証券化という具合に証券化が重層化したことである。このことで借り手のリスクの所在が極めて不透明になった。もう1つは、リスクを切り離したはずの銀行も、金融グループとしてさらに利益を求めてグループ相互間で証券化商品を買い合い、再びリスクを取っていた（みずほ総合研究所編［2007］：第3章）。

　証券化のプロセスは、まず投資銀行が銀行などの原資産保有者からサブプ

ライム・ローン債権を買い集めてオリジネーターとなる。次に、その債権を特別目的機関（Special Purpose Vehicle: SPV）に売却し、オリジネーターの他の資産から切り離す。独立した資産のキャッシュフローを裏付けにして住宅ローン債権担保証券（Residential Mortgage-Backed Securities: RMBS）が組成される。これが第1次の証券化である。このRMBSの中は債務履行の優先劣後に基づいてリスクが小さい順にシニア・メザニン・エクイティという証券に切り分けられた。公的保証が付かない証券化では優先劣後が重要な意味をもつ。メザニンなどのRMBSと自動車ローン債権などを原資産にするABSとが再プール化され、第2段階の再証券化がなされた。これを債務担保証券（Collateralized Debt Obligations: CDO）という。証券化の重層化で、リスクが低い割に、他の金融商品に比較してリターンが高く格付けの高い証券化商品が創出された。しかしリスクは決して無くならない。サブプライムローンのデフォルト率が上昇して証券化商品に対する信用が低下すると、リスクの不透明化により証券化商品全体に信用不安が波及し、流動性が急低下した。

　一方で格付けの高い証券化商品を創り出したということは、それだけ一般的な資金を引き付けたということであり、他方では格付けの低い商品も利回りが大きいということでヘッジファンドなどの投機資金を引き付けた。この点で、証券化はサブプライム・ローンに対する資金融通を極限まで膨張させるシステムであったといえる。

　さらに注目すべきは、SIV（Structured Investment Vehicle）である。これは、銀行が設立した事業体である。短期低利のABCP（Asset-Backed Commercial Paper）やMTN（Medium Term Note）で資金調達して、長期で高利の事業債、RMBSやCDOの証券化商品で運用して利鞘を稼ぐ。ここで銀行は、形の上で別の事業体を使っているが、銀行グループ間で互いに証券化商品を持ち合うことによって、いったん証券化で切り離したリスクを再び取り合っていた[7]。これはそもそもリスクを銀行から切り離すという証券化スキームの根本的な意義に反している。証券化商品の格付けが落ちる

と、ABCPによる資金調達ができなくなり、結局、銀行が流動性を支援することになり、銀行自体の経営にまで影響が及んだ。このような問題を抱えた証券化スキームは、アメリカの住宅金融を容易にし、住宅バブルを膨張させ、グローバル金融危機を深刻化させた。

アメリカの住宅バブルと崩壊は、直接には90年代末から2000年代初めにかけてのITバブルと崩壊の延長線上にあった。90年代末に既に住宅部門も活況を呈し、住宅価格の上昇がみられ始めていた。その流れの中で、ITバブルの崩壊などを受けて、FFレートは2000年の6.5％から03年1％にまで引き下げられた。この極端な金融緩和によってITバブルから住宅金融に資金が大きくシフトした。住宅価格の高騰が始まり、とりわけ03・04年からサブプライムローンが拡大した（河村［2009］：6-8）。

住宅バブルが惹起したのは、実体経済における過剰投資および過剰消費である。住宅購入が証券化によりサブプライム層にまで拡大するとともに、その融資にはヨーロッパなどを経由して国際過剰資本を呼び込み、住宅価格は上昇した[8]。住宅価格の上昇によって、サブプライム・ローンの借換えによる住宅購入が容易になるという循環もみられた。

住宅価格の上昇は消費を刺激した。2つのMEW（Mortgage Equity Withdrawal）といわれる。キャッシュアウト型リファイナンスとは、金利低下時の借換えによる利子節約とともに、住宅資産評価の増加分を担保価値の増加分としてローン残高を積み増し、その一部を現金化する方法で、01年から05年までに合計7,600億ドルも現金が引き出された。HEL（Home Equity Loan）では、住宅の純資産価値（「住宅資産」マイナス「住宅ローン未払い残高」＝エクイティ）を担保として、銀行から新たに融資を受けるもので、現金引出額は91年から00年までに4,700億ドル、01年から05年までに1兆600億ドルに上ったという。その結果、01年以降05年までにMEWにより引き出された現金による消費は2兆ドルを超え、個人消費支出が1.7％押し上げられたという（飯島［2009］：51-54）。

しかし、そもそもサブプライム層に対する融資総額は証券化手法で嵩上げ

されており、事の始めから過剰消費・投資があった。破綻は、06年6月に住宅価格が下落に転じ、延滞率の上昇から始まった。それでは、なぜ住宅バブルによるこのような過剰消費・投資が可能となったのであろうか。それはアメリカにおいては膨大な経常収支の赤字とリンクしていた。このことは、ドルが基軸通貨であるという国際通貨体制に行きつくことになる。

2 グローバル金融危機と国際通貨体制

(1) 金融の新潮流と国際通貨体制

2008年グローバル金融危機は、サブプライムローンの証券化商品を使った信用膨張が基底をなしていた。既にみたように、証券化商品は金融のグローバリゼーション、金融の自由化、金融のデジタル化が絡み合って創り出された。その中心は金融のグローバリゼーションであった。金融のグローバリゼーションは、「戦後パックス・アメリカーナの衰退と転換」の中で、アメリカが世界を舞台として自らを基軸とする資本蓄積の再構築を目指す戦略であった。アメリカが基軸国であり続けることを支えたものが、基軸通貨としてのドルである。グローバル金融危機は、世界的な経済膨張の基軸国で起こったのであり、ドルが基軸通貨である国際通貨体制の在り方そのものが問われる事態となった。

そもそもブレトン・ウッズ協定に基づく国際通貨体制（旧IMF）は、ドルを基軸とする固定相場制であった。ドルが基軸通貨であることは、金・ドル交換により政策的に保証されていた（増田［2007］: 311-314）。旧IMF体制は71年にニクソン・ショックといわれる金・ドル交換停止によって崩壊するが、国際通貨体制に2つの変化を惹起した。1つは固定相場制の崩壊と変動相場制への移行であり、もう1つはアメリカの国際収支節度の喪失という問題である[9]。この2つの変化が、グローバル金融危機の外枠をなすと考えられる。

変動相場制への移行と金融の新潮流の関連を確認したい。変動相場制への

移行による大きな変化は、自由な資本移動の許容である。国際金融のトリレンマ論からすると、旧 IMF は固定相場制と金融政策の独立性を確保するために国際資本移動を抑制していた。それに対して変動相場制の採用は、為替相場の安定性を放棄することによって、金融政策の独立性と資本移動の自由を可能にした。先進諸国が変動相場制を許容することによって、金融のグローバリゼーションはその橋頭堡を獲得した（岩田［2007］：261-262）。

国際資本移動による為替相場の絶え間ない変動とオーバーシューティングによって、製造業は大きなリスクに晒された。企業業績が為替相場の変動に激しく左右されるようになった。そのために輸出企業は多国籍企業として世界中に分散して生産・流通拠点を展開せざるをえなくなり、経済のグローバリゼーションは実体面でも進んだ。実体面と金融面のグローバリゼーションとは相互関連的に進み、各国の金融自由化を促進したのである。

また、為替・金利・株価という3つの金融指標は相互に関連し合っている。為替相場の絶え間ない変動はそれ自体が問題であるだけではなく、金融指標全体のボラティリティの相互連関的な高まりをもたらし、グローバル経済は「リスクの海」に放り込まれた（斎藤［2003］：48-50）。このことはリスクの分散によるヘッジ手法も生み出さざるをえなくした。その代表が証券化とデリバティブである。しかし、リスクヘッジには必ずリスクテイクがあり、証券化商品のデフォルトに対する保険機能を果たした CDS（Credit Defaut Swap）を大規模に販売した保険会社 AIG（American International Group）が破綻したように、ある面でリスクが拡大することにもなりかねなかった。

（2） 国際通貨体制とグローバル金融危機

金・ドル交換停止によって、アメリカの国際収支節度の喪失という問題が発生した点をみておこう。これが、グローバル金融危機のもう1つの大きな外枠となっている。

ブレトン・ウッズ体制では、アメリカの経常収支の赤字膨張に対する節度

は、金・ドル交換によって守られざるをえなかった。例えばアメリカの経常収支の赤字でドル安・円高に動いた場合、日本は固定相場制を維持するために円売り・ドル買い介入することになる。このことは外貨準備の増加に結びつき、ドルに対する交換圧力となり、金準備の減少を引き起こしかねない。そこで自ずと節度が働いた。最終的には、金による資産決済という形で経常収支による負債は清算されることになりかねないからである。そして、外国通貨当局のドル保有に対するアメリカの金準備の比率が100％を割り込む事態となると、金・ドル交換は保証できなくなる。そのための金・ドル交換停止は、しかし結果として国際収支節度の喪失を引き起こしかねないことになってしまった（徳永［2009］：135-139）。

　71年の金・ドル交換停止は何をもたらしたか。旧IMF体制では、金・ドル交換によってドルは基準通貨、介入通貨、準備通貨という公的レベルの機能を独占することで、制度的に基軸通貨となっていた（藤田［2003a］：3-7）。しかし、その制度的保証が消失したにもかかわらず、ドルは国際通貨の基軸として機能し続けた。変動相場制では、ドルの基軸性は国際金融・資本市場および外国為替市場という民間レベルの国際通貨機能にその基礎を置いている。それでは国際通貨としてのドルの実態を確認しておこう。

　①公的レベル（為替介入・準備通貨）についてみる。13年第3四半期末の「公的外貨準備の通貨構成（Currency Composition of Official Foreign Exchange Reserves：COFER）」によると、総額11兆4,343億ドルの公的外貨準備のうち、どの通貨建てかが確認されているのは54.1％であり、その内訳はドル61.4％、ユーロ24.2％、ポンド3.9％、円3.9％となっている。ドルは2000年前後には7割を超えたこともある。低落しつつあるが依然として公的な外貨準備の6割を占めている。ユーロは約4分の1のシェアを占める（IMF, COFER）。

　②為替媒介通貨の機能についてみる。国際的な外国為替市場での13年4月の一日平均取引高の通貨区分では、総計200％の中でドルが87.0％、ユーロが33.4％、円が23.0％である（BIS［2013］：10）。取引高の9割近くにドル

が絡む。また、ECBの報告によると、CLS（Continous Linked Settlement）における決済データでは、ドルが取引の90％で相手側となり、外国為替市場での媒介通貨としての役割を確固として果たしているのに対し、ユーロのシェアは約40％にとどまっているとしている（European Central Bank［2013］：27-28）。民間の銀行間取引ではドルが極めて頻繁に使われていることが分かる。

　③貿易契約・決済通貨については、財の取引に限ればドルが支配的である[10]。とくにアジアでは第三国間通貨としてドルがよく使われている。日本は、輸出53.3％・輸入74.1％がドル建てである（13年下半期）。同じく韓国は輸出85.2％・輸入84.3％（13年）。タイは輸出79.7％・輸入78.5％（13年12月）。インドネシアは輸出94.1％・輸入80.5％（13年12月）がドル建てである。それに対してユーロ圏は、EU加盟国以外との交易では、輸出44％・輸入55.7％がドル建てで、かなりの程度でドルが使われている。とくにギリシャやオランダが輸入においてドル建てが約80％になっているのは、ドル建て決済の原油や中国製品が多いためとされる（European Central Bank［2013］：37）。また、イギリスは輸出26.0％・輸入37.0％がドル建てで、アメリカは輸出の95％・輸入の85％がドル建となっている。

　④投資・調達通貨についてみる。まず、調達面での国際債券市場における通貨構成の傾向をみる（European Central Bank［2013］：22、同［2010］：15-16）。12年第4四半期時点、国際取引分の狭義でみると、ドル52.4％、ユーロ25.5％、円4.9％となっている。国内取引分を入れた広義でみると、ドル38.8％、ユーロ37.7％、円3.4％となっている。それに対して、09年第4四半期時点では、国際取引分の狭義でみると、ドル45.8％、ユーロ31.4％、円5.8％となっている。国内取引分を入れた広義でみると、ドル38.2％、ユーロ29.8％、円13.4％であった。これをみると、09年時点の調達面では、ドルのユーロに対する優位性はそれほどなかった。ユーロのドルへ接近が注目される。次に地域・国別の投資通貨をみる（European Central Bank［2013］：72）。各国の債券投資の資産残高における通貨構成は、ドル対ユー

ロの割合では次のようになっている。アフリカではドル66.9％：ユーロ20.9％。アジア・パシフィックでは同62.9％：11.2％。その中の日本は同79.7％：9.3％、ラテンアメリカでは、同82.9％：7.5％。ヨーロッパ全体では同48.2％：26.6％となっている。その中の主要非ユーロ国では同39.6％：48.4％であり、ユーロのシェアがドルを上回る。しかし、アジア、アフリカやラテンアメリカではドルが圧倒的であり、グローバルなレベルではドルでの運用が高いといえる。

　以上のようにドルの基軸通貨としての地位は、為替媒介通貨を柱として準備通貨における国際通貨としてのウエイトの相対的な高さを背景にして発揮されてきた。調達・投資通貨としてのウエイトも高かった（今田［2009］：211-219）。そしてアメリカは基軸通貨国の特権により経常収支赤字を拡大し続けてきた。それを可能にしているのは、アメリカは基軸的な国際通貨国として自国通貨で支払いができ、負債決済ができるからである[11]。その仕組みは、アメリカが絡まない第三国間の国際取引でもドルが受け取られることとそれを可能にするシステムによる。国際間のドル資金の移動は、アメリカにおける国内の資金移動が国内の銀行預金の振替で行われるのと同じように行われる。第三国間同士の取引においてドルで決済される場合も、アメリカの銀行の預金の振替で処理されている（徳永［2009］：131-136）。

　ここから基軸通貨国アメリカの特権が生じる。非基軸通貨国の場合、輸入超過や対外投資のため国際収支の赤字が生じたら、決済のため国際通貨を調達する必要がある。しかしアメリカが国際収支赤字になっても、ドルが国際通貨であり、他国がそれを受け取ってくれる限りは、国際通貨としてドルを創出することで国際収支の赤字をファイナンスすることが可能であった。経常収支赤字として預金の振替により流出したドルが、米国財務省証券に投資されれば、対米投資も銀行内の預金の振替で処理される。それゆえに、世界は決済のためにドルの供給を受け入れたのである。問題はそれが過剰に供給されたことにある。

　金・ドル交換停止により、過剰な経常収支赤字をチェックするシステムが

制度的に失われた。ドルの過剰流動性をチェックするのは、ドル暴落の懸念だけになった。アメリカの銀行預金としていったんは受け取られたドルが、直ちに他の通貨と交換されたり、財務省証券が売られたりすれば、ドル売り・ドル安になり、債券価格の下落・金利上昇につながり一定の抑制が働く。ただ、ドル預金がドル建て金融資産で運用される限り問題はない。アメリカにとって外国による財務省証券への投資はアメリカの財政赤字を支える柱ともなってきた。このようなドル基軸通貨体制の持続可能性に対して咎めが入った。

（3） 基軸通貨国とグローバル・インバランス

アメリカの経常収支赤字は、金融危機直前まで赤字額を膨張させ続けてきた（図2-1）。経常収支赤字は資本収支黒字で埋められなければならない。しかし、アメリカは単に経常収支赤字を埋める額だけの資本収支黒字を受け

図2-1 アメリカの経常収支の推移
[Millions of dollars]
1971年-2013年

（出所）U. S. Inetrnational Transactions Accounts Data から作成

102　I　グローバル金融危機・経済危機のインパクトとアメリカ経済

表2-1　アメリカの国際収支の推移

1999-2012：Annual [million of dollars]

	1999	2000	2001	2002	2003	2004	2005	2006	2007	2008	2009	2010	2011	2012
経常収支	-300778	-416317	-396697	-457800	-518657	-629327	-739796	-798478	-713389	-681343	-381636	-449471	-457725	-440416
財・サービス収支	-263755	-377337	-362339	-418165	-490545	-604897	-707914	-752399	-699065	-702302	-383657	-499379	-556838	-534656
所得収支	11931	19178	29728	25175	42760	64129	67630	43338	100606	146144	123580	177659	232648	223928
移転収支	-48954	-58159	-64086	-64810	-70873	-88559	-99512	-89417	-114929	-125185	-121559	-127751	-133535	-129688
資本収支	238148	477701	400254	500515	532879	532331	700716	779440	611038	763515	186203	423968	516702	446415
対外投資（資本流出）	-504062	-560523	-382616	-294646	-325424	-1000870	-546631	-1285729	-1453604	332109	-128860	-909953	-452304	-97469
米公的準備資産	8747	-290	-4911	-3681	1523	2805	14096	2374	-122	-4848	-52256	-1834	-15877	-4460
米政府資産	2750	-941	-486	345	537	1710	5539	5346	-22273	-529615	541342	7540	-103666	85331
対外直接投資	-224934	-159212	-142349	-154460	-149564	-316223	-36235	-244922	-414039	-329081	-310382	-301080	-409004	-388293
対外証券投資	-122236	-127908	-90644	-48568	-146722	-170549	-251199	-365129	-366512	197347	-227024	-139084	-143770	-144823
非銀行部門・債権	-97704	-138790	-8520	-50022	-18184	-152566	-71207	-181299	-928	456177	154139	31326	4147	-25723
銀行部門・債権	-70685	-133382	-135706	-38260	-13014	-366047	-207625	-502099	-649730	542128	-234679	-506821	215866	380498
対内投資（資本流入）	742210	1038224	782870	795161	858303	1533201	1247347	2065169	2064642	431406	315063	1333921	969006	543884
外国公的資産	43543	42758	28059	115945	278069	397755	259268	487939	481043	554634	480286	398309	253816	393922
対内直接投資	289444	321274	167021	84372	63750	145966	112638	243151	221166	310092	150442	205851	230224	166411
対内証券投資	254337	389906	379507	383702	312160	475101	582686	625016	672259	-2695	-13596	439280	133583	353293
財務省証券	-44497	-69983	-14378	100403	91455	93608	132300	-58229	66845	162944	-15451	298341	188045	156385
その他証券	298834	459889	393885	283299	220705	381493	450386	683245	605414	-165639	1855	140939	-54462	196908
非銀行部門・債務	76247	170672	66110	95871	96526	165872	69572	244793	183221	-31475	9536	67985	6053	-39505
銀行部門・債務	54232	116971	118379	96410	97207	335206	214736	462043	517628	-428337	-324237	194177	290334	-387378
デリバティブ取引	n.a.	n.a.	n.a.	n.a.	n.a.	n.a.	n.a.	29710	6222	-32947	44816	14076	35006	-7064
統計上の不一致	66806	-61382	-16755	-42574	-12401	93947	25964	-8884	95745	-55235	150757	11585	-92771	-5891

（出所）U. S. Ineternational Transactions Accounts Data から作成

第2章 グローバル金融危機と国際通貨体制 103

表2-2 アメリカの国際収支の推移

2008：I -2013：III : Quarter [million of dollars]

	2008:I	2008:II	2008:III	2008:IV	2009:I	2009:II	2009:III	2009:IV	2010:I	2010:II	2010:III	2010:IV	2011:I	2011:II	2011:III	2011:IV	2012:I	2012:II	2012:III	2012:IV	2013:I	2013:II	2013:III (p)
経常収支	-179532	-176583	-174788	-150440	-96223	-88201	-93756	-103449	-109395	-115357	-120492	-104228	-116643	-118903	-105626	-116554	-120842	-110513	-106742	-102320	-104895	-96613	-94840
財・サービス収支	-183334	-185113	-187622	-146233	-94074	-81126	-98735	-109722	-118275	-129150	-131274	-120682	-136385	-140551	-134689	-145214	-142947	-135302	-129029	-127378	-122633	-118122	-120738
所得収支	38670	39734	44041	23700	25317	24364	37922	35977	43786	44230	42827	46817	55085	55435	61068	61061	54876	57457	54630	56965	50881	55997	59998
移転収支	-34868	-31204	-31207	-27908	-27476	-31439	-32943	-29704	-34906	-30438	-32045	-30362	-35343	-33788	-32005	-32401	-32771	-32668	-32343	-31906	-33143	-34488	-34100
資本収支	217912	158121	185561	201919	6308	10386	26386	143124	60979	22479	248241	92269	205194	133304	171739	6465	270900	15594	33516	126405	36474	61990	73859
対外投資（資本流出）	-228333	177984	113445	279012	125090	48192	-309132	6990	-251291	-158216	-285382	-215064	-355433	20385	-84425	-32831	93519	192062	-267054	-115996	-229070	-106201	-74295
米公的準備資産	-276	-1267	-179	-3126	-982	-3632	-49021	1379	-773	-165	-1096	200	-3619	-6267	-4079	-1912	-1233	-3289	-833	895	-876	191	1001
米政府資産	3268	-41592	-225997	-265293	-2441	193750	57736	45754	9433	-2441	788	-240	-547	-1358	-1137	-100624	51087	16650	15206	2388	-446	3115	850
対外直接投資	-92199	-95140	-66710	-75031	-72892	-65916	-86451	-85124	-95076	-66131	-83354	-56518	-98181	-126287	-73760	-110777	-113038	-86202	-99635	-95418	-84122	-97004	-95813
対外証券投資	-11990	-4820	115406	98751	-36497	-94166	-54256	-42105	-42160	-15759	-39942	-41823	-84722	-56444	-39360	36756	2276	-22920	-51183	-72996	-133783	-79359	-47391
非銀行部門・債権	1200047	75492	121264	139374	18261	36999	84790	14089	43586	6381	2639	-21280	-86578	9444	9766	63515	-67175	16793	6325	18334	-22437	-59730	4290
銀行部門・債権	-257183	245312	169961	384338	-269002	-18843	-261931	72997	-166300	-80101	-165017	-95403	-87786	201296	24145	78211	221602	271030	-142935	30801	12594	126596	62768
対内投資（資本流入）	456245	-19863	72116	-77093	-118782	-37806	335518	136134	312270	180695	533623	307333	560627	112919	256164	39296	177381	-176468	300570	242401	265544	168191	148154
外国公的資産	216229	181419	142224	14762	109442	129253	109204	132387	89967	65882	168673	73787	72443	121361	53851	6161	144668	57374	107684	84396	126871	-6577	68514
対内直接投資	88544	66637	62738	92172	-2335	30243	54849	67686	36712	30636	82515	55988	32922	60576	61038	75688	35756	49524	38839	42292	28624	40556	44177
対内証券投資	-644	39041	-56869	15777	-21875	-30872	20698	17953	89311	67698	168097	114174	63430	-7348	59226	18275	93271	-44229	127242	177009	39810	-49268	195062
その他証券	14415	18901	66153	63575	45873	-30093	-28060	-3171	84213	83621	74766	55741	58940	-2386	84134	47357	64974	-4652	62548	33515	50780	-6065	63414
非銀行部門・債務	-15059	20240	-123022	-47798	-67748	-279	48758	21124	5098	-15923	93331	58433	4490	-4962	-24908	-29082	28297	-39577	64694	143494	-10970	-82303	131648
銀行部門・債務	72442	-61088	85846	-128675	-7532	15848	20775	-19555	22388	12778	10944	21875	40692	24774	-17898	-41515	13279	-25581	-4763	-22440	-20872	18850	-60786
銀行部門・債務	86424	-246102	-167668	-100991	-208298	-180843	125813	-60909	71627	1601	92880	29069	338066	-100433	90333	38130	-127450	-220672	15412	-54668	86154	155144	-111477
デリバティブ取引	-7966	-2355	-4886	-17740	7146	7561	10645	19464	16152	9980	-11893	-163	2952	9806	-1617	23865	-7339	2419	-5129	2985	3948	3511	-6569
統計上の不一致	-30406	20834	-11930	-33732	82799	70282	56761	-59083	32267	82900	-115711	121130	-91475	-22377	-64196	86279	-142718	92741	78825	-34738	64513	31339	27550

（出所）U. S. International Transactions Accounts Data から作成

入れていたのではなかった。アメリカをめぐっては、経常収支赤字をはるかに上回る膨大な額の資金流入と資金流出があり、その中で経常収支赤字がファイナンスされてきた。アメリカは米国債と金融機関の生み出す金融商品により対内投資を受け入れるとともに、同時に世界に対外投資をするという形で純投資収益を得ながら、基軸通貨国として世界の資金循環の中心に位置していた。

ここでは、金融危機前後の資金循環構造の変化についてみておきたい（表2-1、表2-2）。07年には、アメリカの経常収支は7,134億ドルの赤字、対内投資は2兆646億ドルの流入、対外投資が1兆4,536億ドルの流出、資本収支は6,110億ドルの黒字であった。

金融危機直前の08年第2四半期には、ベアー・スターンズ救済の影響下において、既に対内投資は第1四半期の4,562億ドルの流入から199億ドルの流出へと逆流している。その結果、08年の対内投資は4,314億ドルへと対前年比でほぼ5分の1に大きく減少し、そして09年にはさらに3,151億ドルへと減少してきている。

対外投資については、07年の1兆4,536億ドルの流出が、08年は3,321億ドルの流入と逆流したが、09年は1,289億ドルの流出へ戻った。対外投資も08年第2四半期には既に、1,780億ドルの流入という逆流が始まっていて、08年第2四半期から09年第2四半期までは対外投資はプラス、つまり資本が逆流し続けている。

資本流入も資本流出も大きく変化する中で、資本収支は07年の6,110億ドルから08年7,635億ドルとなった。黒字で増大してはいるが、それは08年の対内投資が約5分の1まで減少する一方、対外投資が逆流することで生じていて内容は激変している。そして09年には1,862億ドルの黒字に減少してきた。

それに相応するように、経常収支赤字も07年7,134億ドルであったが、08年の6,813億ドルから09年には3,716億ドルまで減少した。四半期ごとでは、経常収支赤字の最悪期は06年第3四半期の2,145億ドルであった。09年の第

図2-2 アメリカの国際投資ポジション

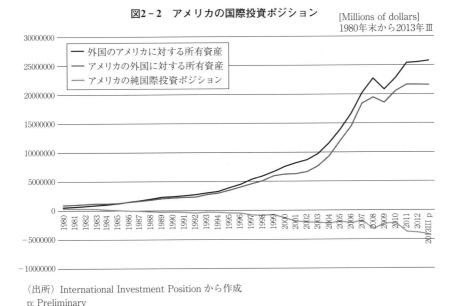

（出所）International Investment Position から作成
p: Preliminary

2四半期には882億ドルまで減少したが、10年から11年にかけて約1,200億ドルの前後、13年には1,000億ドルを割ってきた。さらに改善が進むのかどうかの岐路に立っている（図2-1、表2-1、表2-2）。

　アメリカは経常赤字累積の結果、世界最大の対外純債務国となっている。背景には、グロスの債権・債務残高の急激な膨張がある（図2-2）。債権・債務残高の差額として、純債務残高も拡大してきた。アメリカの対外債権・債務残高である国際投資ポジションは、13年末第3四半期でグロスで対外債務25兆7,565億ドル、対外債権21兆5,909億ドルで、対外純債務残高は4兆1,656億ドルと増大してきた。アメリカの対外純債務残高は、86年から徐々に増え始め、2000年に1兆ドルを超え02年から07年までは2兆ドルを前後していたが、08年末には対前年末から1兆4,642億ドルも増加し、3兆2,602億ドルにまで拡大した。グローバル金融危機を受けて、グロスの債権・債務残高のこれまでの増大トレンドに異変が起きた。しかし、対外純債務残高に歯

止めがかかるのかどうかが、注目されている（U. S. Department of Commerce [a]）。

　それでは、以上のような対外債務残高の増大に結果するアメリカの経常収支赤字をグローバル・インバランスとして、これまでの論争に学びながら考えていきたい（徳永［2008］：17）。

　1960年代のドル危機に対して、トリフィンらの多数派は流動性ジレンマ論を展開した。つまり、①流動性供給はアメリカ国際収支赤字によって供給されるドルに依存する。②しかし、その赤字の累積はドルの金への交換性問題つまり信認問題を引き起こす。③アメリカは赤字を縮小しなければならないが、それは世界的な流動性不足を招くおそれがある。④したがって、固定相場制のIMF体制を維持するためには世界の外貨準備に追加すべき何らかの新準備資産の計画が必要であるとした。そして、この新準備資産がSDR（Special Drawing Rights）として現実化したわけである。

　これに対して、少数派としてのキンドルバーガーらは「世界の銀行」論を展開した。それは国内銀行原理の国際金融への拡張的適用であるとされる。つまり、①国際収支赤字は実質上の不均衡の指標とならない。アメリカの赤字はヨーロッパの強いドル需要に基づくもので、ドル供給の減少は世界の経済成長を阻害する。②アメリカは一種の世界の銀行としてヨーロッパ人の流動性需要と彼らの貯蓄との仲介機能を担っている。③アメリカの資本輸出は短期のドル預金となってアメリカにフィードバックするとした（岩野［1977］：52-53）。しかし留意すべきことは、この時点の議論はアメリカの経常収支が黒字であることを前提にしていたということである。

　基軸通貨国は「世界の銀行」として３つの役割が期待されているという。①国際決済に必要なインフラとしての基軸通貨の銀行間決済システムを提供すること。②資金仲介機能として、国際金融・資本市場を提供し、経常収支黒字国から投資された余剰資金を経常収支赤字国に供給すること（国際的金融仲介）。③国際的に必要とされる流動資金を短期貸付で供給すること（国際的信用創造）である。これに照らせば、一国の国民通貨を国際通貨として

利用している限り、基軸通貨国が経常収支黒字の範囲内で長期資本輸出を行えば信認の問題は発生しないとする「基礎収支均衡論」は説得力をもつ。しかしながら金・ドル交換による国際収支赤字に対する歯止めがなくなり、しかも経常収支赤字が止めどもなく増加するという状態に至れば、自ずとドルのサステナビリティ問題が発生することになる（藤田［2003b］：23）。

　グローバル・インバランスの内容をみておこう。アメリカの膨大な経常赤字に対しては、東アジア諸国・産油国などの経常黒字が対応している。とくにアメリカは04年から08年まで毎年6,000億ドルから8,000億ドルに及ぶ赤字（対GDP比5％台、08年は4.7％）を継続してきた。それに対して、中国が大きく経常収支黒字を拡大してきた。アメリカの経常収支赤字は12年では4,044億ドルであったが、最大の対赤字国は中国であり、3,295億ドルであった（U. S. Department of Commerce［b］）。アメリカの経常収支赤字は、結局、投資が貯蓄を大きく上回っているということであるが、過剰消費により貯蓄が大きく減少している中で起きている。それに対して、中国などでは貯蓄が過剰であった。

　このような経常収支のインバランスが中国では外貨準備の増加として問題になる[12]。これは、中国が05年の「変動相場制」への移行後も為替管理を続けており、資本移動の規制のもとで人民元の対外価値上昇を抑えるために、人民元売り・ドル買い介入した結果である。遡ると、中国の00年から05年までの累積の経常収支黒字は347億ドル、純資本流入は291億であり、それに合わせて外貨準備が664億ドル増加した。外貨準備高は941億ドルであった（06年7月）。外貨準備高は急激に増加した。07年12月には1兆5,000億ドルを突破、10年6月には2兆4,542億ドルに達し、13年12月末に3兆8,213億ドルとなった（国家外汇管理局HP）。人民元売り・ドル買いの為替介入は、人民元高を阻止する意味があり、輸出に有利となる。また人民元高・ドル安になれば、外貨準備としてのドル資産が目減りすることになる。中国としては為替差損を懸念し外貨準備高を減らしたいが、急に減らせば人民元高・ドル安になるかもしれないというジレンマを抱えている。アメリカ側からすれば中

国の外貨準備が財務省証券に投資され続けることで、金利を抑え、財政赤字と経常収支赤字をファイナンスできる構図となっている[13]。

問題は、中国が外貨準備をどれだけ対米金融資産、とくに財務省証券に振り向けているかである。13年12月現在、中国は1兆2,689億ドルの米財務省証券を保有している（U. S. Department of the Treasury: HP）。中国は、財務省証券を含めて、すべての証券（株式・機関債・社債）を合わせれば、12年6月30日現在、総額1兆5,920億ドルの対米金融資産を保有している（U. S. Department of the Treasury, et al.［2013］）。

（4） グローバル・インバランスのサステナビリティ論

グローバル・インバランスのサステナビリティについての議論を3つに分けてみておこう。それは、①経常収支赤字は持続不可能であるとする説。②経常収支赤字は持続可能であるとする説。③グローバル・インバランスなど問題にする必要もないという持続可能・不可能の議論を超える「新パラダイム」説の3つであった（田中［2008］）。

①持続不可能説はアメリカの正統派の議論とされる。このままではドルの暴落に至り、金利の高騰と不況、ひいては世界不況に至るとする。これに対しては、黒字国の対ドル為替相場の切り上げにより、アメリカの経常収支赤字を許容範囲（GDP比3％程度）にしなければならないという。このような議論は、プラザ合意の再来を想起させた。

②持続可能説は、ドル暴落の懸念が高まっても実際には急激な暴落は発生しなかったことの理由づけといってよいであろう。1つは、当時の状態にブレトン・ウッズ体制の復活をみてとる考え方であった。アメリカの経常赤字を前提にしたアジア諸国の対米輸出と経済成長は、アジア諸国における今後も吸収できる労働力人口の豊富さから長期間続くはずである。そのことを基礎にしてアジア諸国の為替介入と外貨準備による財務省証券投資が続けば、アメリカ－アジア諸国間の為替安定はブレトン・ウッズ体制のように長期間可能であるはずである。人民元の切り上げはかえって「安定した不均衡」を

覆しグローバル金融恐慌を引き起こす可能性があるとして反対された。「不均衡」の存在は認めている。しかし、それはここでは長期に安定的であると考えられていた。2つめは、グリーンスパンの金融グローバリゼーション説といわれるもので、米経常収支赤字の膨張を資本収支黒字が支えるパターンは21世紀国際通貨レジームの新現象であり、同じく安定性をもつと考えられた。金融のグローバリゼーションにより、国内貯蓄が国内投資されるホームバイアスが低下したからであるとされた。これも同じくドルの人為的な大幅切り下げに反対した。

③「新パラダイム」説は、グローバル・インバランスは単なる為替の切り上げ・切り下げによって解決する問題ではなく、グローバリゼーションの中で深化した世界経済の構造転換という実体的な面を考慮しなければならないという考え方である。国外に流出したアメリカの製造業は、巨額の資金を稼ぎ、家計部門の貯蓄が0％のときに、企業の内部留保を増やし続け貯蓄超過部門となり、その余剰資金によって自社株購入、M&A、LBOや外国での資産購入を行っている。そしてアメリカは、ドル安となっても赤字の貿易収支が均衡へと復帰しない産業構造をもつに至ったという。

たしかに、グローバル・インバランスはアメリカと世界経済の持ちつ持たれつの構造的関係を端的に表す現象といってよい側面はある。またアメリカ主導のグローバリゼーションの中で起こった世界経済の構造転換が、グローバル・インバランスの大枠を規定しているといってよい。しかし、問題は世界経済の構造転換につれて国際通貨体制がそれにふさわしいものになっていたかどうかである。国際通貨体制は、金との関連を絶たれた国際通貨ドルを基軸とする20世紀型の国際通貨体制のままであった。経済が実体面でグローバル化しているのに、通貨のグローバル化は真に進んでいたであろうか。ドルは金との関係が切れることによって、より自由でグローバルな通貨となった側面がある。しかし、そこに陥穽があった。

グローバル金融危機を後から振り返ってみれば、上のグローバル・インバランスについてのサステナビリティ論はいずれも的を射ていなかったと考え

られる。まず、グローバル・インバランスによるドルの急激な暴落は起こらなかった。その意味では持続可能であったかにみえた。したがってまた、世界経済の構造転換を超楽観的に考えれば、グローバリゼーション下のグローバル・インバランスは、問題設定そのものが成立しないようにもみられた。しかし、グローバル・インバランスすなわち経常収支が著しくバランスを欠いている状態にはやはり無理があった。たとえアメリカの企業が中国で生産したものをアメリカに逆輸入する関係であるとしても、その製品は中国国内で付加価値を生産したものである。国家間において、配当等の所得収支を差し引いても残る経常収支のアンバランスという形で債権・債務関係が形成されるのであれば、その貸借はいずれ必ず清算されねばならない。

　グローバル金融危機と国際通貨体制の関連性はないようにみえる。しかし、根底ではつながっている。既にみたようにグローバル・インバランスとは、アメリカの経常収支赤字拡大とそれを支える中国などによる経常収支黒字拡大およびそれを反映した外貨準備高の激増である。この不均衡は不均衡にもかかわらず、まさにそれゆえにこそ世界経済の好況が支えられていた側面がある。好況の構造は、アメリカの住宅バブルによる過剰投資・消費とそれを支えたアジアからの輸出つまりアジアの過剰貯蓄であった。アジアは輸出で潤った。しかしその果実はアメリカを中心に証券投資され、外貨準備や対外資産として累積した。しかしアメリカの経常収支赤字の限りなきかのような拡大は、国際収支節度の喪失を意味しており、基軸通貨国にのみ許される特権を根拠としていた。この特権なくしてこれほどのインバランスは起こりようがない。ドルの暴落という危険性は再三指摘されたが、経常収支赤字はむしろ拡大した。そのファイナンスは、経常収支赤字をはるかに上回る資本の流入・調達と資本の流出・投資というアメリカを中心とする国際資金循環の中で、あたかも永遠に続くがごとく行われていた。この国際資金循環は、アメリカの証券化商品を軸とする金融商品力と基軸通貨ドルとによってもたらされていたと考えられる。

　ところが破綻は、ドルの暴落としてではなくサブプライムローンのデフォ

ルトという形で起こった。むしろ危機後、ドルは決済通貨としてのドル不足のため皮肉にも対外価値が上昇した。サブプライムローン危機がグローバルな金融危機そして経済危機となったのは、1つはサブプライム・ローンが金融の証券化という新手法により融資の規模を最大限に拡大したことにある。そしてそれは、アメリカの住宅バブルという過剰投資・消費がグローバル・インバランスの中で許されてきたということである。2つめはこの証券化商品に対してはとくにヨーロッパを中心に資本流入があったという点である。世界的な資本循環の中でサブプライム・ローンは支えられていた（U. S. Department of the Treasury, et al.［2008］: 58）。サブプライム・ローン危機は金融面ではヨーロッパの銀行から始まった。グローバル金融危機がグローバル・インバランスを咎めるという形をとったのは、証券化商品を抜きにしては考えることができない。

　以上みてきたように、グローバル金融危機はアメリカの住宅バブルの崩壊による。それは、アメリカにおける過剰投資・消費を顕現化させた。アメリカの過剰投資・消費は、一方では、実体面におけるグローバル・インバランスの結果であり、アメリカが経常収支赤字の膨大な拡大を許され続けたということである。これは、アメリカの基軸通貨国特権による国際収支節度の喪失によってもたらされた。他方では、アメリカの過剰投資・消費が拡大したのは、金融面におけるサブプライム・ローンによるところが大きかった。これは、グローバリゼーションによる金融の自由化や金融の証券化によって可能となった。さらにこれは、変動相場制への移行による資本移動の自由化の結果としてもたらされた。そして、以上の実体面での破綻のカギとなる国際収支節度の喪失と金融面での破綻のカギとなる変動相場制への移行による資本移動の自由化とがともに、現在の国際通貨体制の核心をなす71年金・ドル交換停止をその淵源としているのであった（図2-3）。

　以上のとおりであるならば、グローバル金融危機について全体としての連関の中でその根本的な原因の剔抉を図ろうとすれば、国際通貨体制に対する問題提起に帰着することにならざるをえないと考えられる。

図2−3　グローバル金融危機と国際通貨体制の構図

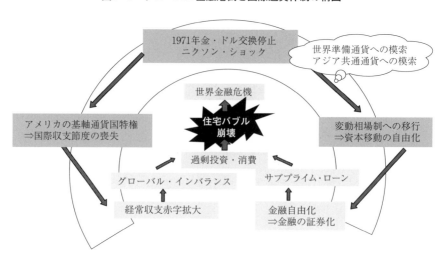

3　グローバル金融危機後の国際通貨体制

（1）　グローバル金融危機とG20サミット

　グローバル金融危機の発生を受けて始まった20ヶ国・地域の首脳会合（G20サミット）をみておきたい。これは金融サミットとも呼ばれたが、金融規制・監督の強化[14]、金融危機に直結した財政問題から為替の安定を含んだ国際通貨体制へと論点が移ってきた。

　第1回目はワシントンで08年11月に開かれた。緊急であり具体策に乏しいが、①財政拡大での国際協調、②金融市場の規制・監督の強化、③IMFの機能拡充など広範囲で方向性が示された。「保護主義や通貨切り下げ競争」の排除でも一致した（日本経済新聞：08.11.17）。

　第2回は09年4月ロンドンで開かれた。①参加国全体で10年末までに5兆ドルの財政出動の確認、②2500億ドルの貿易金融支援とドーハ・ラウンドの早期大枠合意を目指す方針の確認など保護主義に対する具体的な措置、③IMF改革をめぐって、クォータ（出資割当額）見直しを2年前倒しして11

年に行うことや新興・途上国への支援策を3倍の7,500億ドルとする誓約がなされた。そして中国からは400億ドルの拠出の表明がなされ、世界最大の外貨準備残高を背景として中国による国際通貨体制の見直しに関する積極的なコメントがあった（日本経済新聞：09.4.4）。

第3回はピッツバーグで09年9月に開催された。ここではアメリカの巨額の経常赤字に代表される世界経済の不均衡を是正することで一致した。具体策は、アメリカは貯蓄率を上げて財政赤字の縮減をすること、中国は輸出依存度を下げて内需を拡大することとされた。金融規制としては、自己資本比率規制の厳格化、金融機関経営者の高額報酬制限で詰めがなされることになった（日本経済新聞：09.9.26）。

第4回は10年6月にトロントで開催された。ギリシャ財政危機を受けて財政再建問題に焦点があてられた。日本を除く先進国は13年までに財政赤字を半減することを表明した（日本経済新聞：10.6.28）。

第5回は10年11月にソウルで開催された。最大の焦点は、グローバル・インバランスつまり世界経済の不均衡是正のための国際協調の枠組みであった。是正のための「参考指針」を11年前半に設けることに合意し、具体的な数値の決定などは持ち越された。この合意の背景には「通貨安競争」回避と国際通貨体制そのものの是正とへの視点の移行がある。「通貨安競争」には、為替介入による切り下げだけではなく、人民元のように為替介入により事実上ほぼドルにペッグすることによる通貨価値の過小評価も含まれるし、またアメリカのような超金融緩和による金利引き下げがもたらす通貨安の容認も含まれた。

しかし、不均衡をそのままに許容し、それを是正できない国際通貨体制そのものに課題があることも注目されてきた。現在の国際通貨体制の欠陥をただ「参考指針」に基づく国際的な経済政策協調により改善しようとする方向性には問題が残されるとみられた。ただ、11年11月にフランス（カンヌ）で開催予定のG20サミットでは、国際通貨制度改革が主要議題になる見込みもあった（日本経済新聞：10.11.6、10.11.13）。

また、G20カンヌ・サミットの前に11年2月パリで開かれたG20財務相・中央銀行総裁会議では、不均衡是正に向けた「参考指針」に使う経済指標については、①公的債務と財政赤字、民間貯蓄率と民間債務、②貿易収支、投資所得および対外移転の収支から構成される対外収支、とする点で合意した。国際通貨システムの改革では国際準備資産であるSDRの役割などについて検討する方針で一致していた（日本経済新聞：11.2.20）。

さらに11年4月にワシントンで開かれた同会議では、不均衡是正の監視の対象となる国を特定する判定基準を指す「参考指針」の合意がなされた。またSDRについては、現在の4通貨の構成通貨を増やす道筋を議論することで一致していたという（日本経済新聞：11.4.16）。

しかしながら、第6回フランス・カンヌでのG20サミットでは、急を要した欧州債務危機への「包括案」の具体化と実施をめぐって議論が費やされた。SDR構成通貨の問題も含めて、国際通貨制度改革のような将来を見据えた本質的な議論は、結局、行われなかった（日本経済新聞：11.11.5）。

第7回は12年6月にメキシコ・ロスカボスで開かれた。欧州債務危機や金融セクターの問題が中心となった。議論は当面のグローバル金融市場の不安定への対処に費やされ、国際通貨体制等のより根本的な問題への議論は、背後へと退いたようにみられる。IMFの資金基盤の強化のために4,560億ドルの増額がなされ、財政再建一辺倒から財政再建と経済成長との両立を図る方向性が打ち出されたのが注目される（日本経済新聞：12.6.20）。

第8回は13年9月にロシア・サンクトペテルブルクで行われた。アメリカの量的緩和縮小が新興国へ与える影響が懸念され、先進国と新興国とではリーマンショックから5年を経て、両者の立場が逆転してきたことが確認された（日本経済新聞：13.9.7）。この中で、国際金融アーキテクチャーでは、IMFガバナンス改革として10年ソウルからの懸案であるクォータの一般見直しを完了するようにコミットしている（外務省HP）。

これまでG20サミットは、国際通貨体制のような根源的な問題に接近しつつも、差し迫った課題に対処することで精一杯であったように見受けられ

る。最後にグローバル金融危機によって画期を与えられることになった国際通貨体制の行方について考えたい。

（2）　国際通貨体制の行方

　経済のグローバリゼーションの深化は、通貨についても、一国の枠組みを前提とした国際通貨から、国家を超えるグローバルな枠組みをもつ国際通貨への移行を要請することにならざるをえないと考える。ここでは、2つの方向性についてみる。1つは、ユーロのようなリージョナル通貨を求めるアジアでの動きである。もう1つは、グローバル準備通貨を創設すべきであるという議論である。

　アジアでは、97年のアジア通貨危機を受けて域内金融協力の必要性の認識が醸成され、チェンマイ・イニシアティブ（CMI）とアジア債券市場イニシアティブ（ABMI）など金融協力関係が進展してきた（石橋［2009］）。とくにCMIではリーマン・ショック後、それまで二国間スワップ協定であったものをマルチ化（CMIM）することで合意し、1,200億ドルへと資金枠が拡大したことに加え、日本と中国の拠出割合（contribution proportion）が同じ32%で決着した。さらに14年7月には2,400億ドルに倍増された（財務省HP）。

　そのような中で、06年には「地域通貨単位」を研究することも始まった。アジア開発銀行が欧州通貨単位（ECU）を参考にアジア通貨単位（Asian Currency Unit: ACU）の構想を発表したが、ACUを構成するバスケットの中に各国通貨をどのよう割合で算入するのかというウエイトづけをめぐって合意形成がなされないまま、それ以降、現在のところ公式の進展はみられていない[15]。

　ところでこれまで、伊藤・小川・清水（[2007]）は、GDPウエイトと貿易ウエイトを算術平均したウエイトを使い、ASEAN+3の13カ国通貨のバスケット通貨をAMU（Asian Monetary Unit）として試算し、それをAMU乖離指標とともに経済産業研究所（RIETI）ホームページで公表して

きた[16]。さらに、上のチェンマイ・イニシアティブのマルチ化（CMIM）で合意された各国の「拠出割合」そのものをウエイトづけに利用したアジア通貨単位（AMU-cmi）を創設すべきであるとする提案も出されている（伊藤・清水［2009］）。

AMUのウエイトづけとは、各国通貨のUS$-euro建ての変動の大きさがUS$-euro建てのAMUの為替変動に及ぼす割合の大きさ（ウエイト）を意味する（石橋［2009］：237、石桥［2009］：233-234）。

したがって、ウエイトの基準については、①貿易額、②購買力平価のGDP、③名目GDP、④外貨準備高などとそれらの組み合わせといったものが考えられたが、普遍的な基準はない。最終的な決定は一定の客観性を踏まえた政治的な合意によるほかはない。「拠出割合」は、日中韓とASEANの割合が80対20で、日本と中国の割合は同じ、韓国はその半分という形で落ち着いた。ウエイトは合意さえできれば十分である。AMUがとりあえずCMIにおける独自の経済サーベイランスに利用されるということからも、AMU-cmiはウエイトについての1つの妥当な提案であると位置づけられる。そこまで提案は進んできた。

しかし、その後の欧州債務危機をきっかけに模範とすべきユーロの存立そのものが問われるようになったことと、日中間・日韓間において政治的な対立が激しくなったこととを受けて、アジアにおけるリージョナルな共通通貨の議論は影を潜め、アジア通貨金融協力そのものにも亀裂が生じかねないようにもなってきた。

もう1つの動きとしてグローバル準備通貨を創設しようとする議論をみておこう。これについては中国人民銀行・周小川総裁の論文が大きな波紋を投げかけた。その要旨は次のようなものである（周［2009］、田代［2009］）。

　　　　今回の金融危機は現在の国際通貨体制が創造的に変革されることを求めている。変革の方向は、グローバルな経済と金融の安定を守るという目的を達成するような、安定した価値をもち、ルールに基づいて発行さ

れ、供給が管理される通貨を獲得することである。①準備通貨発行国は世界に流動性を供給すると同時に準備通貨の価値を維持することはできないという、トリフィンのディレンマはまだ生きている。②国際通貨体制変革のゴールは、個々の国家とは関係がない長期的に安定したグローバル準備通貨を創造することである。超国家主権の準備通貨には、ケインズの提案した「バンコール（Bancor）」もある。また、IMFは69年にブレトン・ウッズ体制の欠陥を緩和するためにSDRを創出している。SDRが国際通貨体制改革にとっての光明である。③SDRの割当額が増額されるべきである。それによりIMFは財源問題および投票権と代議制度改革における困難を処理できる。そしてSDRと他の通貨との決済システムを確立すれば、国際貿易と金融取引にも広く受容される支払い手段となる。SDRの魅力を増すためにSDR建ての金融資産を創出すべきだ。それにはSDR建て債券の導入が良いきっかけとなる。さらにSDRの通貨バスケットにはすべての主要通貨が含まれるように拡大すべきであり、SDRの配分も純粋な計算に基づいたシステムから例えば外貨準備のような現実的な資産によって裏打ちされた制度へ移るべきだ。④個々の国家による準備通貨の管理より国際機関による準備通貨の集中管理のほうが、投機を防止し金融市場安定化の点でより効果的である。徐々に既存の準備通貨をSDRで置き換えることは、増加するSDRの配分にとっての基盤を築くことでもありうる。

　要するに、グローバル金融危機は一国の通貨が国際通貨として使用されることの矛盾を明らかにしたのであって、グローバル準備通貨を創造する必要があるとし、既にわれわれは、その有力候補としてIMFにおいてSDRという通貨バスケットを持っていると指摘している。そのために今後はSDRを改善していくべきであるというのである。
　そしてこのような提案は、ある程度の成果を得てきている。①SDRの割当総額は3,160億ドル相当の2,040億SDR（当時のレート、以下同じ）とそれ

までの330億ドル相当の214億SDRに比べて約9.5倍になった。追加されたうちの「一般配分」は、2,500億ドル相当の1,612億SDR（当時）で金融危機の影響を受けたものである。同じく追加された「特別配分」の330億ドル相当の214億SDR（当時）は97年の第４次改正案が、アメリカの賛同を得て発効したことによる（岡村［2009］：202-206）。② IMFが初めて発行する債券は、合成通貨単位であるSDR建て（最長５年債）とすることが決定された。中国、ロシア、ブラジルが最大700億ドル購入する見込みとなっている（日本経済新聞：09.7.3）。③ SDRの通貨バスケットについては、４通貨から人民元を含め５通貨にする道筋がフランスのG20サミットで話し合われる予定であった。ただしこれは、既にみたようにまだ実現していない。

　次に、同じくグローバル準備通貨の創出について、スティグリッツの主張もみておきたい（Stiglitz, J. E.［2006］：245-268、邦訳：359-391）。

　　グローバル金融システム（global financial system）の欠陥の裏には、多くの場合、グローバル準備システム（global reserve system）の欠陥がある。途上国・新興国の外貨準備高の急増ぶりに注目すべきである。現行の準備システムには自滅性があり、準備通貨発行国の負債が際限なく膨らんでいった場合、最後には、通貨自体から準備金としての適性が失われてしまう。今日のドルはまさにこの過程を歩んでいる。新たなグローバル準備システムでは、一国の負債膨張に依存する必要性——これこそが現行の根源的な矛盾であり、ほぼ確実に不安定化をもたらす原因となっている——がなくなるため、世界経済の安定性は強化される。私が提唱する解決策は、ケインズによって認識されていたものである。すなわち、国際社会は外貨準備として役立つ新しい不換紙幣（fiat money）を提供できるというものである。ケインズはこの新しい貨幣を「バンコール（Bancor）」と呼んだ。世界の国々は、例えば危機の時にこの不換紙幣——これを「グローバル紙幣（global greenbacks）」と呼ぼう——を自国の通貨に交換することを認めるであろう。……国際社会はケ

インズが意図した流動性を特別引出権（SDR）の形で提供できることを既に了解済みである。SDRこそは、IMFが創造することが許されている国際通貨（international money）の一種である。グローバル紙幣は単にその概念を広げたものである。私は、新しいグローバル準備通貨であることを強調するために、そして現存のSDRシステムとの混同を避けるためにこの新しい貨幣を「グローバル紙幣」と呼ぶ。

　要するに、グローバル金融システムの欠陥は多くはグローバル準備制度に問題があるからであるとし、一国の負債の膨張に依存する現在の外貨準備制度の在り方を解決するべきであるとして、SDRを改良して新しいグローバル準備通貨を創出するべきであると説いている。

　このスティグリッツの「グローバル紙幣」は、ほぼ周総裁のいう新たなSDRと同じコンセプトであるといってよい。ここで「グローバル紙幣」という訳語をわれわれも踏襲したが、もちろん現実に紙幣が発行されるわけではない。ともに帳簿上の通貨であり、グローバル準備通貨制度における信用貨幣であり、いわば預金通貨といってよいであろう。

　両者は共にケインズのBancorに言及している。現在のSDRはBancorの考え方を継承している側面はあるが、Bancorと現在のSDRとは同一ではない[17]。両者は、むしろ現在のSDRに改善を加え、ケインズのBancorに近い形を目指すべきであると主張していると読むことができる。両者の考え方は、ともにグローバルな準備制度の創設ということである。そのグローバル準備制度におけるグローバル準備通貨が新たなSDRであり「グローバル紙幣」であった。それらはどのような意味をもつのであろうか。それはグローバル準備通貨に対しては各国通貨の非対称性がなくなることであると考えられる。ケインズのBancor案の特徴は、一言でいえば、経常収支が一定の割合を超えれば黒字国と赤字国にともに課徴金が課せられる多国的決済機構としての清算同盟を創り出し、そこでの通貨をBancorとするものであった。すなわち、現在のグローバル・インバランスといわれる世界経済の不均衡を

Bancor の創出をとおしてシステムそのものによって回避していくところにあったと考えられる。

　そして上でみてきた AMU と SDR の共通点は何であろうか。それらはともにユーロへと引き継がれた ECU と同じように、それぞれの国家の通貨を前提にした通貨バスケットであるという点である。通貨バスケットは構成通貨によるウエイトづけが必要とされるが、それにより「バスケット通貨」のメリットは各国通貨の為替変動をウエイトづけに応じて均らし、その通貨価値がより安定的となる点にある。その点で、SDR 建て債券のように、ACU と SDR は商取引や金融取引の計算単位としては、民間で利用されるメリットは既に現状においても存在していることになる。

　これまでの国際通貨は一国の国民通貨を基軸通貨とせざるをえない状況となっていた。その基軸通貨と金との関係を取り戻そうというのではない。しかし、歴史的にみてきたとおり、基軸通貨は金の足枷を外されたことにより、一面では、世界経済の相互連関が深まり経済成長がもたらされたとともに、他面では、国際通貨体制はより大きな矛盾を抱え込むことになった。グローバル金融危機はこの矛盾の発現であった。通貨と金との関連を切り離して、金の呪縛を取り除こうとしても、金が果たしていた役割までも不要にできたわけではない。金が果たしていた役割を人為的に創り出さなければ、金の呪縛を完全に克服したことにはならないのである。そのための1つの方策が、現在の国民国家を前提にする限り、国際協力に基づくグローバル通貨の創出にほかならないわけである[18]。

おわりに

　周小川とスティグリッツは共に、新たな時代の国際通貨体制についてグローバル準備制度の創設という形での改革を提案していた。しかし、それは今後の国際通貨体制の目指すべき長期的な方向性を明示したものと考えられ、その具体的な内容の検討は今後の課題として残されている。まずは、あるべ

き国際通貨体制に向けた IMF の改革および SDR の充実が当面の懸案となるであろう。

　また、アジア共通通貨への模索が長期的に示す方向性は、さしあたりはドル・ユーロ・アジア通貨の三極通貨体制という複数基軸通貨体制であろう。しかし、それは歴史的にはさらなる統合への過渡的な国際通貨体制であるとも捉えることができよう。その点で、グローバル準備通貨の創設という構想とも矛盾なく関わってくると考えられる。

　今回のグローバル金融危機は、グローバル資金循環の基軸国の金融システム破綻をきっかけとしており、さしあたり金融危機脱出のためには財政・金融政策や不均衡是正を目指す方策が必要であり、同時にグローバルな金融規制改革も課題となる。しかし、各国・地域の中央銀行に大きく依存する危機回避策は、さらに大きなグローバル金融危機を引き起こすことになりかねない。国際通貨体制は画期を迎えているのであり、今後は、経済のグローバリゼーションにふさわしい新たな国際通貨体制への模索が始められるべきである。

注
1) 中国が主導する AIIB（Asian Infrastructure Investment Bank）設立の動きは、象徴的出来事である。AIIB はグローバル金融危機後に明確になってきた人民元の国際化戦略の一環と考えられる。
2) 本章は、拙稿「世界金融危機と国際通貨体制」（『研究年報』第15号、和歌山大学経済学会、2011年）を基にしている。加筆・修正し、データを更新した。
3) これらはすべて、金融の新たな現象としてある意味では肯定的に受け取られてきた面がある。拙稿（[2007]）では、諸現象の問題点について充分に把握できていなかった。
4) 徳永（[2009]：147-160）参照。徳永 [2008] からは多くを学んだ。
5) アメリカ住宅金融については、片桐（[1995]：81）を参照した。
6) 市場型間接金融は、シャドウ・バンキング・システムとも呼ばれる。ここに介在する金融機関が全体としてシャドーバンク（影の銀行）を形成している。
7) 現実には、このような銀行グループによる証券化商品への投資は、グローバルな関係としても行われていた。欧州系銀行は積極的にアメリカの証券化商品を買っていた。しかし、そのドル資金はアメリカの MMF に大きく依存していた。例えば、アメリカの CP 市場においては、CP の発行者の25.4％ が米国系銀行であり、41.3％ が欧州系銀行であった。その CP の保有者の43.4％ が MMF であった（日本銀行 [2009]：21-22）。

そして、リーマンブラザーズの破綻によりリーマンのCPを買っていたファンドのMMFが元本割れをしたので、MMFに対する解約が増加し、それがCPを発行していた欧州系銀行を初めとする金融機関の資金繰りを行き詰まらせる信用不安につながり、グローバル金融危機へと波及した。欧州系銀行は、アメリカの市場性資金に依存しながらサブプライム・ローンの証券化商品への投資で利鞘を得ていたが、同時に高いリスクを引き受けていたことになる（米倉［2009］：第2章）。

8) ヨーロッパからの証券化商品への投資については、鈴木（［2010］：96）を参照した。
9) 池田（［2003］：91-95）は、金・ドル交換停止によるIMF体制の崩壊が金融グローバリゼーションの起点になったとし、①過剰な国際流動性の供給、②変動相場制への移行の必然化、③資本移動の自由化の進展、④デリバティブ取引の発展、という歴史的変化を指摘する。
10) ユーロ諸国はEuropean Central Bank（［2013］：36）、日本は財務省・税関局HP、韓国はThe Bank of Korea（Economis Statistics System）HP、タイはThe Bank of Thailand（HP）、インドネシアはBank Indonesia（HP）、他は徳永（［2008］：48）、Goldberg and Tille（［2005］：20）による。
11) 負債決済については、高浜（［2012］：220）。また最終決済および資産決済については、平（［2001］：第5章）を参照した。
12) 田中（［2008］：367-8）、Turner, P. and Mohanty, M S（［2006］：41）を参照した。
13) 中国人民銀行の不胎化政策については、金澤（［2009］）、大森（［2014］）を参照した。
14) グローバル金融危機後の金融規制改革には、一定の進展がみられる。まず、国際的にはBISによる銀行の自己資本比率規制としてのバーゼル規制Ⅱからバーゼル規制Ⅲへの改革とその適用が開始された。また、13年末にはアメリカで金融規制改革法（ドッド・フランク法）における「ボルカー・ルール」の最終案が決定された。銀行が自己勘定取引で短期売買（トレーディング）をしたり、ヘッジファンドなどへ出資したりすることを制限する。同じく銀行の業務範囲規制については、EUではリスクの高い取引は法的に分離された別会社で行わせようとしており、英国ではリテール業務から高リスク業務を隔離する提案がなされている（翁［2014］）。
15) 中国では08年春「アジア通貨協力検討会」が設置され、AMFの設立や人民元、円、ウォン等を組み込んだACUの活用、将来的な通貨統合が検討された（朝日新聞：09.4.1）。
16) AMUの価値表示（建値）は、ドル（65%）とユーロ（35%）の加重平均（以下、US$-euro）が使われる。したがって各国通貨の為替変動の比率は、US$-euro建てでその実際のレートと基準のレートとの比較として測られる。
17) BancorとSDRの関連についての詳細は、拙稿（石橋［2010］）を参照されたい。
18) 国民国家と国際通貨の相克については、片桐（［1996］：第4章）を参照されたい。

参考文献

飯島寛之［2009］、「バブル・リレーで走り続ける世界経済」山口義行編『バブル・リレー』岩波書店。
池尾和人・財務省財務総合政策研究所［2006］、『市場型間接金融の経済分析』日本評論社。
池田正雄［2003］、「アメリカを巡る世界的資金フローの変化とその歴史的意義」SGCIME

編『世界経済の構造と動態』御茶の水書房.
石橋貞男［2007］,「デジタルエコノミーにおける金融業」SGCIME 編『情報技術革命の射程』御茶の水書房.
石橋貞男［2005］,「現代にとって貨幣とは何か：国際通貨の行方」村上和光・半田正樹・平本厚編著『転換する資本主義：現状と構想』御茶の水書房.
石橋貞男［2009］,「アジア共通通貨の可能性」和歌山大学経済学部・山東大学経済学院「共同研究」会編『グローバル化のなかの日中経済関係―進展と深化―』御茶の水書房.
石桥贞男［2009］,「亚洲统一货币的可能性」山东大学经济学院・和歌山大学经济学部（共同研究）汇编『全球化中的中日经济关系—发展与深化—』经济科学出版社.
石橋貞男［2010］,「国際金融危機と SDR―SDR とバンコール―」『研究年報』（和歌山大学）第14号.
伊藤隆敏・小川英治・清水順子［2007］,『東アジア通貨バスケットの経済分析』東洋経済新報社.
伊藤隆敏・清水順子［2009］,「最近のアジア金融協力の進展とアジア通貨単位 CMI（AMU-cmi）の提案」経済産業研究所（RIETI）HP.
今田秀作［2009］,「ドル本位制と東アジア」和歌山大学経済学部・山東大学経済学院「共同研究」会編『グローバル化のなかの日中経済関係―進展と深化―』御茶の水書房.
岩田健治［2007］,「グローバリゼーションと為替相場制度」上川孝夫・藤田誠一・向壽一編『現代国際金融・第3版』有斐閣.
岩野茂道［1977］,『ドル本位制』熊本商科大学海外事情研究所.
大庭清司［2008］,「グローバリゼーションと金融技術革新」田中素香・岩田健治編『現代国際金融』有斐閣.
大森拓磨［2014］,『米中経済と世界変動』岩波書店.
翁　百合［2014］,「金融規制の論点　上」（日本経済新聞：2014.1.15）
岡村健司［2009］,『国際金融危機と IMF』財団法人・大蔵財務協会
河村哲二［2009］,「アメリカ発のグローバル金融危機―グローバル資本主義の不安定性とアメリカ」経済理論学会編『経済理論』第46巻第1号.
金澤孝彰［2009］,「中国の外貨準備運用をめぐるマクロ的課題」和歌山大学経済学部・山東大学経済学院「共同研究」会編『グローバル化のなかの日中経済関係―進展と深化―』御茶の水書房.
片桐　謙［1995］,『アメリカのモーゲージ金融』日本経済評論社.
片桐幸雄［1996］,『国際通貨問題の課題』批評社.
金本悠希［2009］,「金融規制の緩和と投資銀行ビジネスの変容」武藤敏郎・大和総研編『米国発金融再編の衝撃』.
斎藤精一郎［2003］,『現代金融入門・改訂4版』日本経済新聞出版社.
周　小川［2009］、Reform the International Moneytary System（http://www.pbc.gov.cn）.
鈴木　均［2010］,「戦後ヨーロッパ経済の奇跡」SGCIME 編『現代経済の解読―グローバル資本主義と日本経済―』御茶の水書房.
高浜光信［2012］,「グローバル・インバランスとその調整」上川孝夫・藤田誠一編『現代国際金融論［第4版］』有斐閣.

田代秀敏［2009］、「中国が構想するドルに替わる新機軸通貨」『エコノミスト』2009年6月23日号。
田中素香［2008］、「グローバル・インバランス」田中素香・岩田健治編『現代国際金融』有斐閣。
徳永潤二［2008］、『アメリカ国際通貨国特権の研究』学文社。
徳永潤二［2009］、「国際過剰資本がバブルを生んだ」山口義行編『バブル・リレー』岩波書店。
日本銀行［2009］、『金融市場レポート』2009年1月号（http://www.boj.or.jp）。
平　勝廣［2001］、『最終決済なき国際通貨制度—「通過の商品化」と変動相場制の帰結—』日本経済評論社。
藤田誠一［2003a］、「『ドル本位制』とユーロの登場」田中素香・藤田誠一編著『ユーロと国際通貨システム』蒼天社出版。
藤田誠一［2003b］、「『ドル本位制』と国際資金循環」田中素香・藤田誠一編著『ユーロと国際通貨システム』蒼天社出版。
増田正人［2007］、「パックス・アメリカーナの時代」上川孝夫・藤田誠一・向壽一編『現代国際金融・第3版』有斐閣。
松田　岳［2009］、「住宅バブルの深層」山口義行編『バブル・リレー』岩波書店。
みずほ総合研究所編［2007］、『サブプライム金融危機—21世紀型経済ショックの深層』、日本経済新聞出版社。
米倉　茂［2009］、『新型ドル恐慌—リーマン・ショックから学ぶべき教訓—』彩流社。
BIS [2013], *Trennial Central Bank Survey: Foreign exchange turnover in Apirl 2013: preliminary global resuls* (http://www.bis.org).
European Central Bank [2013], *The international Role of the Euro*, July 2013 (http://www.ecb.int/pub/pdf/other/euro-international-role201107en.pdf).
Goldberg, L. S. and C. Tille [2005], "Vehicle Currency Use in Internatioanl Trade", *Federal Reseve Bank of New York Staff Repeorts, no.200.*
Stiglitz, J. E. [2006], *Making Globalization Work*, W. W. Norton（楡井浩一訳［2006］『世界に格差をバラ撒いたグローバリズムを正す』徳間書店）
Turner, P and Mohanty, M S [2006], "Foreign exchange reserve accumulation in emerging markets: what are the domestic implications?", *BIS Quarterly Review*, Sept. (http://www.bis.org).
U. S. Department of the Treasury, Federal Reserve Bank of New York, Board of Governors the Federal Reserve System [2008], *Report on Foreign Portfolio Holdings of U. S. Securities as of June30, 2007* (http://www.treas.gov).
U. S. Department of the Treasury, Federal Reserve Bank of New York, Board of Governors the Federal Reserve System [2013], *Report on Foreign Portfolio Holdings of U. S. Securities as of June30, 2012* (http://www.treas.gov).
URL
Bank Indonesia: Indonesia Financial Statics (http://www.bi.go.id/web)
The Bank of Korea: Economis Statistics System (http://ecos.bok.or.kr/) Ban of Thiland: Statistical Data (http://www.bot.or.th/English/Pages/BOTDefaut.aspx)

IMF, COFER: Currency Composition of Official Foreign Exchange Reserves (http://www.imf.org).
U. S. Department of Commerce, Bureau of Economic Analysis [a]: US. International Transactions Accounts Data (http://www.bea.gov)
U. S. Department of Commerce, Bureau of Economic Analysis [b]: US. International Transactions Accounts Data, by Area-China (http://www.bea.gov)
U. S. Department of the Treasury: Treasury International Capital (TIC) System (http://www.treas.gov)
中国人民銀行：http://www.pbc.gov.cn
国家外汇管理局：http://www.safe.gov.cn
経済産業研究所（RIETI）：http://www.rieti.go.jp
財務省：http://www.mof.go.jp
財務省・関税局：財務省貿易統計（http://www.customs.go.jp）

第3章
オバマ政権による政策転換
――財政に表れた諸課題――

池上岳彦

はじめに――日本と並ぶアメリカの「小さな政府」

　先進国の中で、アメリカは日本と並んで、相対的に「小さな政府」をもつ。表3-1-(1)に示したように、両国とも2008年時点で一般政府総支出の対GDP比は40％を下回っていた。アメリカは日本ほど債務を抱えていないものの、イギリス、ドイツとともに政府資産が小規模であるため、純債務は比較的多い。また、長期金利が日本より高いため、純利払い費はむしろ日本を上回る。

　2006年時点における一般政府支出を示した表3-2によれば、アメリカは社会福祉支出の対GDP比が相対的に低いのに対して、防衛支出では他を大きく上回る。なお、保健・医療への公的財源投入は、諸国間で大きな差がみられない。ただし、後に述べるように、アメリカの医療制度は私的セクター中心であり、私費負担を含む国民医療費という観点でみれば飛びぬけて高い医療費を支出している。また、政府収入をみると、2008年における租税・社会保険料の対GDP比は、アメリカは日本とともに2割台であり、人口1人当たり額も日本に次いで少ない。また、アメリカの税制は所得税が中心である。

　サブプライムローン問題に端を発する経済危機は2008年から全世界に広まった。そのなかで2009年、アメリカでは、共和党のG. W. ブッシュ（George W. Bush）政権に代わり、民主党のオバマ（Barack Obama）政権

表3-1 一般政府の財政状況［対GDP比。％］

(1) 2008年

	総支出	総収入	財政収支	総債務	資産	純債務	純利払費	［参考］長期金利(％)
アメリカ	39.1	32.6	-6.6	75.9	22.3	53.6	1.9	3.7
日本	37.0	35.1	-1.9	171.2	75.9	95.3	0.3	1.5
カナダ	40.0	39.6	-0.4	71.2	48.4	22.8	0.1	3.6
イギリス	47.9	42.9	-5.0	57.4	24.1	33.3	1.8	4.6
フランス	53.3	50.0	-3.3	79.3	33.4	45.9	2.7	4.2
ドイツ	44.1	44.0	-0.1	69.8	25.1	44.7	2.4	4.0
スウェーデン	51.7	53.9	2.2	49.6	64.5	-14.9	0.5	3.9

(2) 2011年

	総支出	総収入	財政収支	総債務	資産	純債務	純利払費	［参考］長期金利(％)
アメリカ	41.7	32.0	-9.7	102.7	22.6	80.1	1.9	2.8
日本	42.8	33.3	-9.5	205.5	80.0	125.5	0.8	1.1
カナダ	42.9	38.4	-4.5	83.8	50.5	33.3	0.5	2.8
イギリス	49.1	40.7	-8.4	97.9	29.6	68.3	3.1	3.1
フランス	59.1	50.9	-5.2	100.1	37.1	63.0	2.5	3.3
ドイツ	45.7	44.7	-1.0	87.2	35.2	52.0	2.0	2.6
スウェーデン	51.3	51.4	0.1	48.7	69.8	-21.1	0.3	2.6

(注) 1)「一般政府」は、中央政府（連邦政府を含む）、州・地方政府及び社会保障基金の合計。
(資料) OECD Economic Outlook 91（May 2012）pp. 257-267により作成。

表3-2 一般政府支出及び租税・社会保険料の国際比較

	一般政府支出［2006年］					租税・社会保険料［2008年］				人口1人当たり額(米ドル)
	対GDP比(％)	［うち］				対GDP比(％)	［うち］			
		防衛	教育	保健医療	社会福祉		個人所得税	社会保険料	一般消費税	
アメリカ	36.0	4.2	6.1	7.5	6.9	26.1	9.9	6.5	2.1	12,238
日本	36.2	0.9	3.9	7.1	12.3	28.1	564	10.9	2.5	10,537
カナダ	39.2	1.0	7.2	7.3	9.2	32.3	12.0	4.8	4.3	14,498
イギリス	44.2	2.5	6.1	7.1	15.3	35.7	10.7	6.8	6.4	15,634
フランス	53.0	1.8	6.0	7.8	21.9	43.2	7.5	16.1	7.3	19,744
ドイツ	45.3	1.1	4.1	6.2	21.0	37.0	9.6	13.9	7.1	16,335
スウェーデン	52.7	1.7	6.9	6.6	22.2	46.3	13.8	11.5	9.4	24,468

(資料) OECD. Stat Extracts ［http://stats.oecd.org/ （2011年7月26日参照）］及びOECD, Revenue Statistics 1965-2009（Paris: OECD, 2010), pp.77-96により作成。

が発足した。では、オバマ政権はどのように政策転換をはかったのか。政権1期目に掲げられた主な政策を、財政の観点から検証してみたい。

1　オバマ政権が直面した課題

　オバマ政権がブッシュ政権の遺産として引き継ぎ、政策転換を迫られた課題は何か。主なものを整理しておきたい。

（1）　巨額の財政赤字──減税と軍事行動

　ブッシュ政権は、表3-3に示したように、クリントン政権期に黒字であった連邦財政を再び巨額の財政赤字に導いた（池上・デウィット［2009］；岡本［2006；2011］；河音［2012］参照）。財政赤字を招いたのは、直接的にはITバブルの崩壊を契機とする不況であるが、赤字を長期化させた最大の原因は大規模な減税である（池上［2009］：24）。2001年、連邦は個人所得税の限界税率のうち最上位の39.6％と36％を撤廃して最高限界税率を35％に引き下げるとともに、最低税率を10％に引き下げた。また、児童税額控除の増額等の減税を段階的に行い、相続税も段階的に減税して2010年に課税停止することとした。さらにブッシュ政権は、2003年、既に決まった減税の前倒し実施、個人の受取配当非課税化、中小企業投資減税等を提案した。議会では、配当非課税化の提案が修正されたが、配当は総合課税から、またキャピタルゲインは10％もしくは20％の分離課税から、いずれも5％もしくは15％の分離課税へ変更された。なお、法律上これらの減税は時限付きであり、2010年には元の水準に戻ることになっていた。ブッシュ政権は減税の「恒久化」をめざしたが、議会はそれを認めなかった。

　もう1つの原因は、2001年に発生した9.11テロに端を発する海外軍事行動とテロ対策である。アフガニスタン及びイラクに対するアメリカを中心とする多国籍軍の軍事行動は長期化し、戦闘及び駐留に要する経費は財政を圧迫した。

表3-3　連邦財政収支の推移

年度	金　額（十億ドル）			対GDP比（%）		
	歳出	歳入	収支	歳出	歳入	収支
2000	1,789	2,025	236	18.2	20.6	2.4
2001	1,863	1,991	128	18.2	19.5	1.3
2002	2,011	1,853	-158	19.1	17.6	-1.5
2003	2,160	1,782	-378	19.7	16.2	-3.4
2004	2,293	1,880	-413	19.6	16.1	-3.5
2005	2,472	2,154	-318	19.9	17.3	-2.6
2006	2,655	2,407	-248	20.1	18.2	-1.9
2007	2,729	2,568	-161	19.7	18.5	-1.2
2008	2,983	2,524	-459	20.8	17.6	-3.2
2009	3,518	2,105	-1,413	25.2	15.1	-10.1
2010	3,456	2,163	-1,293	24.1	15.1	-9.0
2011	3,599	2,302	-1,297	24.1	15.4	-8.7
2012	3,598	2,449	-1,089	22.7	15.7	-7.0

（資料）United States, Executive Office of the President, Office of Management and Budget, *Historical Tables: Budget of the United States Government, Fiscal Year 2013*（February 13, 2012）pp.21-25, *Joint Statement of Timothy Geithner, Secretary of the Treasury, and Jeffrey Zients, Deputy Director for Management of the Office of Management and Budget, on Budget Results for Fiscal Year 2012*（October 12, 2012）により作成。

　連邦は2002年度[1]から財政赤字に陥り、2008年度は4586億ドル（対GDP比3.2%）の赤字を記録した。それと同時に、政府部門以外が保有する連邦債に占める国外者の割合は「2000年度30.5%⇒2008年度48.3%」と急上昇した（OMB［2012b］：82）。

（2）　経済危機対策

　アメリカを「震源地」とする世界経済危機及びそれに対する財政的な景気刺激策は、先進国の財政赤字と政府債務を急増させた。2009年にはアメリカの一般政府赤字が対GDP比11.6%に達し、イギリス、フランス、日本でも7%を超えた。政府純債務も日本では対GDP比106.2%と100%を超え、ア

メリカでも65.7%と急上昇した（OECD［2012］：259, 265）。長期金利が上昇すれば、利払い費が急増して財政を圧迫するため、政府は財政再建を迫られる。また、サブプライム・バブルの反省に立つ金融規制の見直しも課題となった。

（3）　地球温暖化対策

　ブッシュ政権は、地球温暖化対策に消極的だった。この時期、州・地方レベルでは独自の再生可能エネルギー推進策がみられたものの、連邦は京都議定書から離脱する等、温暖化対策の国際協調を拒否し続けた。また、化石燃料依存対策としてはバイオ燃料の生産が促進されたものの、それは穀物価格の上昇と不安定化を招いた。これに対して、オバマ政権は地球温暖化対策の国際会議にも積極的に参加する姿勢を示すとともに、財政的な景気刺激策を地球温暖化対策事業として展開する「グリーン・ニューディール」を掲げた。

（4）　医療保険改革

　主な先進国について2008年の国民医療費を示した表3-4からわかるように、アメリカの国民医療費は対GDP比16.6%、人口1人当たり7760ドルと、際立って多い。そのうち租税・社会保険料等による公的支出の割合は46.0%と低いが、その金額は3568ドルと他国を上回る。しかも、表に示した国のなかでは平均寿命が短く、乳児死亡率が高い。

　アメリカの医療保険は民間保険が中心であり、個人が加入する、もしくは雇用主が被用者を加入させる形態が主流である（Gruber［2010］Chapters 15-16）。しかし、2000年から2008年の間に、労働者の時給が実質3％伸びたに過ぎないのに対して、家族型健康保険料は同期間に実質58％上昇し、しかも1700万人は給与の1割以上を保険料として拠出せざるを得ず、さらに2500万人は保険の適用範囲が不十分な状態に置かれる等（OMB［2009］：11, 13）、問題は山積していた。クリントン政権は、すべての雇用主に被用

表3-4 国民医療費等の国際比較 [2008年]

	国民医療費			平均寿命(歳)		乳児死亡率 (‰)
	対GDP比(%)	1人当たり額(米ドル)	うち公的支出	女	男	
アメリカ	16.6	7,760	3,568 [46.0]	80.6	75.6	6.5
日本	8.6	2,878	2,325 [80.8]	86.0	79.3	2.6
カナダ	10.3	4,002	2,823 [70.5]	83.1	78.5	5.1
イギリス	8.8	3,143	2,593 [82.5]	81.9	77.8	4.7
フランス	11.0	3,750	2,877 [76.7]	84.3	77.6	3.8
ドイツ	10.7	3,967	3,037 [76.6]	82.7	77.6	3.5
スウェーデン	9.2	3,656	2,980 [81.5]	83.2	79.1	2.5

(注) 1) 1人当たり額は、購買力平価で換算した人口1人当たり額(米ドル)。
　　 2) [ ] は、国民医療費(人口1人当たり額)に占める公的支出の割合(%)。
(資料) *OECD Health Data 2012* (Version: August 2012) により作成。

者の医療保険への拠出を義務づけるとともに、その負担増を緩和するために連邦が補助を行うとの改革を提案した。しかし改革は挫折し（関口[2010]：148-166)、それ以来問題は先送りされてきた。

　65歳以上の高齢者については、連邦政府が運営するメディケア（Medicare）という公的保険があり、現役時に「メディケア病院保険税」（Medicare Hospital Insurance Tax [2009年現在、給与の1.45%]）を納付する仕組みである。また、貧困者については、州政府が運営する公的医療であるメディケイド（Medicaid）がある。これについて、連邦の最低限規制はあるが、受給者・適用サービスは州が決定する。たとえば、歯科、処方薬等の扱いは州により異なる。連邦は、経費の50〜83%を補助するが、補助率は州の財政力により異なる。なお、メディケイドが適用されるほど貧しくはないが、自力で保険に加入できない、という状態の人は無保険者となり、それが約4700万人と人口の15%に上っていた。

　また、民間保険医療が中心であるアメリカにおいて膨大な医療費が費やされる要因の1つとして、医療機関、保険会社、法律事務所等の間の事務手続き等が複雑であるために、医療費に占める管理費用の割合が高いことがあげられる[2]。そこで、無駄な費用の削減と無保険者の減少をはかるために、公

的医療の範囲拡大と規制強化が課題となる。

2 政権成立直後の景気対策
——「2009年アメリカ再生・再投資法」

(1) 「2009年アメリカ再生・再投資法」の成立

　2008年11月4日、民主党のオバマ候補が大統領に当選し、議会も上下両院で民主党が多数派を占めた。当時、金融危機と景気後退が進行していたため、次期大統領の政権移行チームと議会指導部が景気対策法案を策定し、2009年1月20日、オバマ大統領の就任を迎えた。

　2008年秋には「2008年緊急経済安定法」（Emergency Economic Stabilization Act of 2008）による不良債権救済プログラム（Troubled Asset Relief Program〔TARP〕）設置等の金融危機対策がとられており、新政権は財政面の景気対策に取り組んだ（岡本［2011］参照）。

　新政権と議会の協議に基づいて、下院は8190億ドル規模の法案を可決した。これは、減税よりも支出を相対的に重視するものであった。これに対して上院では、民主党が安定多数（100議席中60議席）を確保していなかったため、民主党指導部が共和党穏健派と協議して法案を修正し、減税のウェイトを高める8380億ドル規模の法案を可決した。上下両院の協議で両法案が統合され、7872億ドル規模の「2009年アメリカ再生・再投資法」（American Recovery and Reinvestment Act of 2009. 以下「再生・再投資法」）が2月13日に両院で可決され、2月17日、オバマ大統領が署名して法律が成立した。

(2) 景気刺激策の内容と評価

　「再生・再投資法」は、財政支出と減税を組み合わせた景気刺激策をとったものである。

　支出面では、失業給付・食料スタンプ・年金等の増額、職業訓練の拡充、

公共投資の拡大（高速道路、橋梁、公共交通、水道、インターネット普及、国防施設等）、医療保険料と施設の補助、州へのブロック補助金増額、環境対策、連邦施設のエネルギー効率向上、学校区への援助、公営住宅の改良、ホームレス避難所の拡充、基礎研究の支援、国土安全保障・司法の改善等がはかられた。このうち、再生可能エネルギーへの補助（研究開発・投資減税等）、連邦施設のエネルギー効率向上工事、新型送電網の普及促進、公共交通機関整備、プラグイン・ハイブリッドカー減税等は、化石燃料消費を削減して地球温暖化対策に貢献しつつ景気回復をはかる環境政策と性格づけられた。

　税制面では2009～2019年度の累計で2869億ドルの減税が掲げられた。その目的は、2011年度までの2年間、個人・家族向けに2299億ドル、企業向けに737億ドルの減税を集中的に行い、消費・投資を刺激することである。その内容を整理したのが表3-5である。

　個人向け減税の中心は、還付可能型の勤労報償税額控除（Making Work Pay Credit）である。これは、所得の6.2％を税額控除する措置である。ただしこの控除は、一定の年所得水準（単身世帯7.5万ドル、家族世帯15万ドル）を超えると減額される消失型控除であり、また控除額に単身世帯400ドル、家族世帯800ドルの上限が設定されたので、所得再分配にも資する。減税の規模は2009～2010年の2年間で1162億ドルと見積もられた。この税額控除は、貯蓄性向の高い高所得者を除外し、また源泉徴収税の減額という形で実施されるため、低・中所得者の消費拡大につながると評価された（Altshuler, et al.［2009］）。

　また、大学授業料税額控除も導入された。これは授業料のうち2000ドル及びそれを上回る額の25％を控除する。ただし、合計2500ドルが上限とされ、これも所得制限が付された。その他、勤労税額控除の増額、児童税額控除の還付対象拡大、初めての住宅購入への税額控除拡充、失業給付への所得税非課税、新車購入時の売上税の所得控除適用等が行われた。

　なお、勤労報償税額控除と大学授業料税額控除に所得制限を付すことが可

表3-5 「2009年アメリカ再生・再投資法」による税収変化

(単位：十億ドル)

		2009年度	2010年度	2011年度	2012年度	2009～19年度累計
個人及び家族向け減税	勤労報償税額控除	-19.9	-66.1	-30.2	-	-116.2
	勤労税額控除の増額	-0.0	-2.3	-2.3	-	-4.7
	児童税額控除の還付制限緩和	-	-7.5	-7.3	-	-14.8
	大学授業料税額控除	-1.1	-6.2	-6.6	-	-13.9
	住宅初回購入税額控除の拡大	-1.1	-3.3	0.2	0.0	-6.6
	失業給付への所得税非課税	-0.9	-3.8	-	-	-4.7
	新車購入時売上税の所得控除	-0.4	-1.3	0.0	-	-1.7
	代替ミニマム税の適用回避	-2.1	-82.7	15.0	-	-69.8
	小　計	-25.6	-173.2	-31.2	0.0	-232.4
企業向け減税	2009年取得資産の特別償却	-23.5	-14.3	8.1	6.5	-5.1
	中小企業資産取得優遇の延長	-0.6	-0.4	0.4	0.2	0.0
	中小企業の2008年純経常損失繰戻し	-4.7	0.7	0.8	0.6	-0.9
	失業退役軍人・若者雇用優遇	-0.0	-0.0	-0.0	-0.0	-0.2
	負債消却による所得の課税繰延べ	-12.1	-22.8	-7.5	-0.5	-1.6
	低所得地域の投資に対する税額控除	0.0	0.0	0.0	-	-0.8
	小　計	-39.9	-36.0	2.2	7.1	-6.2
再生可能エネルギー投資に対する減税		-0.4	-1.5	-1.5	-1.2	-20.0
その他の減税		-3.5	-1.5	-7.9	3.2	-28.4
合　計		-69.4	-212.2	-38.4	9.2	-286.9
その他の税制関連措置		-28.5	-9.6	-1.5	0.0	-39.5
再　計		-97.8	-221.7	-39.9	9.2	-326.4

(注) 1) 本表の数値には、歳入減のみならず、還付型税額控除等による歳出増も含まれる。
　　 2) 主な項目のみ表示したが、「小計」は表示されていない措置も含む。
(資料) U. S. Congress, Joint Committee on Taxation, *Estimated Budget Effects of the Revenue Provisions Contained in the Conference Agreement for H. R. 1, the "American Recovery and Reinvestment Tax Act of 2009"*, JCX-19-09 (February 12, 2009) により作成。

能なのは、納税者番号が導入されており、金融所得を含む所得の総合的捕捉がある程度可能だからである[3]。また、これらはオバマ陣営が選挙公約に掲げていた政策であるが、公約では勤労報償税額控除の上限が単身世帯500ド

ル、家族世帯1000ドル、大学授業料税額控除の上限が4000ドルとされており（BarackObama.com [2008]）、実際はそれより減税額が少なかった。

企業向けの減税としては、2009年の取得資産に係る初年度50%の特別償却、中小企業の純損失の5年間繰戻し、退役軍人や若者の雇用への賃金補助、負債の買入消却等による所得の課税繰り延べ、低所得地域投資への税額控除等が行われた。

ただし、減税のなかには、住宅や新車の購入時の負担軽減、負債消却時の課税繰り延べ等、新たな消費・投資を刺激する効果が乏しいものもある（Altshuler, et al. [2009]）。

（3） 2010年度予算教書概要

2009年2月26日、オバマ大統領は2010年度予算教書の概要（OMB [2009]）を発表した。表3-6に示したように、2009年度の財政赤字が1兆7520億ドルと過去最高になり、その対GDP比も12.3%に達すると見込まれた。金融機関救済措置、景気後退と減税による税収の減少に景気対策支出が相まって財政収支が大幅に悪化すると予想された。現行の施策を継続した場合、2010～2019年度の累計財政赤字が8兆9832億ドルに上ると推計され、それに対して新たな予算提案によって赤字を6兆9690億ドルに削減する、との計画が提示された。

歳出面の財政再建策のなかでは、イラク等からのアメリカ軍撤退等によって臨時海外軍事行動費を削減するのが最大の削減項目である。歳入面では、減税と増税が合わせて提案された。まず「再生・再投資法」では2年間の時限付き措置とされていた勤労報償税額控除、大学授業料税額控除、勤労税額控除、児童税額控除、退職向け貯蓄優遇措置、研究開発投資税額控除等について、これらを恒久化する提案が行われた。

しかし、景気が回復すると見込まれる2011年からは増収策をとる方針が提示された。第1に、財政再建のため高所得者増税として所得税増税が提案された。その内容は、①ブッシュ減税で撤廃された36%と39.6%の限界税率

表3-6　2010年度予算教書における財政収支変化の予測

(単位：十億ドル)

		2009年度	2010年度	2011年度	2012年度	2010～2019年度累計
歳出		3,938 [27.7]	3,552 [24.1]	3,625 [23.4]	3,662 [22.2]	42,219 [22.6]
歳入		2,186 [15.4]	2,381 [16.2]	2,713 [17.5]	3,081 [18.7]	35,250 [18.7]
財政収支		-1,752 [-12.3]	-1,171 [-8.0]	-912 [-5.9]	-581 [-3.5]	-6,969 [-3.9]
財政収支変化の内訳	現行制度による収支	-1,509.1	-1,178.0	-1,033.1	-757.5	-8,983.2
	予算教書の提案による収支変化	-243	6.5	121.3	201.4	2,014.30
	臨時海外軍事行動の経費減額	31.2	60.3	118.6	138.9	1,490.40
	その他の歳出と使用料の変化	-4.0	-20.5	-27.4	-33.6	-482.8
	CO_2排出権取引による収入	-	-	-	78.7	645.7
	減税	-28.5	-49.0	-19.3	-90.3	-940.2
	うち勤労報償税額控除の恒久化	-	-	-11.0	-63.7	-536.7
	勤労税額控除の拡大	-	-	-0.0	-4.0	-32.9
	児童税額控除の還付制限緩和	-	-	-	-8.7	-70.5
	退職向け貯蓄優遇措置の拡大	-	-	-0.3	-3.0	-55.2
	大学授業料税額控除の恒久化	-	-	-0.9	-6.8	-74.9
	研究開発投資税額控除恒久化	-	-3.1	-5.5	-6.1	-74.5
	中小企業の損失繰戻しの延長	-27.8	-35.7	10.7	10.2	9.3
	旧減税の2010年までの継続	-0.7	-10.2	-5.1	-0.6	-20.7
	税制見直し（「抜け穴」ふさぎ等）	0.0	1.0	16.6	28.0	353.5
	財政再建のための高所得者増税	-0.2	1.1	28.5	49.0	636.7
	・限界税率36%・39.6%の導入	-	-	15.8	29.6	338.8
	・人的控除の所得制限導入	-	-	7.2	15.8	179.8
	・配当・譲渡益税率の引き上げ	-0.2	1.1	5.4	3.7	118.1
	公債利払い費の減少	8.4	13.7	4.4	5.5	311.0
	金融安定化措置に向けた予備費	-250.0	-	-	-	-
	［参考］医療改革準備基金の創設	-	1.8	16.2	48.8	633.8
	・医療保険運営の効率化	-	1.8	5.1	18.0	316.0
	・所得控除による税軽減の制限	-	-	11.1	30.8	317.8

(注) 1) 歳出・歳入及び財政収支の [ ] は、対GDP比 (%)。
(資料) U. S. Executive Office of the President, Office of Management and Budget, *A New Era of Responsibility: Renewing America's Promise* (February 26, 2009) pp.114-129により作成。

を再導入する、②高所得者に対する人的控除の逓減措置を再導入する、③配当・キャピタルゲインに対する最高税率を20%に引き上げる、というものである。第2に、医療保険改革の財源確保のため、所得控除により税負担を軽減する際の適用税率は28%を上限にする、との提案が行われた。第3に、税制の「抜け穴」をふさぐ政策として、国際課税強化、化石燃料産業に対する優遇措置の改廃が掲げられた。第4に、地球温暖化対策に関連して、CO_2排出権取引制度の導入が掲げられた。

3 政策課題と財政再建

2010年2月1日、オバマ大統領は、2011年度予算教書（OMB [2010a]）を発表した。そこでは、景気対策を重視せざるを得なかった前年度と比較して、政権の政策がより特徴的に表れている。その全体像は表3-7に示したが、そこに盛り込まれた主な政策を整理する。

第1は、景気対策である。予算教書は、景気回復に伴って不良債権対策を縮小し、公的負担が3409億ドルから1168億ドルへ66%減少すると見込み、金融危機対策経費を2010年度はマイナス730億ドルつまり返済超過と見込んだ。また、金融機関から公的負担を取り戻すために、資金返済を求めるとともに、年間80〜90億ドル規模の金融危機責任負担金（Financial Crisis Responsibility Fee）[4]を課す、とされた。

ただし、住宅ローン滞納の継続、銀行貸出の収縮、失業率が10%に達していることにみられる雇用状況悪化等、問題は解消されたわけではない。そこで、雇用創出策として、中小企業援助、輸出促進、科学技術投資補助、子育て・介護への援助等が掲げられた。また、減税、インフラ投資といった需要面の景気刺激策も継続する方針がとられた。

第2は、教育政策である。予算教書は、初等中等教育の教員増、家庭援助、授業時間延長、就学前教育の拡充等により「頂点へ向けた競争」（Race to the Top）[5]を促進する、また高等教育の給付奨学金増大、教育ローン返

表3-7　2011年度予算教書における財政収支の予測

(単位：十億ドル)

			2010年度	2011年度	2012年度	2013年度	2014年度	2015年度	2011~20年度累計
歳出		A	3,721 [25.4]	3,834 [25.1]	3,755 [23.2]	3,915 [22.8]	4,161 [22.9]	4,386 [22.9]	45,800 [23.3]
	うち　公債純利払い費	B	188	251	343	436	510	571	5,777
歳入		C	2,165 [14.8]	2,567 [16.8]	2,926 [18.1]	3,188 [18.6]	3,455 [19.0]	3,634 [18.9]	37,268 [18.9]
財政収支		C-A	-1,556 [-10.6]	-1,267 [-8.3]	-828 [-5.1]	-727 [-4.2]	-706 [-3.9]	-752 [-3.9]	-8,532 [-4.5]
プライマリー・バランス		C-(A-B)	-1,368	-1,016	-486	-291	-196	-181	-2,755
	現行制度による収支		-1,430	-1,145	-934	-940	-934	-983	-10,640
	予算教書の提案による収支変化		-125	-121	105	213	228	231	2,108
財政収支変化内訳（うち主な施策による収支変化）	臨時景気対策		-98	-147	-37	1	1	4	-169
	うち　勤労報償税額控除の延長		-	-30	-31	-	-	-	-61
	変減価償却特別措置の延長		-22	-15	12	7	5	4	20
	低所得者医療負担率引上げ		-	-26	·	·	-	-	-26
	失業保険給付増額		-31	-18	-	-	-	-	-18
	医療保険改革の影響		-6	23	34	39	28	3	150
	家計・企業向け減税		-12	-29	-31	-23	-24	-25	-284
	うち　大学授業料税額控除の延長		-	-1	-7	-7	-8	-8	-75
	研究開発投資税額控除の恒久化		-3	-5	-6	-7	-7	-8	-83
	旧減税の2011年までの一部継続		-9	-22	-12	-2	-2	-1	-47
	税制見直し（「抜け穴」ふさぎ等）		1	36	66	74	77	78	749
	うち　金融機関の金融危機責任負担金		-	8	8	9	9	9	93
	人的控除の適用限界税率上限設定		-	8	22	25	27	29	291
	財政再建のための高所得者増税		1	34	41	50	60	68	678
	うち　限界税率36%・39.6%導入等		-	16	28	32	35	39	395
	人的控除の所得制限導入		-	7	15	17	19	21	208
	配当・譲渡益税率の引き上げ		1	12	·	3	8	11	105
	制度改革・料金改正の影響		-2	2	-4	-2	-4	2	24
	裁量的経費の変化		-11	-39	38	76	84	86	693
	うち　海外軍事行動		-9	-37	41	75	83	87	728
	その他の安全保障政策		-2	-12	-18	-23	-26	-30	-284
	安全保障以外の分野		·	10	15	24	27	29	249
	公債利払い費・貸付金等の変化		·	·	-3	-1	7	16	266

（注）1）歳出・歳入及び財政収支の［　］は、対GDP比（％）。
（資料）U. S. Executive Office of the President, Office of Management and Budget, *Budget of the United States Government, Fiscal Year 2011* (February 1, 2010) pp. 146-148, 151-152, 159-171により作成。

済額引下げ等を進める、とした。すなわち、教育に対する租税投入を拡大する政策が明示されたのである。

第3は、環境対策である。これは、クリーン・エネルギーへの転換を推進することが雇用を拡大するとともに将来世代への責任を果たすことになる、との方針である。具体的には、一方で原子力発電、再生可能エネルギー、炭素固定・貯蔵等の事業に対する信用保証、投資税額控除といった補助を行い、他方で化石燃料産業への税制優遇措置を廃止し、ブッシュ政権が重視したバイオ燃料への税制優遇措置を縮小する方針が掲げられた。

なお、これに先立つ2009年11月、オバマ政権は、アメリカの2020年におけるCO$_2$削減目標を、中国を含む主要国が大幅な削減を行うことを前提に、2005年比で約17％削減すると発表した。これは、対1990年では約3％の削減となる。

第4は、医療政策である。ここでは、政府債務を増やさずに、無保険者4700万人のうち3000万人以上の保険加入を実現する、国民の保険に関する選択肢を増やす、医療のIT化を進める、子どもの肥満対策を推進する、農村部の医師を確保する、等の方針が示された。

第5は、対外政策である。オバマ政権は2011年度まではむしろ海外軍事行動で成果を上げたうえで、2012年度から活動を縮小する方針を掲げた。さらに予算教書では、国土安全保障の強化、核兵器の削減、世界の保健・食料対策に対する貢献等も提起された。

第6は、財政再建である。経済危機とその対策による財政赤字急増に加えて、ベビーブーマーの「引退」に伴う高齢化問題の顕在化は財政危機を急速に深刻化させる（Auerbach and Gale [2009]）。財政再建の主要な施策は増税である。これは、高所得者増税としての限界税率36％・39.6％の導入、高所得者に対する人的控除の制限、高所得者に対する配当・譲渡益税率引き上げ、高所得者に対する人的控除の適用限界税率上限設定、国際課税の強化である。2010年度から2015年度までの間に個人所得税と法人所得税は急増が見込まれ、両税合計額の対歳入比も、同期間に50.0％から59.0％へ上昇する

見込みであった。

　2011年度予算教書では、2010〜19年度の累計赤字推計は9兆820億ドルと、前年度予算教書に比して30.3％増大した（OMB［2009］：114；OMB［2010a］：146）。実際には、2010年度の赤字は1兆2930億ドルと予想を下回った。しかし歳出は対 GDP 比24〜25％と第二次大戦期以来の高さであり、歳入の対 GDP 比が15％を下回るのも1950年度以来であった。

　ただし、上で述べたように、オバマ政権は財政赤字を放置していたわけではない。2011年度予算教書は、2011〜20年度の累計財政赤字を、現行制度を前提とする10兆6400億ドルから、2兆1080億ドル減らして8兆5320億ドルにするとの方針を掲げた。そのうち高所得者増税、税制の「抜け穴」ふさぎ等により1兆4270億ドルの増収となり、そこから景気対策の減税470億ドル及び家計・企業向け減税2840億ドルを差し引いても1兆960億ドルとなる。これは財政再建額の52.0％にあたり、オバマ政権が増税を重視していることがわかる。

4　医療保険改革法の成立

（1）　改革の選択肢

　さきに述べたとおり、民間保険診療を中心に膨大な医療費が費やされているアメリカでは、医療費の抑制とともに、無保険者の減少も課題となる（Gruber［2010］：476-484）。医学・経済学等の研究者のなかからも、財政赤字を増やさない、高額の民間医療保険に個別消費税を課す、メディケア改革の専門家委員会を設置する、医療供給システムを改革する等を含む医療改革の実現を求める意見が出された（Garber, et al.［2009］）。

　改革の選択肢としては、まず「単一支払者皆保険制度」（Single Payer System）があげられる。これは日本、カナダ、イギリス等がもつ国民皆保険としての公的医療保険であり、アメリカでも研究者・医療従事者・市民団体等に支持者がいる[6]。ただし、議会ではこの主張はきわめて少数派であ

る。そこで現実的な選択肢は、任意加入の公的保険制度を設立し、民間保険と競争させてコスト削減をはかるか、それとも民間保険加入を義務づけて、そのための補助及び保険者規制を強化するか、のどちらかになる。実際には、オバマ政権と議会民主党指導部の協力により、2010年3月、後者の路線で医療保険改革法が成立した[7]。

(2) 改革の内容

成立した医療保険改革の主な内容を整理すれば、以下のようになる（White House [2010]、New York Times [2010]、長谷川 [2012] 参照)。

○ 国民に、2013年までに保険に加入する義務を課す。2014年には、未加入者にペナルティを科す。ペナルティは年95ドルもしくは世帯所得の1％のうち多い方とし、翌年以降はさらに増額する。ただし、所得税が非課税となる低所得者等は例外とする。

○ 保険間の競争を促進するために、州が保険乗り換え市場を整備する。

○ 公的保険は設立しない。ただし、連邦は複数の保険（うち1つ以上は非営利組織）からの選択が可能となる状態をつくる責任を負う。

○ 低・中所得層に補助を行い、保険料率を2〜9.8％に抑え、患者負担を6〜30％に抑える。

○ 従業員に医療保険加入を提供しない事業者等にペナルティを科す。

○ 従業員に医療保険加入を提供する中小事業者に対して、税額控除の形で補助する。

○ メディケイドの加入資格を、貧困線の133％未満の世帯まで拡大し、それにより適用者を1600万人増やす。2016年まで、連邦は州の経費負担増額の100％を負担する。

○ メディケアの医薬品適用範囲を拡大すると同時に、薬価を引き下げる。

○ 保険が医療費の最低60％を給付する。また患者負担額に上限を設ける。

○ 病歴や健康状態を理由とする保険加入拒否、保険料差別及び生涯給付上限設定を禁止する。

○　26歳までは親の保険の被扶養者として保険を適用することがありうることとする。
○　保険プランは妊娠中絶を対象としてもよいが、連邦の資金はそれに使用しない。
○　不法移民は、連邦が関与・補助する保険プランには加入できない。
○　ワーキングプア家庭の子に対する医療プログラムへの連邦負担率を引き上げる。
○　医療保険改革に必要な主要な財源調達方法として、①高額の雇用者提供団体保険の保険料に40％の個別消費税を課す。②高所得者に対するメディケア病院保険税の税率を1.45％から2.35％へ引き上げる。③高所得者の非稼得所得（利子、配当、キャピタルゲイン）に対して、メディケア拠出金（Unearned Income Medicare Contribution［税率3.8％］）を課す。④医療セクター企業（製薬会社、医療機器メーカー、保険会社）への課金を行う。⑤民間高齢者医療保険への連邦補助金を削減する。

（3）　改革の評価

　議会予算局は、この改革によって2019年度までに保険加入者が3200万人増加し、非高齢者のうち94％が被保険者になると見込んだ。またメディケア経費の削減、新増税等により、改革を行わない場合と比較して2010～19年度の10年間に1430億ドルの赤字削減効果をもち、次の10年間ではGDPの0.25～0.5％すなわち約1兆ドルに相当する赤字削減効果を持つと推計された（CBO［2010b］；Orszag［2010］：3）[8]。医療保険改革は財政再建にも貢献する。
　ただし、今回の改革は「単一支払者皆保険制度」や「公的保険と民間保険の競争」といった抜本的改革には至らなかった。また、改革が医療費の増大・減少のどちらに作用するかは、オバマ政権が想定するように保険間の競争が保険会社等の利潤または管理コストを削減し、薬価を抑制するかどうかによるところが大きい。また、議会予算局が推計した2010～19年度の赤字削

減は、低所得者補助の拡大等による3820億ドルの支出増を、メディケア病院保険税、雇用者提供団体保険への個別消費税、医療セクター企業への課金、事業者へのペナルティ等による5250億ドルの収入増が上回ることで生じる（CBO［2010b］Table 2）。すなわち、財政赤字削減効果は新増税・新規課金等を継続できるかどうかにかかっている。

5　政治対立による財政危機

　政策は、政治システムのなかで決定される。アメリカでは、大統領に対する国民の支持率が高い場合も、個々の議員が自己判断で行動する傾向が強い議会では、大統領の政策が実現されるとは限らない（池上・デウィット［2009］: 91-105）。しかも、成立時に6割台だったオバマ政権の支持率は、2010年には4割台に低下した。新自由主義者を含む保守派勢力は、景気対策・医療保険改革等を「大きな政府」として批判し、同年11月の中間選挙では、景気回復の遅れをうけてその動きが表面化した。全米に広がった保守派の草の根市民運動「茶会」（Tea Party）の支持を受けた者をはじめとする共和党候補が大量に当選し、議会上院では民主党が過半数を維持したものの、下院では共和党が多数を占めた。州知事選挙でも共和党所属知事が急増した。それにより、オバマ政権の政策運営は困難さを増した。

（1）　国家財政責任・改革委員会の報告案と2010年末の景気対策

　2011年度予算教書は2015年度にプライマリー・バランス[9]を均衡させる目標を掲げたため、同年度に見込まれる1810億ドルのプライマリー赤字を埋める必要があった。そこでオバマ政権は2010年2月18日、超党派の議員、専門家からなる「国家財政責任・改革委員会」（National Commission on Fiscal Responsibility and Reform）を設置した[10]。

　同委員会の共同議長は、中間選挙後の12月1日、報告書案を公表した。そこでは、2012年度から2020年度までの間に累計3兆8850億ドルの赤字削減を

行って赤字の対 GDP 比を2020年度には1.2％へ引き下げる、とされた。具体的には、①裁量的経費を1兆6610億ドル削減する（総額削減の後、伸び率を物価上昇率の半分に抑える、国防費と非国防費の削減率を等しくする、海外軍事行動費に上限を設ける、ガソリン税を増税して交通施設建設に充てる等）、②制度的経費を5560億ドル削減する（メディケアの診療報酬引下げ、不正請求対策、患者負担拡大、病院への過払い対策、メディケイドの連邦負担抑制、高所得者への年金給付額削減と支給開始年齢の67歳から69歳への引上げ、社会保障税の課税所得の上限引上げ等）、③抜本的税制改革により7850億ドルの増収をはかる（租税支出［補助金的な減税措置］の廃止・縮減）、④2100億ドルの税外収入増加をはかる、⑤収支改善に伴って純利払い費の6730億ドル減少を見込む、⑥予算過程の改革を進める、との提案が行われた。とくに個人所得税については、金融所得（配当・キャピタルゲイン、州・地方債利子）を総合課税に含める、住宅ローン利子控除・寄付金控除等を制限する等により課税ベースを拡大する代わりに、最高税率を28％に引き下げるとされた。また法人税も税制の「抜け穴」をふさぐ代わりに税率を35％から28％に引下げる等の大胆な改革案が示された。

　この報告案は、18名の委員のうち共同議長2名に加えて議員6名（民主党3名、共和党3名）、専門家3名、合計11名の賛成を得たが、「14名以上の賛成を必要とする」との委員会規則により、採択に至らなかった。反対した委員のうち、共和党議員は報告案が増税を含む点及び医療制度改革撤回を掲げていない点を批判したのに対して、民主党議員は報告案が社会保障の後退を含む一方で軍事費や富裕者減税への切込みが少ないことを批判した。また、報告案への論評の中には、両党議員の相当数から支持を得た報告案が財政再建の第1歩となるとの評価がみられたが（Concord Coalition［2010］；Sawhill［2010］）、社会保障削減が厳しすぎる、金融機関課税を掲げていない等の批判もみられた（Aaron［2010］；Baker［2010］；Krugman［2010］）。

　12月17日には、大統領と議会の合意により「2010年減税・失業保険再認定・雇用創出法」（Tax Relief, Unemployment Insurance Reauthorization, and Job Creation Act of 2010）が成立し、所得税・相続税減税の2012年末までの延長、2011年の給与税率（雇用者負担分）2％引下げ、失業保険給付増額の13ヶ月間延長、児童税額控除還付制限緩和・勤労税額控除増額・大学授業料税額控除・再生可能エネルギー補助金の延長、2011年の企業投資即時償却等が盛り込まれた（White House ［2010b］）。

（2） 2012年度予算教書と2011年度歳出予算法

2011年度歳出予算法が成立しないまま、2011年2月14日、オバマ大統領は2012年度予算教書（OMB［2011a］）を発表した。教書は表3-8に示したとおり、現行施策を継続した場合の2010～2019年度累計赤字を9兆3980億ドルと推計し、予算提案により赤字を2兆1820億ドル削減して7兆2050億ドルとする提案を行った。そのうち経済対策と財政再建について整理する。

一方で、景気は回復傾向にあるものの、まだ困難な状況にある人・企業が多いため、経済対策として、「再生・再投資法」と2010年末の減税延長等に加えて、輸出の拡大（自由貿易協定、貿易障壁撤廃、貿易金融改善等）、教育の拡充（幼児教育・初等中等教育の改善、理数系教員の増員、大学・職業教育の拡充）、研究開発の促進（再生可能エネルギー開発支援、研究開発税額控除の恒久化、知的財産権の保護）、インフラ投資による施設充実と雇用創出（陸運・高速鉄道・空港・電力供給・ワイヤレスブロードバンド等）、国防・外交部門の合理化、規制改革等を展開し、世界的経済競争に打ち勝つことが強調された。

他方で、財政再建については、2010年代中盤までに連邦財政赤字の対GDP比を3％に引き下げる目標に向けて、これまでの施策に加えて、国家財政責任・改革委員会の報告案も取り入れて、非軍事部門の裁量的経費総額の5年間凍結、連邦職員給与の2年間凍結、プログラムの廃止・統合（教育・地域開発補助、化石燃料産業補助、大規模空港補助等）、海外軍事行動の縮小、資源開発の適正管理（採掘権料徴収、補助金削減）、特定財源制度の廃止、大規模金融機関への金融危機責任負担金の賦課等が掲げられた。ま

表3-8　2012年度予算教書における財政収支の予測

(単位：十億ドル)

			2011年度	2012年度	2013年度	2014年度	2015年度	2016年度	2017年度	2012~21年度累計
歳出		A	3,819 [25.3]	3,729 [23.6]	3,771 [22.5]	3,977 [22.4]	4,190 [22.3]	4,468 [22.6]	4,669 [22.5]	45,952 [22.7]
	うち 安全保障		908	884	819	808	818	829	845	8,559
	年金		742	761	802	846	894	945	1,002	9,902
	メディケア		488	485	528	557	582	631	650	6,462
	メディケイド		297	274	292	313	336	427	457	3,619
	公債純利払い費	B	207	242	321	418	494	562	627	5,726
歳入		C	2,174 [14.4]	2,627 [16.6]	3,003 [17.9]	3,333 [18.7]	3,583 [19.1]	3,819 [19.3]	4,042 [19.5]	38,747 [19.0]
	うち 個人所得税		1,121	1,326	1,468	1,604	1,733	1,786	1,923	17,752
	法人所得税		297	366	393	445	411	467	479	4,285
	給与税（年金・メディケア）		746	860	947	1,007	1,065	1,138	1,197	11,634
財政収支		C-A	-1,645 [-10.9]	-1,101 [-7.0]	-768 [-4.6]	-645 [-3.6]	-607 [-3.2]	-649 [-3.3]	627 [-3.0]	-7,205 [-3.7]
プライマリー・バランス		C-(A-B)	-1,438	-860	-447	-227	-112	-87	0	-1,479
現行制度による収支			-1,597	-1,090	-846	-770	-841	-938	-890	-9,398
予算教書の提案による収支変化			-48	-11	79	125	234	289	263	2,182
財政収支変化の内訳〈うち主な施策による収支変化〉	家計・企業向け減税		-1	-23	-32	-30	-35	-40	-42	-392
	うち 勤労税額控除の拡大		-	-	0	-1	-1	-1	-2	-12
	児童扶養税額控除の拡大		-	0	-1	-1	-1	-1	-1	-10
	退職向け貯蓄税額控除の拡大		-	-	-1	-1	-1	-1	-1	-14
	大学授業料税額控除の延長		-	-	-1	-11	-11	-12	-12	-94
	一部の富裕者配当・譲渡益税率20%		-	-8	-10	-5	-9	-13	-15	-124
	研究開発投資税額控除の恒久化		-	-5	-8	-9	-10	-11	-11	-106
	旧減税の2012年までの一部継続		-9	-10	-10	-1	-0	-0	-0	-22
	税制見直し（「抜け穴」ふさぎ等）		0	17	29	-17	43	88	40	344
	うち 金融機関の金融危機責任負担金		-	-	1	3	3	3	4	30
	代替ミニマム税減税のための租税支出削減		-	6	19	26	30	33	36	321
	その他の制度改革・料金改正の影響		-18	-13	-22	22	47	41	43	271
	裁量的経費（非軍事）の凍結（2015年まで）		-12	6	20	33	47	47	50	406
	裁量的経費（軍事）の変化		-18	-3	64	87	93	99	103	902
	うち 海外軍事行動		-3	19	82	107	115	120	123	1,090
	公債利払い費の変化		0	0	1	3	11	22	35	331

(注) 1) 歳出・歳入及び財政収支の [ ] は、対GDP比 (%)。
(資料) U. S. Executive Office of the President, Office of Management and Budget, *Budget of the United States Government, Fiscal Year 2012* (February 14, 2011) pp.171-173, 176-177, 183-196により作成。

た、制度的経費の面では将来債務への備えが重要であるとして、経営破綻した企業の企業年金の支払い肩代わり、州の失業保険負担補助と保険料対象所得上限引上げ、政府が支援する住宅抵当保証会社の再建と保証業務の縮小、診療報酬引下げ等による医療コスト抑制が提案された。さらに、契約方式の改革、資産の適正管理、二重行政の解消、補助金配分ルールの明確化、行政評価、IT活用といった行政改革の推進が掲げられた。

税制改革については、所得控除・税額控除等の縮小、法人税制の「抜け穴」ふさぎと税率引下げ、国際課税の強化、2012年末における富裕者減税の打ち切り、代替ミニマム税適用回避による減収の補てん財源としての高所得者向け所得控除3割削減等が掲げられた。

2012年度予算教書は、前年度と比較して財政再建における裁量的経費削減のウェイトが高い。これは、議会が「ねじれ」状態になったことをうけて、国家財政責任・改革委員会報告案という具体的かつ両党の相当数の議員が同意した提案を取り入れることにより、実現可能な方策を先に打ち出し、増税色を薄めたものといえる。

4月15日、大統領と議会両院の合意により、2011年度歳出予算法が成立した。これは、裁量的経費について、2011年度予算教書に比して合計800億ドル削減する、とした。これは、財政再建へ向けた具体的取り組みが始まったことを示す。

(3) 2011年予算管理法の成立

2011年度歳出予算法成立に先立つ2011年4月13日、オバマ大統領は財政再建に関する演説を行った。そこでは、両党で合意した支出削減に加えて、国防費の削減、医療支出のさらなる削減、年金制度の改革、そして増税が掲げられ、歳出削減2兆ドル、増税1兆ドル、それに伴う利払い費1兆ドル減少で、12年間で財政赤字が4兆ドル減少する、とされた。

議会が決定する連邦債務残高上限は、2010年2月以来14兆2940億ドルに固定されていたが、債務は累積して2011年5月末には14兆2939億7500万ドルに

達し、「隙間」はわずか2500万ドルとなった。これは連邦債発行が困難になり、連邦債の債務不履行が発生しかねない状況に至ったことを示すため、世界中の投資家がアメリカ政治の動向に注目した。

　大統領と議会との協議は難航を極めたが、7月31日に合意が成立し、それに基づいて8月2日、2011年予算管理法（Budget Control Act of 2011）が成立した。これにより、①大統領は連邦債務残高上限を最大2兆1000億ドル引き上げる権限を獲得する、②裁量的経費を、軍事・非軍事のバランスをとりつつ、10年間累計で約1兆ドル削減する、③超党派議員からなる上下両院合同財政赤字削減委員会を設置し、同委員会が制度的経費と税制について10年間累計で1兆5000億ドルの収支改善策を2011年11月23日までに策定し、上下両院がそれに基づく法案を12月23日までに成立させる、④同委員会による赤字削減が失敗した場合、2013年までに1兆2000億ドルの強制的な歳出削減を行う、とされた。オバマ政権は、その場合には富裕者減税の延長に応じずに2012年末で終了させる、との意向を表明した。

　債務不履行が回避されたにもかかわらず、8月5日、大手格付け会社スタンダード＆プアーズ（S&P）は、連邦債格付けをAAAからAA+に引き下げた。同社は、分析に用いた政府債務の数値に誤りがあることを事前に政府から指摘されたにもかかわらず、政府・議会が財政再建を行う見通しが乏しいことを根拠に格下げを発表した。これは、財政運営をめぐる政治制度自体に対する不信に基づく判断といえる[11]。

（4）　景気対策と財政再建の提案と対立

　2011年9月1日に発表された財政収支改定見通し（OMB［2011b］）は、①2012年度予算教書発表以降の経済状況の変化及び推計の改定を考慮する、②2011年度歳出予算法及び2011年予算管理法における裁量的経費の削減、及びそれに伴う利払い費の減少により赤字を10年間で9970億ドルを削減する、③予算教書提案のうち立法化されていない部分を収支見通しから除く、さらに④両院合同財政赤字削減委員会の提案により赤字を1兆5000億ドル削減す

る、との見込みにより、2017年度にプライマリー・バランスが黒字になり、2011年度までの10年間の赤字が5兆7550億ドルに減少するとの見通しを示した。

さらに、オバマ政権は景気対策と財政再建提案を矢継ぎ早に打ち出した。まず9月8日、オバマ大統領は雇用対策法案（American Jobs Act）を発表した。これは、表3-9に示したように、①雇用主側の雇用拡大促進策（2012年における500万ドルまでの支払給与に対する雇用主の給与税半減、2012年の投資100％即時償却等）、②雇用創出とアメリカの再建（教員再雇用促進、学校改修、道路・鉄道・空港の整備等）、③就職活動の支援（失業保険の緊急給付延長、長期失業者を雇った事業者への税額控除等）、そして④勤労者世帯対策（2012年における雇用者負担の給与税半減）を合わせた10年間合計4470億ドルの経済刺激策であるが、そのうち3244億ドルを2012年度に集中投下するとされた。

しかし、財政再建も重要な課題である。9月19日、オバマ大統領は、経済成長と財政赤字削減を両立させる計画（OMB［2011c］）を発表した。これは、10年間で①医療費の削減（メディケア過払い対策、メディケイド改革等）3200億ドル、②その他の制度的経費削減（農業補助金削減、連邦職員福利費自己負担増、受益者負担増、金融機関補助の返済等）2570億ドル、③海外軍事行動費の削減1兆840億ドル、④税制改革による増収（2001年と2003年の高所得者減税と相続税減税の終了、人的控除の適用税率への上限設定、棚卸資産の原価の計算方法変更、化石燃料産業優遇措置の廃止、国際課税の強化、保険会社・保険商品の取扱い変更、パートナーシップ将来報酬の総合課税、有害廃棄物対策税の再導入、失業保険付加税の恒久化等）1兆5730億ドル、合わせて3兆2330億ドルの赤字削減策をとり、これと雇用対策のコスト4470億ドルを相殺し、さらに以上の措置に伴う公債利払い費の減少4360億ドルを合わせて、全体で赤字を3兆2220億ドル削減する、というものである。これに2011年予算管理法による歳出削減1兆1800億ドルを加えれば赤字削減額は4兆4030億ドルに達する。それにより、2021年度の連邦赤字対

表3-9 2011年8～9月の雇用対策及び財政再建案による収支変化

(単位：十億ドル)

	2012年度	2013年度	2014年度	2015年度	2016年度	2017年度	2012~21年度累計
2011年予算管理法に基づく歳出削減を行わない段階における財政収支　A	-1,060 [-6.8]	-912 [-5.5]	-854 [-4.9]	-968 [-5.3]	-1,088 [-5.6]	-1,058 [-5.2]	-10,774
2011年予算管理法　B	25	56	81	99	115	130	1,180
裁量的経費の削減	25	55	77	91	102	110	992
公債利払い費の減少	-	1	4	8	13	19	188
両院合同財政赤字削減委員会への提案　C	-300	23	297	343	383	423	3,222
雇用対策（American Jobs Act）	-324	-155	6	3	8	7	-447
うち 雇用者の給与税半減	-129	-50	-	-	-	-	-179
雇用主の給与税軽減	-61	-15	4	2	1	0	-69
2012年の投資100％償却	-51	-18	21	14	10	7	-6
雇用保険の給付増額延長と改革	-30	-18	0	0	0	0	-49
教育（教員雇用、学校改修）	-36	-20	-6	-3	-	-	-65
交通・運輸（道路、鉄道、空港等）	-11	-16	-8	-5	-3	-2	-50
医療費の削減	0	11	17	22	28	38	320
その他の制度的経費削減	-12	3	40	43	34	29	257
海外軍事行動の経費削減	24	78	103	115	120	123	1,084
税制改革	14	89	134	154	171	185	1,573
うち 2001年と2003年の高所得者減税及び相続税減税の終了	13	47	63	77	91	101	866
人的控除の適用税率への上限設定	-	22	36	40	43	47	410
棚卸資産の原価の計算方法変更	-	3	7	9	8	8	60
化石燃料産業優遇措置の廃止	-	3	6	5	5	5	44
国際課税の強化	-	8	14	15	15	16	113
保険会社・保険商品の取扱い変更	-	0	1	1	1	1	12
パートナーシップ将来報酬の総合課税	-	2	2	2	2	2	13
有害廃棄物対策税の再導入	-	1	2	2	2	2	19
失業保険付加税の恒久化	1	1	1	1	1	1	15
公債利払い費の減少	-1	-4	-3	8	23	41	436
赤字削減額合計　B+C=D	-274	79	378	443	499	442	4,403
赤字削減策実施後の財政収支　A+D	-1,334 [-8.5]	-833 [-5.1]	-476 [-2.7]	-525 [-2.9]	-589 [-3.0]	506 [-2.5]	-6,371
プライマリー・バランス	-1,099	-532	-82	-42	-40	106	-885

（注）1）「2011年予算管理法に基づく歳出削減を行わない段階における財政収支」は、2001年と2003年の減税を延長し、代替ミニマム税の物価調整を実施し、メディケア診療報酬の引下げ回避を継続することを前提とする。
　　　2）[　]は、対GDP比（％）。
（資料）U. S. Executive Office of the President, Office of Management and Budget, *Living Within Our Means and Investing in the Future: The President's Plan for Economic Growth and Deficit Reduction* (September 19, 2011) pp.55-64により作成。

GDP比は、予算管理法制定前の予想値5.5％から2.3％に低下し、また政府部門以外が保有する連邦債の対GDP比も「2013年度76.9％⇒2021年度73.0％」と低下すると見込まれた。

　この提案は、上下両院合同財政赤字削減委員会に提出された。ただし、委員会は上院6名（民主党・共和党3名ずつ）、下院6名（共和党・民主党3名ずつ）の合計12名からなっていた[12]。そして共和党が「いかなる増税も反対」を主張し続けたため、11月23日までに協議は整わず、委員会は決裂した。

　議論が並行線をたどったまま、2012年の大統領選挙戦を迎え、対立はいっそう激化した[13]。連邦議会における赤字削減が失敗したために、2011年予算管理法の規定通り、2013年になった途端に強制的な歳出削減が行われ、ブッシュ減税も期限切れとなって税率はすべて元に戻る予定であった。これは財政再建に「貢献」するものの、経済に強力なデフレ効果すなわち景気後退をもたらす「財政の崖」（fiscal cliff）として恐れられたのである。

おわりに——政策課題と戦略

　オバマ政権誕生後、最も大きな成果は医療保険改革であったが、そこにもさまざまな問題が残されている。では、本章でふれた主な政策課題のゆくえについてまとめてみたい。

　第1は、景気政策である。オバマ政権は、需要拡大をめざす財政政策の有効性を確認したうえで（OMB［2010b］：12, Orszag［2010］：2）、短期金利引き下げと連邦準備銀行貸付の担保物件拡大を組み合わせた金融緩和、そして大金融機関の資本評価、公的資金による不良債権買取り、住宅ローン借換え補助といった金融危機対策を展開した（OMB［2010b］：12-14）。ただし、失業率の大幅な低下を伴う景気回復が、財政再建路線へ転換するための条件となる。「再生・再投資法」時点の予想より回復は遅れ、景気刺激策が繰り返されている。2010年からは、アメリカのみならずヨーロッパ諸国の財

政危機が世界の金融市場を混乱させる事態も顕在化した。景気刺激策を計画通り縮小できるかどうかは明らかでない。

　第2は、海外軍事行動である。西アジアにおけるアメリカ軍を中心とする多国籍軍の軍事行動の「成果」は予見しがたい。オバマ政権は、2010～11年度に軍事行動を集中的に行い、その後は軍事費を大幅に削減すると見込んだが、その成否は世界各地の軍事情勢に左右される。

　第3は、環境政策である。オバマ政権は「グリーン・ニューディール」を掲げて、再生可能エネルギーへの投資と化石燃料節約を支援した。しかし、それがどれだけ化石燃料消費の減少につながるかは不明である。2009年夏にオバマ政権が掲げた目標は、対1990年では約3％のCO_2排出削減に過ぎず、しかも中国等の積極的対応を前提としたものであった。さらに、CO_2を直接排出しないとの理由で、原子力発電への依存度を高める方針もとられている。しかし、2011年3月の福島第一原子力発電所事故は、世界的なエネルギー政策の転換を迫っている。アメリカにおいても災害や人為ミスに伴う原子力施設の安全管理と核廃棄物処理の問題は深刻であり、将来世代に対する責任の問題が顕在化している。

　第4は、財政再建における税制の重視である。政府部門以外が保有する連邦債の対GDP比はブッシュ政権末期の2008年度末40.5％から2011年度末67.7％へ上昇しており、2021年度末には76.5％と予測された。そのうち外国投資家が保有する割合も、2008年度末の48.3％よりは低いものの、2011年度末も46.0％と高止まりし、その対GDP比も31.2％に上った（OMB［2012b］：68, 73, 82, 435）。

　連邦財政は、年金、メディケア及びメディケイドの合計額が歳出の4割を超え、それらを個人所得税、法人所得税及び給与税でまかなっている。歳出における制度的経費の割合が上昇し、税収の対GDP比が低下しているため、オバマ政権は一貫して増税を主張してきた。また、景気回復による所得課税の増収に対する期待も大きい。その意味で、所得税中心主義はまったく揺らいでいない。財政再建のため高所得者増税──単身世帯は年所得20万ド

ル以上、家族世帯は25万ドル以上の者を対象とする所得税増税——の内容は、①ブッシュ減税で撤廃された36％と39.6％の限界税率を再導入する、②高所得者に対する人的控除の逓減措置を再び導入する、③配当・キャピタルゲインの税率を「０％-15％」から「０％-15％-20％」に引き上げる、というものである。税制の「抜け穴」をふさぐ施策としては、国際課税の強化（支払利子控除、外国税額控除、無形資産取引収益等の改革）、化石燃料（石油・ガス・石炭）産業に対する優遇措置の改廃、保険会社・保険商品の取扱い変更、パートナーシップ将来報酬の総合課税、有害廃棄物対策税の再導入、失業保険付加税の恒久化等が掲げられている。さらに、超高所得者である投資家バフェット（Warren E. Buffett）が資本所得や貯蓄への優遇措置により、自分の実効税率が自分の秘書の実効税率より低くなっている実態を批判した（Buffett［2011］）のを受けて、オバマ政権は2013年度予算教書において、100万ドル超の高所得者の実効税率が必ず30％以上となり、中堅所得階層より低くならないようにする方針を「バフェット・ルール」（Buffett Rule）として掲げた（OMB［2012a］：4, 37-40）。

　高所得者に対する個人所得税の増税と高齢者医療拠出金の賦課は、国民負担の累進性回復に貢献する。また、金融機関・医療セクター企業等への課金も企業の公的責任を問う手段となる。なお、景気対策として設けられた時限付き減税措置は、財政再建が優先されるなかで、その延長もしくは「恒久化」の是非が問題となる。

　最後に、政治制度が政策課題と戦略に及ぼす影響にふれておく。バフェットに限らず、財政再建のために富裕者・高所得者増税を中心とする増収策が必要との議論は多く（Romer［2011］；Gale［2011］）、2011年９月の雇用対策等を評価する論評もみられた（Krugman［2011］；CBPP［2011］）。ただし、新自由主義論者は市場経済における「勝利者」を称えるべきとの見地から富裕者減税や投資優遇税制を擁護する（Holtz-Eakin［2011］；Miron［2011］）。2010年11月の中間選挙により下院で共和党が多数を占めたため、富裕者に負担増を求める政策への反発は強まった。ブッシュ減税が期限を迎

えても、それは自動的に元の税負担に戻るのだから、厳密に言えば増税ではない。しかし、低・中所得者減税の継続をめざすオバマ政権は、妥協して減税全体の延長を認めてきた。それは民主党的な支持基盤を掘り崩したといえる。

とはいえ、保守派が魅力かつ実効性のある代案を持っているわけではない。オバマ政権が、景気の状況をにらみつつ政策課題の実現と財政再建をはかり、将来世代への責任と富裕者優遇政策の改廃を主張するのに対して、共和党は「いっさいの増税反対」と公的年金・医療制度の縮小を掲げる。2012年11月の選挙ではオバマ大統領が再選されたものの、上院は民主党が、下院は共和党が、それぞれ多数派を維持した。2013年1月に成立した「2012年アメリカ納税者救済法」(American Taxpayers Relief Act of 2012)では、ブッシュ減税のうち中低所得者向け減税は継続されたが、個人所得税の最高限界税率を35％から39.6％に引き上げる等、高所得者増税がある程度含まれた。しかし、これら3つの機関を通じた合意が成立する見通しがない限り「財政の崖」を常に回避するシステム確立の道筋はみえない。

注
1）連邦会計年度の名称は、年度末の日が属する年を用いる。たとえば2002年度は、2001年10月1日から2002年9月30日までである。
2）カナダでは医療費に占める管理費用の割合が2割以下（1999年時点で16.7％）であるのに対して、アメリカではその割合が3割以上である（同年31.0％）、との研究がある(Woolhandler, Campbell and Himmelstein [2003])。
3）現在の日本のように、所得格差の主要因である金融所得を分離課税とし、所得の総合的捕捉を行っていない状態では「誰が高所得者か」不明なので、所得制限を付す意義は乏しい。
4）金融危機責任負担金は、500億ドル超の資産を有する金融機関に対して、その負債（預金保険により保護された分を除く）の0.15％の「税率」で毎年（当面10年間だが、延長の可能性あり）徴収する、とされた（OMB [2010b]：174）。
5）教育における「頂点へ向けた競争」については、OMB [2010a]：3, 25-26, 64を参照せよ。
6）Marmor [1994] Chapters 9-10, Woolhandler, Campbell and Himmelstein [2003] は、いずれもカナダの医療制度がアメリカより優ると評価している。
7）医療保険改革法は、2010年3月21日に成立し、同23日に大統領が署名した"Patient

Protection and Affordable Care Act"と同25日に成立して同30日に大統領が署名した"Health Care and Education Reconciliation Act of 2010"を合わせたものである。
8）赤字削減額1430億ドルのうち保健医療の分は1240億ドルであり、残りは教育関連措置による。
9）プライマリー・バランスとは、歳入（公債金を除く）から公債利払い費以外の歳出を差し引いたものであり、政策経費を当該年度の収入でまかなえるかどうかを示す。
10）議長はボールズ（Erskine Bowles）元クリントン政権首席補佐官とシンプソン（Alan K. Simpson）前上院議員（共和党）の2名、その他の委員は上院議員6名（民主党3名・共和党3名）、下院議員6名（民主党3名・共和党3名）、専門家4名であった。
11）それから1年余経過した2012年10月末時点で、連邦債について、スタンダード＆プアーズはAA+、ムーディーズはAaa、フィッチはAAAとの格付けを行っていた。
12）議長はマレー（Patty Murray）上院議員（民主党）とヘンサーリング（Jeb Hensarling）下院議員（共和党）の2名。
13）ライアン（Paul D. Ryan）下院予算委員長（共和党）は、オバマ政権の経済成長・財政赤字削減両立計画を「階級闘争」（class warfare）と評した（*The New York Times*, September 19, 2011: A1）。ライアンは2012年の選挙において共和党ロムニー（Mitt Romney）大統領候補の下で副大統領候補を務めた。

参考文献

池上岳彦［2009］、「オバマ政権の成立と租税政策」『生活経済政策』第147号（4月号）。
池上岳彦・アンドリュー＝デウィット［2009］、「アメリカとカナダの租税政策」神野直彦・池上岳彦編『租税の財政社会学』税務経理協会、所収。
岡本英男［2006］、「ブッシュ政権下におけるアメリカ福祉国家システムの展開」『東京経大学会誌』第251号。
岡本英男［2011］、「オバマ政権の歴史的位置」新川敏光編『福祉レジームの収斂と分岐――脱商品化と脱家族化の多様性』ミネルヴァ書房、所収。
河音琢郎［2012］、「財政政策」藤木剛康編『アメリカ政治経済論』ミネルヴァ書房、所収。
関口智［2010］、「クリントン政権期以降の医療保険と税制・会計」渋谷博史・塙武郎編『アメリカ・モデルとグローバル化 II［アメリカ・モデル経済社会（第2巻）］』昭和堂、所収。
長谷川千春［2012］、「社会政策」藤木編前掲『アメリカ政治経済論』所収。
Aaron, Henry J. [2010], "Put the Bowles-Simpson Plan on Ice," Brookings Institution (December 3). (http://www.brookings.edu/opinions/2010/1203_deficit_plan_aaron.aspx［2011年9月5日参照］).
Altshuler, Rosanne, Leonard Burman, Howard Gleckman, Dan Halperin, Ben Harris, Elaine Maag, Kim Rueben, Eric Toder, and Roberton Williams [2009], *Tax Stimulus Report Card: Conference Bill, as of February 13, 2009*, Tax Policy Center, Urban Institute and Brookings Institution.
Auerbach, Alan J., and William G. Gale [2009], *The Economic Crisis and the Fiscal Crisis: 2009 and Beyond*, Brookings Institution (February 19).

Baker, Dean [2010], "Erskine Bowles, Morgan Stanley, and the Deficit Commission," Center for Economic and Policy Research Blog, *Beat the Press*, November 11.
(http://www.cepr.net/index.php/blogs/beat-the-press/erskine-bowles-morgan-stanley-and-the-deficit-commission［2011年9月2日参照］)

BarackObama.com [2008], *Barack Obama's Comprehensive Tax Plan* (August),
(http://www.barackobama.com/pdf/taxes/Factsheet_Tax_Plan_FINAL.pdf［2009年3月6日参照］).

Buffett, Warren E. [2011], "Stop Coddling the Super-Rich," *The New York Times*, August 15.

Center on Budget and Policy Priorities (CBPP) [2011], "Statement by James R. Horney, Vice President for Federal Fiscal Policy, on President Obama's Budget Package," September 19.

Concord Coalition [2010], "Concord Coalition Praises Bowles-Simpson Plan," December 1.
(http://www.concordcoalition.org/press-releases/2010/1201/concord-coalition-praises-bowles-simpson-plan［2011年9月3日参照］).

Gale, William G. [2011], "Buffett Is Right: Raise Taxes on the Wealthy," Special to CNN, August 16.
(http://edition.cnn.com/2011/OPINION/08/15/gale.taxes.deficit/index.html［2011年9月5日参照］)

Garber, Alan M., Henry Aaron, Kenneth Arrow, Alan Auerbach, Katherine Baicker, Alan Blinder, David Cutler, Angus Deaton, J. Bradford DeLong, Peter Diamond, Victor Fuchs, Jonathan Gruber, Mark McClellan, Daniel McFadden, David Meltzer, Joseph Newhouse, Uwe Reinhardt, Robert Reischauer, Alice Rivlin, Meredith Rosenthal, John Shoven, Jonathan Skinner, and Laura D'Andrea Tyson [2009], "Letter to President Barack Obama," November 17.

Gruber, Jonathan [2010], *Public Finance and Public Policy, Third Edition*, Worth Publishers.

Holtz-Eakin, Douglas [2011], "Why Do We Have to Raise Taxes on the Rich?" *National Review Online*, May 5.
(http://www.nationalreview.com/corner/266520/why-do-we-have-raise-taxes-rich-douglas-holtz-eakin［2011年9月30日参照］)

Krugman, Paul [2010], "Destroying Retirement In Order To Save It," The New York Times Blog *The Conscience of a Liberal*, December 1.
(http://krugman.blogs.nytimes.com/2010/12/01/destroying-retirement-in-order-to-save-it/［2011年9月2日参照］)

Krugman, Paul [2011], "Setting Their Hair on Fire," *The New York Times*, September 9.

Marmor, Theodore R. [1994], *Understanding Health Care Reform*, Yale University Press.

Miron, Jeffrey [2011], "Why Warren Buffett Is Wrong," Special to CNN, August 17.
(http://edition.cnn.com/2011/OPINION/08/16/miron.buffett.wrong/index.html［2011年9月5日参照］)

National Commission on Fiscal Responsibility and Reform [2010], *The Moment of Truth: Report of the National Commission on Fiscal Responsibility and Reform* (December).
New York Times [2010], "Proposed Changes in the Final Health Care bill," *The New York Times, Internet Edition*, March 19,
(http://www.nytimes.com/interactive/2010/03/19/us/politics/20100319-health-care-reconciliation.html [2010年3月22日参照]).
Organisation for Economic Development and Cooperation (OECD) [2012], *OECD Economic Outlook 91* (May).
Orszag, Peter R. [2010], "Testimony of Peter R. Orszag, Director of the Office of Management and Budget, before the National Commission on Fiscal Responsibility and Reform," April 27,
(http://www.whitehouse.gov/omb/assets/testimony/orszag_FiscalCommission_04272010.pdf [2010年5月30日参照]).
Romer, Christina D. [2011], "The Rock and the Hard Place on the Deficit," *The New York Times*, July 2.
Sawhill, Isabel V. [2010], "Deficit Reform Glass is Half-Full," Brookings Institution (December 3).
(http://www.brookings.edu/opinions/2010/1203_halls_fiscal_commission.aspx [2011年9月5日参照])
U. S. Congressional Budget Office (CBO) [2010a], "Letter to Honorable Daniel K. Inouye, Chairman, Committee on Appropriations, United States Senate," March 5.
U. S. Congressional Budget Office (CBO) [2010b], "Letter to Honorable Nancy Pelosi, Speaker, United States House of Representatives," March 20.
U. S. Executive Office of the President, Office of Management and Budget (OMB) [2009], *A New Era of Responsibility: Renewing America's Promise* (February 26).
U. S. Executive Office of the President, Office of Management and Budget (OMB) [2010a], *Budget of the United States Government, Fiscal Year 2011* (February 1).
U. S. Executive Office of the President, Office of Management and Budget (OMB) [2010b], *Analytical Perspectives, Budget of the United States Government, Fiscal Year 2011* (February 1).
U. S. Executive Office of the President, Office of Management and Budget (OMB) [2011a], *Budget of the United States Government, Fiscal Year 2012* (February 14).
U. S. Executive Office of the President, Office of Management and Budget (OMB) [2011b], *Mid-Session Review, Budget of the United States Government, Fiscal Year 2012* (September 1).
U. S. Executive Office of the President, Office of Management and Budget (OMB) [2011c], *Living Within Our Means and Investing in the Future: The President's Plan for Economic Growth and Deficit Reduction* (September 19).
U. S. Executive Office of the President, Office of Management and Budget (OMB) [2012a], *Budget of the United States Government, Fiscal Year 2013* (February 13).
U. S. Executive Office of the President, Office of Management and Budget (OMB)

[2012b], *Analytical Perspectives, Budget of the United States Government, Fiscal Year 2013* (February 13).
U. S. Executive Office of the President, The White House（White House）[2010a], "Health Reform puts American families and small business owners in control of their own health care,"
（http://www.whitehouse.gov/health-care-meeting/proposal［2010年5月30日参照］）.
U. S. Executive Office of the President, The White House（White House）[2010b], "Tax Cuts, Unemployment Insurance and Jobs," December 17.
（http://www.whitehouse.gov/taxcut［2011年9月10日参照］）.
Woolhandler, Steffie, Terry Campbell and David U. Himmelstein [2003], "Costs of Health Care Administration in the United States and Canada," *The New England Journal of Medicine*, Vol. 349, No. 8.

第4章
アメリカの金融システムにおける証券化の進展と意味

長谷部孝司

はじめに

　1980年代以降のアメリカでは、株式ブームや住宅ブームなどのバブル景気が繰り返されたが、それらを通して実態経済面では産業構造の転換が進んだ。

　戦後アメリカでは、福祉国家体制の形成により豊かな社会が生み出された。これを背景に自動車・家電などの耐久消費財型重化学工業が発展し、1970年代頃にはこれらに対する大衆のニーズがほぼ満たされた。物財への欲求が充足されると、消費はさらに高度化しソフト化商品やサービスへと向った。こうして、経済のソフト化・サービス化が急速に進み始め、90年代にはICT革命をもたらすことになった。

　ICT革命は、アメリカ経済の競争力を回復させることになったが、さらに注目すべきは、すでに別書（榎本編著［2006］）で述べたように、同革命がアメリカ社会に資本・賃労働関係に代わる新たな生産関係をもたらし始めた点である。これによって、現代資本主義がソ連崩壊後も社会主義への過渡期である点が明確となったと言えよう。

　こうした産業構造の転換を進める上で重要な役割を果たしたのが、この時期に変容の過程にあった金融システムであった。アメリカの金融システムは、いわゆる「市場型」の金融システムへと再編成されながら、それによって産業構造の転換を金融面から促進した。その過程を結論のみ整理すれば、

以下の3点になる。

第1に、ハイリスク分野である新産業・企業へ資金を供給することが可能になり、これら産業・企業の発展を資金面から支える役割を果たした。

第2に、団体交渉制などによる賃上げが進まなくなる中で、代わって消費の拡大を支えることによって、産業構造の転換を需要面から支えた。その意味は2点に分かれる。

①消費者信用・住宅金融を拡大させることによって、消費の拡大を可能にした。

②人々の金融資産を「貯蓄から投資へ」移すことで、株価や地価の持続的上昇をもたらす基盤となった。キャピタルゲインの増大や地価上昇は消費の拡大を可能にした。

第3に、国内だけでなく海外からも多くの資金をアメリカの資本市場に引き寄せる（アメリカへのマネーの一極集中構造）基盤となり、上記の第1と第2の動きを資金面からさらにパワーアップさせる役割を果たした。

以上のうち、第1の点については別稿（長谷部［2008］）で論じた。第3については別の機会に取り上げたい（素描としては長谷部［2013］、62-65頁）。本稿では第2の点について考察する。そして最後に、これを踏まえて、アメリカの金融システムに資本主義の過渡期性が見て取れるのではないかという点を指摘してみたい。なお、本稿はリーマンショック発生前までの時期を考察対象とする。

1　機関投資家の台頭と「市場型」金融システムの形成

今、1970年代以降に形成されてきた「市場型」金融システムが、アメリカでは産業構造の転換を進める上で重要な役割を果たしたと述べた。そこで、この「市場型」金融システムの特徴を簡単に整理することから始めたい。なお、紙幅の都合で要点のみ記す。詳細は別稿を参照されたい（長谷部［2008］）。

まず、この時期、金融システムを転換させる上で中心的役割を担ったのは、機関投資家である。機関投資家は1950・60年代にも一定の発展を見せるが、70年代半ば以降は資金仲介シェアを拡大させ（図4-1）、証券市場の中心的プレーヤーになった。それとともに、証券市場の存在感が益々高まった。機関投資家が中心的プレーヤーとなり証券市場が拡大したことで、金融市場の性格が大きく変わった。従来以上に流動性に富み、高いリスクを取ることができる市場へと変貌した。

そもそも預金取扱金融機関は、預金の元本と利子支払いを保証していること、決済システムを担うために規制も多いことなどから、高いリスクを取る

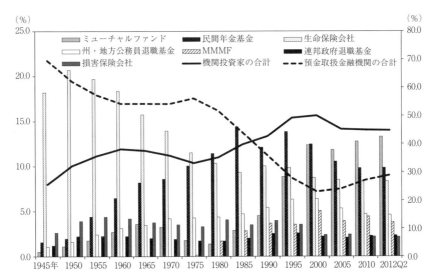

図4-1 主要金融機関の資産残高構成比の推移

(注) 預金取扱金融機関は U. S.-Chartered Depository Institutions, ex. Credit Unions, Foreign Banking Offices in U. S., Banks in U. S.-Affiliated Areas, Credit Unions, Holding Companies, 機関投資家は Mutual Funds, Private Pension Funds, Life Insurance Companies, State and Local Government Employee Retirement Funds, Money Market Mutual Funds, Federal Government Retirement Funds, Property-Casualty Insurance Companies, Closed-End and Exchange-raded Funds.
(資料) Board of Governors of the Federal Reserve System, *Flow of Funds Accounts of the United States* より作成。

ことは困難である。これに対して機関投資家は、元本や一定水準の配当を保証する義務はない。当局からの規制も前者ほどは厳しくないので、リスクを取りやすいと言える。

　このような機関投資家が、個人投資家に代わって台頭してくると、証券市場のリスクテイク能力は格段に増大する。もともと株式市場は、リスクを社会的に分散しつつ大量に資金を調達するための工夫であったが、個人投資家が中心であった時代にはリスクテイク能力には限界があった。しかし、機関投資家が中心になるとその能力は格段に高まる。例えば、年金基金や生命保険などでは長期性の資金を扱うので運用の自由度は高い。大量の資金を扱うことから高度な金融技術を駆使したリスク管理が可能になる。リスク処理の代表的手法であるインデックス運用などの分散投資には、初めから大量の資金が必要である。金融工学の専門家を雇うと共に巨額なシステム投資を行うことで、デリバティブなどの高度な技術を駆使することも可能になる、などである。こうして証券市場は、個人投資家中心の時代から機関投資家中心の時代へ変わることで、従来以上に高いリスクを取りつつ大量の資金供給を行うことができる市場へと変貌し始めた。「メーデー」から始まる一連の証券市場改革は、こうした転換を促進する役割を果たした。

　他方、証券市場の変貌を受けて、預金取扱金融機関の伝統的業務は衰退した。銀行等は経営の効率化やビジネスチャンスの拡大を求めて、金融自由化を要求した。その結果、1930年前後から続く金融諸規制の緩和・撤廃が進み、銀行等のビジネスモデルも、変貌した証券市場の存在を前提にして、それにさまざまに関わることで得られる手数料収入などを重視する新たな形へ変わった。資金仲介ルートの中心が証券市場へ移っていく中で、銀行等もその流れに適応していかざるをえなかったのである（同上）。

　以上のように、1970年代以降のアメリカでは、機関投資家の台頭により証券市場改革が進み、それに押されて預金取扱金融機関でも金融改革が進み、金融システムは従来以上に流動性に富みリスクテイク能力が高いものへと再編成された。これを一言でいうなら、「市場型」金融システムへの再編成と

言えよう。
　「市場型」とは、一般的に言えば価格メカニズムが円滑に機能するということであるが、もちろん、自由主義期に戻る訳ではない。既にプレーヤーの性格が大きく変化している。ここで「市場型」金融システムとは、①価格メカニズムが十分に機能することで高いリスクテイク機能を備え、新産業・企業や幅広い消費者へ資金を供給することができる、②市場を通じて企業のコーポレート・ガバナンスに影響を与え、経営の効率化やビジネスモデルの転換を促すことができる金融システムと考えている[1]。

　これらは、機関投資家の発展により本格的に可能になったものである。なぜなら、①のためには、証券市場に参加する投資家が、分散投資、デリバティブ、証券化、アンバンドリングなどの高度な金融技術を駆使して市場メカニズムを最大限活用することが必要であるが、これが可能なのは個人投資家ではなく機関投資家であるからだ[2]。②についても、コーポレート・ガバナンスのあり方を、例えば「経営者支配」から「株主重視」へと転換させることは、個人投資家には困難である。大量の株式を保有するようになった機関投資家や運用受託機関が、受託者責任を果たすために積極的に株主権を行使することで、初めてこのような影響力を現実的に発揮することが可能となるからである[3]。

　こうして、金融システムのあり方が大きく変容した。これは、金融仲介理論の立場からは「市場型間接金融」と言われているが、ここでは「市場型」金融システムとしている。ではこれは、産業構造の転換をどのように媒介したのであろうか。産業金融面については別項で述べたので（同上）、ここでは消費の拡大という点について見てみよう。

2　消費者信用と住宅金融の発展

　「市場型」金融ステムが消費の拡大を促し、産業構造の転換を促す上で重要な役割を果たした点を見るために、まずは消費者信用・住宅金融の形成・

166　I　グローバル金融危機・経済危機のインパクトとアメリカ経済

発展の様子から見てみよう。

（1）　割賦信用の発展

20世紀のアメリカでは消費者信用が発展した。とりわけ第二次大戦後の発展はめざましい。消費者信用残高の推移を見ると、戦前の1920-41年では約3.1倍であるが、戦後には持続的に拡大し、46-70年で15.2倍となっている（図4-2）。個人可処分所得と比べても、戦前には3.8-11.0%の範囲内であったが（野村［1980］）、戦後（1950年以降）は11.1-24.8%にまで上昇している（図4-3）。

経済原論の世界では、信用取引は商業取引の範囲に限定され、一般の消費

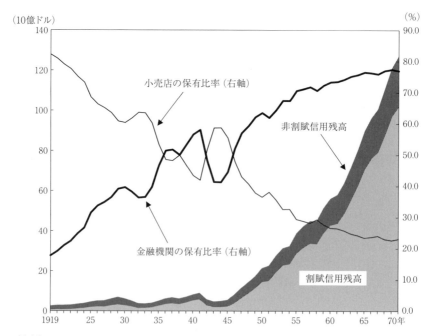

図4-2　消費者信用残高の種類別、保有者別の推移

（資料）Board of Governors of the Federal Reserve System ［1976］ より作成。

者が当事者となる一般的流通の世界にはなじみがない。それにもかかわらず、20世紀以降のアメリカで消費者信用が拡大した。これはなぜであろうか。

アメリカにおける消費者信用の本格的発展は、1910・20年代に割賦信用が広がったことから始まる[4]。この時期、アメリカでは自動車を中心に耐久消費財が大衆にも普及し始める。これらは本来大衆には入手困難なものであったが、テーラーシステムの導入により価格低下が進んだこと[5]、20年代には第一次大戦終了に伴う消費ブームが起きたことなどを背景に、大衆的普及が可能になった。そしてこれを一層促す要因として、自動車や家庭電気製品な

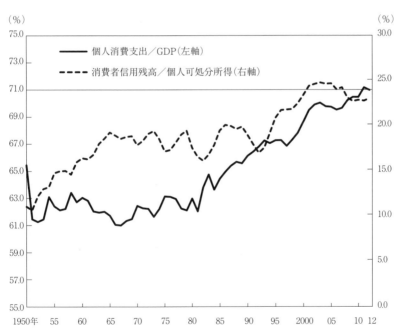

図4-3 消費者信用残高と個人消費支出の推移

（注）2012年は2012年第3四半期。
（資料）U. S. Department of Commerce, *Bureau of Economic Analysis, Ntional Economic Accounts*, Board of Governors of theFederal Reserve System, *Consumer Credit* より作成。

どを対象とする割賦販売が発展した。

　初期の割賦販売は小売業者が提供していたが、さらなる発展のためには、金融機関の関与が必要であった。自動車の割賦販売の場合、ディーラーは消費者からは賦払い形式で支払いを受けるが、メーカーへの支払いは一覧払い手形で行う。ここにディレンマが発生する。これを解決したのが、金融機関による賦払い手形の買い取りであった。こうした金融機関は、当初はメーカーが販売促進のために設立したファイナンス・カンパニーが中心であったが、ファイナンス・カンパニーはその買い取り資金を商業銀行からの融資に依存するようになった（川波［1991］）。その結果、銀行は融資だけでなく自らも賦払い手形の買い取りに乗り出していく。こうして消費者信用の供与は、小売店から金融機関を中心とするものへと変化した。図4－2によれば、消費者信用残高に占める小売店と金融機関の比率は、1936年に後者が前者を上回り、46年以降はその差がますます拡大した。

　しかし、消費者信用の発展は一直線には進まなかった。1929年の大恐慌と第二次大戦によって中断を余儀なくされたからである。20年代の消費ブームは、第一次大戦中に増大した所得にもとづく消費需要の発動が、戦後に繰り延べられたことによる。これが一巡すれば、消費ブームも限界を迎えることになる。他方、第二次大戦後になると、耐久消費財型重化学工業の持続的発展と、それを背景とする消費者信用は再び発展し始め、図4－2のように両大戦間期をはるかに凌ぐものとなった。この違いはどこから生まれたのであろうか。

　消費者信用が発展した要因については、耐久消費財型重化学工業を中心に形成された大量生産体制に対して、それに見合う市場確保のためのマーケティング戦略であるという見方（野村［1978-83］、川波［1991］）や、資金の貸出先に窮するようになった銀行の貸出先拡大戦略であるという見方（野村［1980］）が通常なされる。これ自体に異論はない。しかし、これは要するに企業側の必要性を言っているにすぎない。経済原論では不可能であった消費者信用が発展するためには、消費者側にも何か大きな変化があったと考える

べきであろう。この点を念頭に、先に見た戦前と戦後の消費者信用の発展の度合いの違いにも注目すると、大きな変化とは、福祉国家体制の形成・確立ということではないだろうか。

　1929-33年の大恐慌を機にニューディール政策が展開され、福祉国家体制が形成された。福祉国家体制とは、国民の生存権を保障するために、国家が経済過程に積極的に介入し、雇用保障と社会保障を行う体制である。雇用保障は、労資の同権化と、需要創出などを目的とするフィスカルポリシーによって行われる。社会保障は、雇用保障ではカバーしきれない諸問題を解決することで生活の安定を支えるが、これは間接賃金という意味を持ち需要創出にもつながる。福祉国家によって、戦後は雇用の安定と所得の増大が進んだ。これを背景に、経済原論では想定されない労働者への信用供与が広く可能になったと言えよう。

　ところで、耐久消費財型重化学工業の発展には大量生産体制が不可欠である。大量生産によって高価な耐久消費財の価格を引き下げることで、これを大衆に普及させるのである。しかし、大量生産の継続には、他方でこれに見合う大量消費が必要である。福祉国家体制は、労資同権化、フィスカルポリシー、社会保障制度などによって直接間接に大量消費を生み出す仕組みをつくり出したが、ここで問題の消費者信用も、大量消費の創出に一役買っていたと言える。消費者信用の利用によって、労働者は弾力的に消費を行うことが可能になるからだ。消費者信用は、福祉国家体制の形成を前提にめざましい発展が可能になったが、他方で大量消費の創出に一定の役割を果たすことになり、それによって福祉国家体制の形成・確立を支える一因となったと言えよう。

（2）　クレジットカードの発展

　第二次大戦後の消費者信用の特長は、割賦信用に加えてクレジットカードが発展したことである（表4-1）。現在のクレジットカードの前身は、Mandell［1990］によれば20世紀の初めにアメリカの少数のホテル、百貨

表4-1 クレジットカードの普及・利用状況

		1980年	1990年	2000年	2007年	2008年
保有者数（100万人）		86	122	159	176	176
	カード保有者数／人口（％）	(37.8)	(48.8)	(56.3)	(58.4)	(57.9)
	カード保有世帯主の割合（％）		(1989年)(56.0％)	(2001年)(72.7)	(70.2％)	
発行枚数（100万枚）		526	1012	1425	1493	1493
カードによる年間売上高（10億ドル）		201	466	1242	2109	2153
カード信用供与残高（10億ドル）		80	243	680	962	976
	カード信用供与残高／消費者信用残高（％）	(22.3)	(29.5)	(39.1)	(37.7)	(37.6)

（資料）U. S. Department of Commerce, *U. S. Census Bureau [various issues]*, Board of Governors of the Federal Reserve System, *Flow of Funds Accounts of the United States* より作成。

店、石油会社によって発行された「ハウスカード（store-specific card）」である。小売店による掛け売りは、地域の小売店と消費者の間でそれ以前からあったが、小売店の大型化や耐久消費財の販売などが進むと本人確認や購入記録をとる必要性が高まりハウスカードが登場した。しかし、同カードは特定地域の小売店や個々の業界内でしか利用できなかった。また、カードの提供はあくまで販売促進が目的であり、純粋に金融ビジネスとは言えないものであった。

　第二次大戦後になると、特定地域や個々の業界内に限定されず、全国のさまざまな小売店、ホテル、レストランなどで使用できる「汎用カード（third-party universal card）」が登場した。1949年に設立されたダイナースクラブが、その先駆けとなった[6]。

　クレジットカード業務のさらなる発展の契機となったのは、同業務への商業銀行の参入である。1952年、フランクリン・ナショナル・バンク・オブ・ニューヨークが銀行として初めてクレジットカード業務へ参入すると（Richardson［1970］、訳110頁）、これを機に銀行の参入が急増した。大きな転機となったのは、1958年にバンク・オブ・アメリカがバンカメリカードを発行

したことである。バンク・オブ・アメリカは、自らのカードを短期間にカリフォルニア州全域に普及させると[7]、さらにこれを全国に広めようとした。そのために、バンカメリカードの事業を全米にライセンス販売すると発表した。当時全米最大であったバンク・オブ・アメリカのこの発表は、他の大手銀行の危機感をあおった。その結果、他のいくつかの大手銀行は手を取り合ってインターバンク・カード協会という全米第二位のカード・システムを結成した。クレジットカードを広く利用するためには、銀行間でクレジットカードの支払いを決済する仕組み（インターチェンジ・システム）が必要となる。上記の動きによって、全米規模でのインターチェンジ・システムが構築されることになり、バンククレジットカードが拡大していった。なお、1976年、バンカメリカードはビザカードへ、インターバンク・カードは79年にマスターカードへと発展した。

　クレジットカードの発展により、カード発行銀行は手数料収入だけでなく利子収入を得るようになった。第1に、カード利用者は毎月の請求額を25日以内に手数料なしで支払うが、この時、カード発行銀行がカード利用者に、請求額の5％を支払えば残りの額を月1.5％の手数料で繰り延べできることにした。銀行は未払い残高へ利子を賦課することになった。第2に、カードにもリボルビング・システムが導入された。このシステムでは、未払い残高が繰り延べられるだけでなく、繰り延べ期間中であっても信用限度の範囲内ならば新たな利用が可能となった。個人に対して信用供与枠が与えられたのである。しかも、カードにはキャッシング機能が付いているので、消費者に対して貸付枠も設定された。クレジットカード業務は、金融業として自立することになった（前田［2009］）。

　ところで、クレジットカード業務が金融業として自立すると、信用供与の対象・性格は割賦信用の場合とは異なるものとなる。従来の割賦信用では、購入した商品は直ちに使用できるが、その所有権は債務が完済されるまでは購入者には移らず、販売者か金融機関の下にあった。もし消費者が債務の支払いが困難となれば、その商品は差し押さえられた。これに対して、消費者

がクレジットカードを利用して商品を購入した場合には、「購入される物品の所有権は引渡し時に売手から買手に移っているので、カード保有者の購入は法律的には現金買いの場合と同様である。取戻し権は小売業者または銀行には与えられていない」(Richardson [1970]、訳116頁) ということになった。

クレジットカードの場合、購入する商品は物財とは限らず、ホテルの宿泊やレストランでの食事などサービスに広がる。ここから信用供与の性格に大きな違いが生じる。耐久消費財などの割賦販売の場合は、支払い不履行の場合には商品を差し押さえることで回収ができるが、クレジットカードによるサービスの購入の場合、担保の差し押さえは不可能であるからだ。最終的には消費者が支払ってくれるかどうかを信用するしかない。こうして、信用供与の対象や性格が、対物信用から対人信用へと変わることになった(前田前掲書)。

このように見ると、同じく消費者信用といってもクレジットカードでは、従来の割賦信用に比べて資本主義の原理的性格からはさらに離れたものになっている。資本主義における消費者とは主に労働者であるが、労働者が物的担保もなく対人信用によって借り入れができるということは、経済原論の中ではますます考えられないことであるからだ。

それにもかかわらず、戦後のアメリカで対人信用に基づくクレジットカードが普及したのは、ここでも福祉国家体制の形成・確立に起因するものと言えよう。同体制によって、戦後は雇用の安定と所得の増大が進み、労働者が一定の資産を形成することも可能になった。これによって、戦後の消費者信用は対物信用を超えて対人信用に基づくクレジットカードの普及というところまで進むことになった (表4-1)。そして、ここでも先の割賦信用の場合と同様に、いったん普及が始まると、個人消費の拡大を促すことで大量生産に見合う大量消費の創出に寄与するものとなり、福祉国家体制を支える一因となった。

（3） 住宅金融の発展

　住宅金融は、アメリカの統計上は消費者信用には含まれないが、信用の対象および性格の上から、広い意味では消費者信用と考えてよいであろう。

　アメリカの現在の住宅政策の基本は、ニューディール期に形成された。したがって、これも福祉国家体制の制度・政策の一環である。福祉国家体制の下では、多かれ少なかれ住宅政策は重要な課題であるが、とりわけアメリカでは個人の持ち家取得促進はアメリカ的生活様式の基礎的要素として、高い政策的プライオリティが与えられてきた。

　アメリカの住宅政策の基本は、①公共住宅供給、家賃補助、②税制優遇措置、③住宅金融支援政策からなる。ここでは、③が考察対象となる。

　アメリカの住宅金融システムでは、住宅業者ないし住宅購入者は、金融機関やモーゲージ・バンカー（Mortgage Banker）に融資を申し込む。この時、債務者は債権者にモーゲージ（mortgage）を交付する。モーゲージとは、不動産抵当証書や借入金額が記載された約束手形、保険証書などの書類の総称である。債権者が第三者に転売することも可能であり、有価証券に近い性格を持つ。モーゲージを媒介に融資を行うのは、貯蓄貸付組合（Savings and Loan Association: S&L）、相互貯蓄銀行（Mutual Savings Bank）、商業銀行、生命保険会社、モーゲージ・バンカーなどである。これらのうち長期貸付が困難なものは、融資後にモーゲージを第三者に転売するので、モーゲージには発行市場と流通市場が形成される。

　こうした住宅金融システムは、1929年の大恐慌で壊滅的な打撃を受けた。債務不履行や借り換えの困難化、住宅金融機関の経営破綻などが続出したからである。これを受け、以下のような住宅金融支援政策の原型が作られた。

　第1に、1932年の連邦住宅貸付銀行法によって、①連邦住宅貸付銀行制度（Federal Home Loan Bank System）が発足した。これは、住宅金融機関に対してその保有資産である住宅モーゲージを担保に融資を実施するというもので、住宅金融の中で中央銀行的な役割を果たすものである。②33年には連邦預金保険公社（Federal Deposit Insurance Corporation）が設立され、商

業銀行と相互貯蓄銀行への預金保険を提供した。

　第2に、1934年の全国住宅法（National Housing Act）によって、①連邦住宅庁（Federal Housing Administration: FHA）が設立され、モーゲージを保証する保険制度（FHA保険）が創設された。②38年には連邦住宅抵当公庫（Federal National Mortgage Association）、通称ファニーメイが設立され、FHA保険付きのモーゲージの売買を開始した。モーゲージの流動化が促進されることになり、発行市場に加えて流通市場の育成・整備が進むことになった。③34年には連邦貯蓄貸付保険公社（Federal Savings and Loan Insurance Corporation）が設立され、貯蓄貸付組合への預金保険を提供した。

　第3に、1944年に退役軍人庁（Department of Veteran Affairs: VA）が設立され、退役軍人への住宅ローン保証プログラムがつくられた。適格な退役軍人には頭金を要求せず、金利も優遇し、さらに、FHAとは異なりモーゲージを無償で保証した。

　第4に、1946年には農家住宅庁（Farmers Home Administration）が設立され、農村部の低所得世帯へ低利の融資がなされた[8]。

　以上のように、1930年代から40年代にかけて、主要な住宅金融支援政策が導入された。この結果、住宅金融市場のあり方は大きく変わった。例えば、政府の信用補強によって住宅金融市場には市場利回り以下のコストで資金が供給されるようになると同時に、借入期間、融資極度額などの改善も図られた。1920年代までに普及していた典型的な住宅モーゲージでは、平均満期が5・6年で融資極度額も50％程度というもので、満期日に元本を全額償還するバルーン・モーゲージ方式が主流であった。そのため、大恐慌時には借り換えができず抵当流れが頻発した。それに対して、FHA保険付きモーゲージの満期は大幅に長期化し、40年代には20年を超えるようになった。融資極度額も80％へと引き上げられた。住宅資金の借入条件は大幅に改善された（井村［2002］、51頁）。これらにより、戦後はモーゲージ残高、持ち家比率が順調に増大・上昇した[9]。

　こうして戦後の住宅建設や住宅金融市場も、福祉国家体制の支援政策によ

って順調な拡大が可能となったが、同時にそれは、ここでも大量生産に見合う大量消費を創出する要因となり、福祉国家体制を支える上で一定の意味を持つものとなった。

3　証券化の進展と意味

以上のように、消費者信用や住宅金融は、福祉国家体制の形成・確立によって発展すると同時に、同体制を支える上で重要な役割を果たした。しかし、1970年代以降になると、両者に新たな動きが見られるようになる。証券化の進展である。証券化は、産業金融の分野でも見られるが、主たる分野は住宅金融と消費者信用である。このような証券化は、具体的にはどのように進み、それは何を意味するものなのであろうか[10]。

（1）　証券化の進展

アメリカの住宅金融システムは、政府による各種の支援政策と規制によりながら、貯蓄金融機関を中心的な担い手として発展してきた。しかし、1960年代半ば以降ディスインターミディエーションが進み始めると（図4-1）、同システムに限界が見え始める。貯蓄金融機関から預金流出が進み、同機関の住宅モーゲージ投資は減退を余儀なくされたからである。貯蓄金融機関を住宅専門金融機関として隔離し、これを中心的担い手とするニューディール期以来の住宅金融システムが限界に達した。

連邦政府は、住宅金融市場に流動性を供給することでこれに対応した。第1に、連邦住宅貸付銀行が融資利率を引き下げ資金供給を拡大させた。第2に、ファニーメイや後述のフレディマックを通じてモーゲージ売買（オペレーション）を行った。しかも、オペレーション対象を、FHA・VAモーゲージからFHA・VAの保険・保証がつかないコンベンショナル・モーゲージにまで拡大した。第3に、預金市場とは逆に資金流入増となった資本市場から資金を取り入れるためにモーゲージの証券化を行った（図4-4）、など

である。

　このうち問題の証券化について見ると、1968年にファニーメイを民営化すると同時に、そのうちの公共的な性格の強い業務を住宅都市開発省（Department of Housing and Urban Development）に移管させる形で分離・独立させた。これが連邦政府抵当公庫（Government National Mortgage Association）、通称ジニーメイである。ジニーメイは70年に、モーゲージ担保証券（Mortgage Backed Securities: MBS）の嚆矢となるGNMAパススルー証書を発行した。これは、住宅金融機関が保有するFHA・VAモーゲージをプールしそれを基にパススルー証書を発行するもので、これによりモーゲージの所有権はパススルー証券の保有者に移ることになる。その保有者に、ジニーメイが返済を保証するというものであった。

　次に、1970年にはS&L業界の要請を受けて、コンベンショナル・モーゲージ市場を専門とする民間機関として、連邦住宅貸付抵当公社（Federal Home Loan Mortgage Corporation: FHLMC）、通称フレディマックが設立された。コンベンショナル・モーゲージへのオペレーション機能と、それを組み込んだモーゲージ証券の発行が認められたので、71年にはさっそくFHA等の公的機関の保証のないモーゲージを買い取り証券化を行った[11]。さらに、81年にはファニーメイもMBSの発行を行うようになった。こうして、住宅ローンに関する証券化のメインプレーヤーが出揃った。

　公的なMBSが発展し始めると、証券化の動きはさらに広がりを増していった。第1に、民間のMBSが登場した（図4-4）。第一号は、1977年のバンカメによる。民間MBSは、主にコンフォーミング・ローン（コンベンショナルのうちファニーメイとフレディマックの基準に適合するローン）の基準を満たさないモーゲージを証券化したものである。ジャンボローンやサブプライムを担保として発行されたMBSがこれに当たる。2000年代には発行額が増大し、サブプライム問題を引き起こすことになる。

　第2に、当初のMBSはパススルー型であったが、これは住宅ローンの借り手が繰り上げ返済を行うことが可能であるために、パススルー証券の保有

図4-4 住宅ローン残高と証券化率の推移

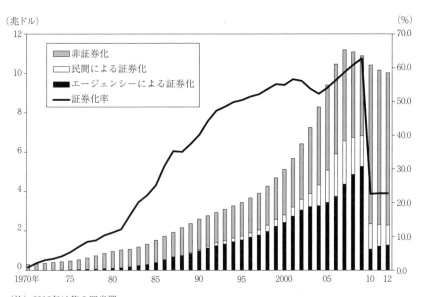

(注) 2012年は第2四半期。
(資料) 図1に同じ。

者は期限前償還リスクに直面することになった。そこでその問題を緩和すべく、優先劣後構造を取り入れた新商品 CMO（Collateralized Mortgage Obligation：モーゲージ担保債務証書）が、1983年にフレディマックよって開発された[12][13]。現在では MBS は CMO が主流となり、RMBS（Residential Mortgage Backed Security：住宅ローン担保債権）と言われている。さらに、証券化の対象となる原資産も、モーゲージだけでなく多様な債権にまで拡大させた CDO（Collateralized Debt Obligation：債務担保証券）が登場し、発展することになった。

第3に、住宅モーゲージを対象に始まった証券化は、それ以外の資産を担保として発行されるようになった（図4-5）。これらの証券化商品は、総称して ABS（Asset Backed Security：資産担保証券）と言われる。第一号は、1985年にスペース・リース・ファイナンス社のコンピュータ・リース債

178　I　グローバル金融危機・経済危機のインパクトとアメリカ経済

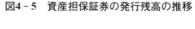

図4-5　資産担保証券の発行残高の推移

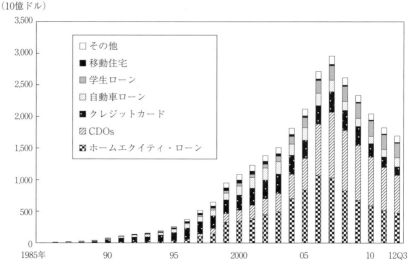

(注)「その他」は原データの"Other"から"CDOs"を除いたものに"Equipment"を合わせたものの合計。
(資料) Securities Industry and Financial Markets Association, *Statistics and Data* より作成。

権の証券化である。その後、クレジットカード、自動車ローン、ホームエクイティ・ローンなどに対象資産が広がっている。ディスインターミディエーションによって商業銀行等も、消費者信用の供与を続けるためには、資本市場から資金を取り入れざるを得なかったのである。

(2)　証券化が意味するもの

では、このように発展していった証券化とは、いったい何を意味するものであろうか。

先に見たように、証券化の背景にはディスインターミディエーションがあった。資金仲介の中心ルートが証券市場に移っていくと、貯蓄金融機関を住宅の専門金融機関として隔離し、これを住宅金融の中心的担い手とするニュ

ーディール期以来の住宅金融システムは限界に達した。住宅ローンの貸出原資は、何らかの形で証券市場からの資金調達にますます依存せざるを得ないことになったからである。これは消費者信用の場合も同様と言えよう。こうして、証券市場から資金調達をするための工夫として、証券化商品が工夫・導入されることになる。実際、証券化商品への主要な投資家は、この時期の証券市場の主要プレーヤーとなった年金基金、MF、生命保険などの機関投資家であった。こうして、住宅モーゲージや消費者信用の証券化とは、第1には、福祉国家体制の中で資金仲介の中心が機関投資家を中心とする証券市場に移っていく中で、住宅金融、消費者信用もそれに対応した形にシステムを再構築せざるを得ない動きであったと言えよう。

しかし、証券化の意味はこれだけには留まらない。機関投資家を中心とする「市場型」金融システムは、従来以上に高いリスクテイク能力を持っている上に、証券化自体も高いリスク分散機能を備えている。そうなると証券化は、ディスインターミディエーションによって従来の方式では調達できなくなった貸出原資の不足分を、単に証券市場からの調達で穴埋めする手段というだけのものではなくなってくる。「市場型」の金融システムの高いリスクテイク能力の上に、証券化自体が持つ高いリスク分散機能を加えることで、従来以上にハイリスクの住宅ローンや消費者信用を提供できるようになっていく[14]。

例えば、証券化はまずは公的 MBS から始まるが、徐々に公的な保険や保証がつかない民間 MBS や ABS が拡大していく（図4－4、5）。2000年代にはサブプライムローンまでが拡大した。そして、その証券を購入したのは商業銀行、生命保険、年金基金、MF などの機関投資家が中心であった。

また、1990年代になると、信用力の比較的低い消費者層および中小企業（サブプライム層）へ融資するサブプライム・レンダーと呼ばれる新興金融機関が多数誕生し、サブプライム市場を形成した。乱立の結果、90年代末には多くが淘汰されるが、一定数の業者が生き残ると同時に、これに刺激を受けて銀行など伝統的な金融機関もサブプライム市場へ参入した。サブプライ

ム・レンダーの資金調達は、ほとんどが証券化に依存しており、その証券の購入者はやはり機関投資家が中心であった（坂野［2001］、堂下［2005］）。

こうして、「市場型」金融システムを前提とする証券化は、主に、住宅ローンや消費者信用という広い意味での消費者信用において、その与信先を従来の範囲を超えてハイリスク分野へ広げることを可能にした。これが、証券化の第2の意味ということになろう。

では最後に、証券化によって広義の消費者信用の与信先を従来以上に拡大することが可能になったということは、さらに何を意味することになるのであろうか。

福祉国家体制の下で、1960年代には実質賃金が上昇した。しかし、70年代

図4-6 実質賃金の推移

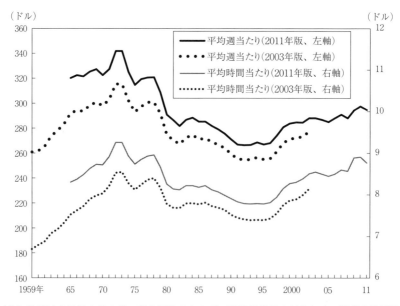

（注）数値は名目値を都市部の賃金労働者ならびに事務従業者を対象とする消費者物価指数（1982年＝100、1982-84年＝100）で除した。実線は2010年版、点線は2003年版の資料による。
（資料）Council of Economic Advisers［2003、2012］、*Economic Report of the President* より作成。

前半をピークに低下し始める。90年代後半に上昇に転じるが、70年代前半の水準までには戻っていない（図4-6）。また、Hollenbeck［2008］、田村［2009］により図4-7を作成（一部修正）すると、個人所得の主要項目のうち賃金・俸給の占める割合は低下している。こうした中でも消費の拡大は続いた。アメリカではGDPに占める個人消費の割合は高く、これが経済成長を支える重要項目となっている（図4-3）。

　こうした個人消費の拡大を支えたのは、第1には、やはり消費者信用や住宅金融であろう。図4-3によると、可処分所得と比べた消費者信用の割合は、1980年代以降は上昇傾向にあり、この動きは、GDPに占める個人消費支出の動きと重なっている。他方、住宅金融の拡大も消費の拡大を促した。90年代以降、住宅金融の拡大に伴い住宅価格が急上昇した（図4-8）。アメリカでは、住宅価格が上昇するとそれを担保に借り入れを行い現金化する手

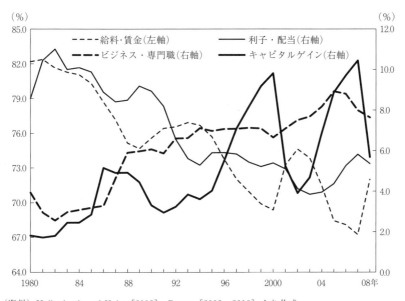

図4-7　主要な所得源泉の推移（構成比）

（資料）Hollenbeck and Kahr［2008］、Bryan［2008、2010］より作成。

図4−8 株価と住宅価格の推移

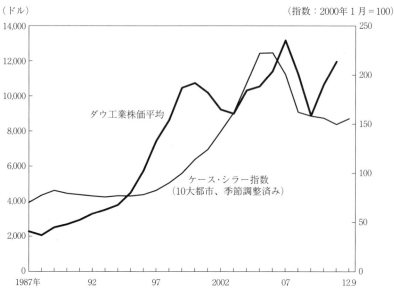

（資料）Standard & Poor's, *S&P/Case-Shiller Home Price Indices*, Council of Economic Advisers［2012］より作成。

法がある（キャッシュアウト、ホームエクイティ・ローン）[15]。これらは消費者信用と同じ意味を持ち、この時期の消費拡大を支える重要な要因となった。

　こうした消費者信用や住宅金融の拡大を可能にしたのが、証券化であった。証券化は従来では信用供与が難しかった相手にも貸出を可能にした。サブプライムローンの拡大はその典型である。こうして証券化は、賃金上昇が望めなくなった中で、消費者信用、住宅金融の拡大を通じて個人消費の拡大を支える役割を果たした。

　第2に、証券化自体の効果ではなく、その前提となっている「市場型」金融システムに関連してであるが、キャピタルゲインの増大も重要な意味を持った。図4−7によると、個人所得の主要項目のうち賃金・俸給と利子・配当

は減少しているが、キャピタルゲイン、ビジネス・専門職の所得が増大している[16]。ここでは、キャピタルゲインが増大している点が重要である。ダウ・ジョーンズ工業株価平均は、1990年以降急上昇した（図4-8）。こうした株価の急上昇がキャピタルゲインを増大させ、消費の拡大を支えた。

　株価上昇の要因としては、ICT革命など実体経済面の好転の影響も大きいが、金融面では「市場型」金融システムの形成が重要であろう。同システムは、アメリカ国内では個人金融資産の「貯蓄から投資へ」の転換を促進し[17]、国際面ではアメリカへのマネーの一極集中・再配分構造構築のための基盤となり、海外からも大量の資金をアメリカに引き寄せた。これら内外の資金が株式・住宅ブームをもたらし、これがキャピタルゲインの増大や、証券化による住宅価格の上昇を通じて消費を拡大させた。これらから、「市場型」金融システムの形成が、消費の拡大を支える重要な基盤になっていた。

　では、このような証券化とその前提となる「市場型」金融システムは、ここで問題の経済のソフト化・サービス化を進める上でいかなる役割を果たしたのか。そもそもソフト化・サービス化は、耐久消費財型重化学工業の成熟化、物財への人々の欲求充足という、富裕化社会を前提にした消費の高度化によって推進された動きである。ところが、1980年代以降の新自由主義の台頭の中で、団体交渉制などを通じて実質賃金の持続的引き上げを実現するシステムが限界を迎えた。それにもかかわらず消費の拡大によりソフト化・サービス化が進んだとすれば、それは何によって可能になったかという点が問題となるが、これこそが、「市場型」金融システムや証券化を前提にした消費者信用、住宅金融の拡大であり、キャピタルゲインの増大であった。証券化やその前提となる「市場型」金融システムは、団体交渉制による賃金引き上げなど、福祉国家体制の下で所得の増大を実現する従来のメカニズムが行き詰まる中で、それに代わって消費の拡大を支える機能を果たすことで、経済のソフト化・サービス化を推し進める、すなわち、新しい生産力を育成するという動きにおいて、重要な役割を担うものとなった[18]。これが、ここでの最後の意味である。

4　アメリカの金融システムの過渡期性

　最後に、このような証券化やその前提となる機関投資家の台頭などの現象を通して、アメリカの金融システムに資本主義の過渡期性が見て取れるのではないかという点を、素描ではあるが述べてみたい。

　アメリカでは「市場型」金融システムが形成され、そこを舞台に証券化が広がった。こうした現象を見ていると、アメリカの金融システムは徹底的に市場原理に貫かれたものであり、資本主義的なシステムそのものとの印象が強くなる。しかし、アメリカの金融システムがこのような形になった背景を見てみると、違った面が見えてくる。拙稿が、必ずカギ括弧を付けて「市場型」としているのは、実はそのような意図による。

　先に「市場型」金融システムの形成には年金基金、投資信託などの機関投資家の台頭が重要な役割を果たしたと述べたが、これら機関投資家の発展・台頭は、これまで見てきたように、資本主義的な経済諸関係の延長上に自然に可能になったものではない。福祉国家体制の形成・確立によって初めて可能になったものである。同様に、消費者信用・住宅金融の発展、そして証券化の発展も、福祉国家体制の形成・確立によって初めて可能になった。

　機関投資家の台頭から見ると、例えば、アメリカの企業年金は1920年代には大企業に広がり始めるが、それはあくまで雇用主による私的で恩恵的な措置にすぎず、一部の長期勤続者への恩賞にすぎなかった。場合によっては給付を行わないとする条項もあり、受給権は不確かなものであった。

　企業年金が労働者の権利として認められ、その受給権が法的にも保護されるようになるのは福祉国家体制に移行した第二次大戦後である。1948年、インランドスチール社と全米労働関係委員会（National Labor Relations Board: NLRB）との間で、従業員の労働条件を巡って裁判となり、第7巡回区裁判所における判決で企業年金が団体交渉の主題として認められると、49年には連邦裁判所もこの判決を支持した。企業年金が雇用者の恩恵ではなく労働者の権利であることが法的に認められた。他方、雇用主による企業年金

の恣意的な運営を制限し加入者の受給権を保護するために、42年に改正内国歳入法、47年に改正労資関係法の関連規定、58年に連邦被用者福祉及び年金制度開示法が制定された。これらを受け、50年代前半には企業年金の設立ラッシュ（「ペンションドライブ」）となった[19]。ラッシュを可能にした団体交渉権の保障こそは、福祉国家体制の最も重要な柱の一つである。

　投資信託についても同様である。家計が広く貯蓄を行う、しかも、リスク商品である株式や投資信託を購入するというのは、一定以上の豊かさが前提となる。これを可能にしたのは福祉国家体制である。福祉国家は、労資同権化、積極的財政・金融政策、社会保障制度などによって「豊かな社会」を実現した。

　このように見てくると、企業年金も投資信託も、資本主義的な経済諸関係の延長上に自然に発生したものでは決してなく、福祉国家体制によってはじめて発展が可能になった金融主体である。とすれば、それらはもはや単純に資本主義的な金融主体とは言えないものになっている。「市場型」金融システムがそのような金融主体を中心的なプレーヤーとして発展しているとすれば、それはもはや単純に資本主義的なシステムの発展とも言いがたいと言えよう。

　消費者信用・住宅金融についても同様である。まず消費者信用について見ると、先に見たように戦後のアメリカでは、労働者が対物信用だけでなく対人信用まで広く利用することが可能になった。経済原論の世界では信用取引は資本同士の間に限定され、消費者信用はなじみがない。それにもかかわらずこのような事態が広く進んだとすれば、福祉国家体制によって「豊かな社会」が形成され、借り手の支払い能力が増大したことを抜きには考えられない。これはもはや、労働者の賃金が生活賃金という資本主義的な賃金の性格を超えるものとなったのである。

　住宅金融についても、借り手の支払い能力が向上した事情は消費者信用の場合と同様であるが、ここではさらに、住宅ローンの供給面で政府の積極的な支援政策があった点を見ておこう。先に見たように、ニューディール期に

政府は、住宅金融市場へ信用供与、貯蓄金融機関等の住宅向け貸出に伴う信用リスクの軽減、貯蓄金融機関等の信頼性・安定性の回復・維持などを目的に、さまざまな政策的措置を講じた。これによって、戦後は住宅ローンが急速に拡大した。そしてこれらは、ニューディール期の一連の住宅政策（公共住宅供給、家賃補助、税制優遇措置など）の一環であり、福祉国家の政策の一環をなすものである。

このような消費者信用・住宅金融は、1970年代以降には証券化によってさらに拡大を続けるが、住宅金融の証券化については、エイジェンシー（Agency）[20]に大きく支えられていた。例えば、①FHA・VAモーゲージに基づく証券化の第一号であるGNMAパススルー証書は、ジニーメイによって発行された（70年）。②コンベンショナル・モーゲージを組み込んだモーゲージ証券はフレディマックによって発行が始まった（71年）。③ファニーメイもMBSの発行を行うようになった（81年）。④パススルー型証券の問題点を緩和することで現在主流となっている新商品CMOはフレディマックによって開発された（83年）。⑤実際、証券化市場において「エイジェンシーによる証券化」が依然として圧倒的割合である（証券化された住宅ローンに占めるエイジェンシーによる証券化の割合は、1970-83年は100％、84-91年までは90％以上、92-2003年までは80％以上である。04-09年でも70％前後である）、などである。したがって証券化も、決して単なる市場原理だけで拡大したわけではなく、福祉国家の住宅政策によって大きく支えられていたのである[18]。

こうして、消費者信用や住宅金融、そして証券化も、資本主義経済の自然な延長上に発展したものでは決してなく、福祉国家体制によってはじめて発展が可能になったものと言うことになる。しかも、経済原論の教えるところでは、資本主義の金融の典型は産業金融であるから、消費者信用・住宅金融のこれほどの拡大は、もはや単純に資本主義的な金融の発展とも言いがたいものとなる。

このように見ると、機関投資家の台頭、消費者信用・住宅金融の発展と証

券化によるそれらのさらなる拡大などを特徴とする現代アメリカの金融システムは、資本主義的な経済関係の自然な延長上に発展したものでは決してなく、アメリカの現代資本主義が福祉国家体制という形態を採ったこと、さらに言えば、アメリカ的な福祉国家体制を採ったことによってはじめて発展が可能になったものということになる。そしてそのことから多分に資本主義的とは言いがたい性格を持つものとなったのである。

ところで、そもそも福祉国家体制という形を採る現代資本主義については、その歴史的位相をどう見るかという点で意見が分かれている。社会主義への過渡期にあると見るのか、あるいは資本主義の発展段階と見るのか、である。

これについての詳細は別稿（榎本編著［2006］）に譲らざるを得ないが、結論としては、拙稿は前者の立場に立つ。とすると、福祉国家体制というあり方に規定され変容をした現代アメリカの金融システムが、もはや単純に資本主義的な金融システムとは言い切れない性格を備えるものになっているのは、当然の結果ということになる。そしてその金融システムが、これまで述べてきたように、ソフト化・サービス化というまさに脱資本主義的生産力を発展させる上で重要な役割を果たしているのである。これらの点から、現代アメリカの金融システムは、過度期的性格を帯びたものになっていると言えよう。

注
1）2002年9月の金融審議会答申は、今後の日本の金融システムの展望について、従来型の「銀行中心の預金・貸出による資金仲介」である「産業金融モデル」と「価格メカニズムが機能する市場を通ずる資金仲介」である「市場金融モデル」との「複線的金融システムへの再構築」を提唱した。そして、「市場金融モデル」の役割について以下の期待を述べている。「フロントランナーに位置した国では、市場を中心とする金融システムが試行錯誤を可能にするリスクマネーを供給し、その結果有望分野がみいだされて成長するという形で経済が発展するものと考えられる。そして、経営者を監視する厚みのある市場の存在は、資本の効率性を高める。」（蠟山編著［2002］、8頁）と。「市場型」という意味を考える上で参考になるものと言えよう。
2）その他にも、新産業・企業への資金供給で重要な役割を果たしたものとしてはベンチ

ャーキャピタルがあるが、これに中心的に資金を供給したのは、1980年代以降は年金基金であった。機関投資家の資金がベンチャーキャピタルを通して、新産業・企業へ投資されたのである。
3）機関投資家の受託者責任が明示されたのは、1974年の ERISA 法（Employee Retirement Income Security Act of 1974）の制定による。同法により、企業年金の受給者の権利を強化する施策の一環として、①プルーデントマン・ルール、②忠実実行義務、③分散投資義務、④利益相反取引の禁止、⑤母体企業への投資制限制度の導入などを内容とする、管理・運営者の受託者責任の厳格化が図られた。さらに、1988年になると、受託者責任と株主の議決権行使との関係が明示された。同年に労働省から出された「エイボン・レター」によって、議決権行使が受託者責任に含まれるという見解が明らかにされたからだ。これらを背景に、機関投資家の積極的株主活動が拡大するとともに、その内容もコーポレート・ガバナンスへの関与を深める方向へと進んでいった。

　ちなみに、証券市場との関係で見ると、ERISA 法は、ディスインターミディエーションが進む中で、企業年金のマネーを証券市場へスムースに流入させることを可能にする役割を果たしたと言えよう。
4）アメリカにおける消費財の賦払い取引は1807年に始まる。家具を中心とする家財道具の販売を中心に賦払い取引が行われた。その後は、1850年代以降にミシンやピアノの販売にも用いられるようになるが、本格的な展開を見せるようになるのは、自動車が普及し始める1910・20年代以降である。
5）フォードT型の小型乗用車の価格は1911年10月1日には590ドルであったが、24年12月2日には260ドルまで下がった。ほろ型観光自動車では08年10月1日に850ドルであったが、24年12月2日には290ドルまで下がった（野村［1980］）。
6）汎用カードがこのような機能を持つことができたのは、第三者機関（third-party）を導入したことによる。第三者機関は、消費者と加盟店との間の仲介役となり、消費者にはクレジットカードにより信用を供与し、加盟店には販売促進のために消費者を紹介し、そのサービスに対して両者から手数料をとる。これによって地域内、業界内に限定されていた加盟店を、全国のあらゆる場所と業界に拡大することが容易になり、クレジットカードは全米の小売店などで利用可能になっていった。
7）バンク・オブ・アメリカは、短期間にカードを普及させるために、信用状況がよいと思われる顧客に対しては、本人の希望とは関係なく一方的にクレジットカードを送りつけた。1958年9月、カリフォルニア州フレズノ市に最初の6万枚のカードを郵送でばらまき、13ヶ月後の59年10月には、カードはカリフォルニア州のすみずみまで行き渡った。その数、200万枚（Nocera［1994］、訳48頁）とも250万枚（Richardson［1970］、訳115頁）とも言われているが、これによって、州内にはカード保有者が急増すると同時に加盟小売店も急増大した（加盟小売店数2万以上、Ibid., 訳48頁）。
8）以上のような支援体制とは別に、貯蓄金融機関に対して規制を加えた。1933年の住宅所有者貸付公社法（Home Owners Loan Corporation Act of 1933）によって、貯蓄金融機関に対しても連邦免許制度を導入し、小切手振出勘定を禁止する一方で、連邦税、州・地方税を免除した。これらは、貯蓄金融機関の住宅金融専門機関化を促し、同機関を「コミュニティーの貯蓄性資金をもっぱら住宅金融市場に供給する機関」（井村［2002］、47頁）とさせることになったのである。

9）戦後のモーゲージ残高（Home Mortgage）は、1955年の879億ドルが75年には4,739億ドルへと約5.4倍増となった。その後も、75年から95年（3兆4,454億ドル）にかけて7.3倍増、95年から2007年（11兆1,659億ドル）にかけても3.2倍増と順調に増大した（Board of Governors of the Federal Reserve System [2010]）。これに応じて持ち家比率も上昇した。1960年には62.1%であったが、その後はほぼ一貫して上昇し、80年には65.6%達した。80年代に一時期下がるが、86年と88年の63.8%を底として再び上昇に転じ、2004年には69.0%にまで達した（U. S. Census Bureau, Housing Vacancies and Homeownership）。

10）なお、証券化ということばはさまざまに使用される。代表的なものとしては以下がある。第1に、企業や政府が資金調達を行う際に、証券携帯で資本市場から直接資金を調達する比重が高まっていく現象を指すもの、第2には、金融機関、リース、クレジット会社などが債権を担保に証券を発行する動きを指すものである。ここでは、第2の意味での証券化を扱う。

11）フレディマックは自社の発行するモーゲージ担保証券のことをMBSとは呼ばず、"Participation Certificate"（参加証書）と呼んでいる。

12）CMOは、元本償還の流れをある程度確実に把握し、期限前償還の影響を最小限にしたいという投資家のニーズに対応するため開発された商品である。

　パススルー証券同様に住宅ローン債権を一つのプールにまとめ、このプールにおける元本償還について、仮に最初に入ってくる25%部分をトランシェA、次に入ってくる25%部分をトランシェBという形に分割し、最終的にA、B、C、Zという順番の四つのトランシェを形成する。この構造においては、トランシェAに対する元本償還が完結してからトランシェBに対する償還が始まる。トランシェC以下への償還のルールも同様である。つまり元本償還の順番はA→B→C→Zなる。なお、金利は各トランシェに対してその残高に応じて支払われる。

　この仕組みにおいては、トランシェAへの投資は比較的短期の投資、トランシェZへの投資は比較的長期の投資ということになり、利回りはZ>C>B>AとZが最も高くなる。

13）1987年に施行されたREMIC（Real Estate Mortgage Investment Conduit：不動産モーゲージ投資体）法により、CMOなどペイスルー証券を組成するSPV（Special Purpose Vehicle：特別目的事業体）は、一定の要件を備えていれば税を免除されることになった。このことも、CMOの商品性を高めた。

14）なお、ハイリスクをとるためには、本文に述べた以外にもさまざまな要素が必要である。例えば、民間保険による保証、格付け会社による格付け、信用情報機関による個人情報の分析・提供、債権回収業者、消費者保護法など、市場機構を支える諸機関や制度の整備が必要である。これらは、機関投資家の台頭による「市場型」金融システムの形成という大きな転換の中で、それを支える機構・制度として同時に整備されていった。

15）前者は、価格が上昇した住宅を担保にリファイナンスを行うが、その際に住宅ローン残高以上に借り入れ、残高を上回る分を現金化する手法である。後者は、借り換えは行わず、住宅価格が住宅ローン残高を上回った場合、その純資産価値を担保に借り入れ、それを現金化する手法である。住宅ローンの場合、金利はすべて所得からの控除が認められるので、通常の消費者信用よりも有利となる。

16) ここで賃金・俸給が減少しビジネス・専門職の所得が増大していることは、フリーエージェントの増大を反映するものと思われる。
17) アメリカ国民の意識が「貯蓄から投資へ」と変わっていく過程については、Nocera［1994］の描写はリアリティがある。ただし、ディスインターミディエーションをインフレと高金利のみで説明するところには限界があるが。
18) Rajan［2010］によれば、1970年代以降アメリカで所得格差の拡大や雇用なき景気回復が見られるようになると、政府は、消費者信用や住宅金融を拡大させることでこれに対応しようとしたという。他方、日本や西欧は、同様な問題に対して社会保障制度で対応したという。アメリカでは、社会保障制度はもともと脆弱であること、財政政策について「大きな政府」を嫌う伝統があることなどからこの方式になったが、このことが結局、金融危機の背景になったという。アメリカが消費者信用・住宅金融を拡大させていった背景を整理するものとして注目すべき視点と言える。

   ただし、日本については、社会保障というよりも公共事業の拡大によって対処したとすべきであろう。また、西欧は社会保障制度と同時に EU 結成も重要であったと思われる。

   このような対応の違いは、本書の課題との関連で言えば、以下のようになろう。消費者信用や住宅金融を拡大させ消費の拡大を促したことで、アメリカでは経済のソフト化・サービス化が進みやすくなったのに対して、公共事業の拡大に依存した日本では、建設業など旧来型の産業を温存させソフト化・サービス化の進展を遅らせることになった可能性があると（長谷部［2012］）。
19) 受給権を保護する動きはその後も続いたが、1974年には企業年金についての包括的な規定（加入資格、受給権の付与基準、最低積立基準、情報開示義務、受託者責任、制度終了保険、個人退職勘定など）としてエリサ法が制定された。
20) エージェンシー（Agency）とは連邦政府の外局を指すので、ここで直接該当するのはジニーメイであるが、実際にはファニーメイ、フレディマックも含まれている。後二者は政府支援企業（Government Sponsored Enterprise）であり、民間企業でありながら連邦政府と一定の関係があるので、両者の発行する債券について市場関係者は「暗黙の政府保証」があると認識している。

参考文献

井村進哉［2002］『現代アメリカの住宅金融システム』東京大学出版会。
榎本正敏編著［2006］『21世紀　社会主義化の時代』社会評論社。
大橋和彦［2010］『証券化の知識〈第二版〉』日本経済新聞社。
川波洋一［1991］「消費者信用の発生とファイナンス・カンパニー」九州大学『経済学研究』第56巻、第1・2合併号、3月。
坂野友昭［2001］「米国の消費者金融サービス市場」片岡義広・山本真司監修『消費者信用ビジネスの研究』株式会社ビーケイシー。
田村太一［2009］「アメリカの証券資本主義と所得格差」Graduate School of Economics Osaka City University, CREI Discussion Paper Series No.15（http://www.econ.osaka-cu.ac.jp/CREI/discussion/2008/CREI_DP015.pdf）。
堂下浩［2005］『消費者金融市場の研究』文眞堂。

日本証券経済研究所［2009］『図説　アメリカの証券市場　2009年版』。
野村重明［1978、80、81、83］「アメリカの消費者信用」（1～4）岐阜経済大学学会『岐阜経済大学論集』12（3）、14（2）、15（2）、17（2）。
長谷部孝司［2008］「アメリカの金融システムの変容が意味するもの（上・下）」『情況』2008年3・4月号、7月号。
長谷部孝司［2010］「『新自由主義』とは何か」『社会理論研究』第11号。
長谷部孝司［2010、11、12］「1990年代半ば以降の日本の金融改革（上・中・下）―産業構造の転換の遅れと金融システムの転換の遅れ―」『東京成徳大学研究紀要―人文学部・応用心理学部―』第17、18、19号。
長谷部孝司［2013］『経済のソフト化・サービス化と金融改革』社会評論社。
前田真一郎［2009］「クレジットカードの出現と消費者信用の変化」名城大学経済・経営学会『名城論叢』10（1）。
蝋山昌一編著［2002］『金融システムと行政の将来ビジョン』財経詳報社。
Adrian, Tobias and Hyun Song Shin [2009] "The Shadow Banking System: Implications for Financial Regulation," *Federal Reserve Bank of New York Staff Reports*, no.382 (http://www.ny.frb.org/research/staff_reports/sr382.html).
Bernstein, Peter L. [1992] *Capital Ideas: Tha Improbable Origins of Modern Wall Street*, The Free Press.（青山護・山口勝業訳『証券投資の思想革命』東洋経済新報社、2006年）。
Bertola, Giuseppe, Richard Disney and Charles Grant [2006], *The Economics of Consumer Credit*, Massachusetts Institute of Technology.（江夏健一・坂野友昭監訳『消費者信用の経済学』東洋経済新報社、2008年）。
Board of Governors of the Federal Reserve System [1976] Banking and Monetary Statistics, Board of Governors of the Federal Reserve System, Washington, D. C. (Federal Reserve Archival System for Economic Reseach, http://fraser.stlouisfed.org/).
Board of Governors of the Federal Reserve System [various years] *Flow of Founds Accounts of the United States* (http://www.federalreserve.gov/releases/z1/).
Bryan, Justin [2009] "Individual Income Tax Returns, 2007," *SOI Bulletin*, Vo29, No 2 http://www.irs.gov/pub/irs-soi/09fallbul.pdf).
Domini, A. L. [2001] *Social Responsibile Investment-Making a Difference and Making Money*, Deraborn Trade books（山本俊明訳『社会的責任投資』木鐸社、2002年）。
Drucker, Peter F. [1976] *The Unseen Revolution: How Pension Fund Socialism Came to America*, 1 st ed., New York: Harper & Row.（上田惇生訳『新訳 見えざる革命：年金が経済を支配する』ダイヤモンド社、1996年）。
Edwards, F. R. [1996] *The New Finance*, AEI Press .（家森信善・小林毅訳『金融業の将来』東洋経済新報社、1998年）。
Greenspan, Alan [2007] *The Age of Turbulence: Adventures in a New World*, New York: Penguin Press.（山岡洋一・高遠裕子訳『波乱の時代（上・下））』日本経済新聞出版社、2007年）。
Hollenbeck, Scott and Maureen Keenan Kahr [2008] "Ninety Years of Individual Income and Tax Statistics 1916-2005," *SOI Bulletin*, Vo27, No 3 (http://www.irs.gov/pub/irs-

soi/08winbul.pdf).

Litan, R. E., with Jonathan Rauch [1997] *American Finance for the 21st Century*, The United States Department of the Treasury: U. S. Government Printing Office（小西龍治訳『21世紀の金融業』東洋経済新報社、1998年）。

Mandell, Lewis [1990] *The Credit Card Industry: A History*, Twayne Publishers, Boston.（根本忠明・荒川隆訳『アメリカクレジット産業の歴史』日本経済評論社、2000年）。

Mandel, M. J. [2000] *The Coming Internet Depression: Why the High-Tech Boom Will Go Bust, Why the Crash Will Be Worse Than You Think, and How to Prosper Afterwards*, Basic Books.（石崎昭彦訳『インターネット不況』東洋経済新報社、2001年）。

Nocera, Joseph [1994] *A Piece of The Action: How the Middle Class Joined the Money Class*, Simon & Schuster.（野村総合研究所訳『アメリカ金融革命の群像』野村総合研究所、1997年）。

Rajan, R. G., and L. Zingales [2003] *Saving Capitalism from the Capitalists: unleashing the power of financial markets to create wealth and spread opportunity*, Crown Business.（堀内昭義・アブレウ聖子・有岡律子・関正悟訳『セイヴィング　キャピタリズム』慶應義塾大学出版会、2006年）。

Rajan, R. G [2010] Fault Lines—How hidden fractures still threaten the world economy—, Princeton University Press.（伏見威蕃・月沢李歌子訳『フォールト・ラインズ—「大断層」が金融危機を再び招く—』新潮社、2011年）。

Richardson, Dennis W. [1970] *Electric Money: Evolution of an Electronic Funds-Transfer System*, The M. I. T. Press, Massachusetts.（堀家文吉郎・大山綱明訳『第三の通貨』金融財政事情研究会、1972年）。

U. S. Census Bureau [various issues] *Statistical Abstract* (http://www.census.gov/compendia/statab/).

II　ヨーロッパおよび日本経済

第5章
ギリシャ危機・ユーロ危機とドイツのユーロ安定政策

藤澤利治

はじめに

　2010年代に入って、EU はこれまでで最大の危機に見舞われている。リーマンショックによって生じた世界的な経済危機が、EU、特にユーロ圏ではさらにもう一つの困難な危機につながり、その対応に追われているのである。発端はこうであった。

　2009年10月、ギリシャで国政選挙の結果、保守中道派から中道左派への政権交代が行われた。新政権はスタート早々前政権の財政運営を批判して、同国の財政赤字が対 GDP 比で前政権が公表していた3.7％どころではなく12.7％に達する深刻な状況にあると公表した。これをきっかけに、ギリシャ政府のそれまで公表してきた財政収支の粉飾が判明したが、この事態を深刻に受け止めた債券格付け機関はギリシャ国債の格付けを引き下げた。これがギリシャ国債の暴落を引き起こし、2010年春以降、ギリシャは財政危機に陥った。このギリシャでの成行きは、同様に巨額の財政赤字を抱えていたポルトガル、アイルランド等の EU 諸国での財政危機を憶測させ、危機が飛び火していった。欧州における国家債務危機（ソブリン危機）の勃発である。

　これら財政危機に陥った国々は欧州単一通貨ユーロを導入していたため、ユーロの為替レートの不安定化を引き起こし、ユーロ危機につながることが危惧された。ユーロの安定を求める欧州中央銀行やドイツ、フランス等のユーロ圏の中軸国からはこれらの国に財政再建を求める声が強まったため、財

政危機に陥った国とそうでない国との間で財政政策の方針をめぐり対立が生じた。ついには、財政再建を実現できない国のユーロ圏からの離脱が引き金になり、単一通貨ユーロが解体するのではという、EU史上で最大の危機が現実味を帯びてきたのである。

このような今回のユーロ圏諸国での財政危機と単一通貨ユーロの危機は、ユーロ誕生からほぼ10年の経験を背景にしてみると、様々な興味深い問題を提示している。そのいくつかを以下に指摘して、本稿での分析視角を深めておこう。

まずユーロ圏の場合、通貨統合のあり方と関連して金融政策と財政政策の兼ね合いがどうあるべきかが問われている。ユーロ圏では、金融政策が一元的に実施されているのに対し、財政政策はバラバラであるとしばしば指摘される。だが財政政策がバラバラであるとはどういう意味なのか、必ずしも明瞭ではない。逆に、金融政策と財政政策が一体であると、今回のような危機が避けられると言うわけでもないことは、非ユーロ圏の国で通貨・財政危機が発生していることからも明らかであろう。もちろん、ユーロ圏では通貨発行とその価値の維持を中心にした金融政策は欧州中央銀行（ECB）が一元的に担当しているのに対して、財政政策はユーロ導入国政府が独立して運営し、各自の政策目標を追求していることは間違いない。しかしそこには一定のルールと制約があり、それが遵守される限り必ずしもバラバラではない。もちろん、時によりまた国により、そのルールが厳格に遵守されないことがあったことは間違いなく、この事実が今回の財政危機をもたらし、ユーロ危機にまでいたらせたのである。問題は、どのようにして各政府に財政規律を遵守させ、金融政策と財政政策をユーロ圏で整合させるかである。

この問題は、ユーロ圏各国のインフレに対する許容度の違いをどう調整するかという難題を根底に含んでいる。ユーロ導入国の中には、一定程度の経済成長を達成するために必要なら、ある程度のインフレを必要悪として容認するというフランスや南欧諸国の態度と、特にドイツのようにインフレを強く警戒して基本的に経済成長よりもインフレ抑制を重視するという政策スタ

ンスの違いがある[1]。ECBやEU首脳会議においては通例ドイツのインフレ抑制路線で調整され、不況期にも抑制的な財政・金融政策が実施される傾向にある。

　第2に、より一層の財政統合（そして政治統合）の必要性が指摘できる。上述のように、ユーロ危機を防止するために金融政策と財政政策の一層の整合化が必要なら、少なくともユーロ導入各国の財政主権の超国家機関への委譲が不可避となるが、その実現はユーロ圏各国がこれを許容できるかどうかにかかっている。この問題は、すでに1950年代の欧州統合のスタート時から路線が対立している根本問題である。今回もユーロを導入していないイギリスとチェコが、後述のように財政同盟に向けた新条約の調印を拒否し、この方針から離脱している。今回のユーロ危機は、EC発足時から存続する国家主権委譲問題の最終局面となるのかもしれない。EUは政治統合を進め、連邦化をさらに推し進めることができるかどうかが問われている。

　第3に、今回のユーロ危機では通貨統合のメリットとデメリットについてしばしば言及されているが、これらをどう考えるかも重要な問題である。もちろん、メリットの方が大きいならユーロは維持されることになるが、現時点ではどのユーロ導入国もメリットの方が大きいからユーロを導入し、使用していると考えるべきである。その場合、メリットを得ている高所得国は域内諸国間の所得移転をどこまで許容できるか、高所得国は自国民に低所得国への所得移転をどう説得するかが重要な意味を持つ。今回の危機では、この問題がドイツの国民の意向と各政党の対応を強く揺さぶっている。さらに、EU自体の財政の所得再配分機能を一層拡充することも必要とされている[2]。

　第4に、財政再建と不況対策をどう順序付けすべきかである。グローバル化の進んだ金融市場を前提にすると、両睨みの政策は極めて困難で、いかに両者間のバランスをとって財政再建と景気回復の両立を実現していくか、議論の分かれる困難な問題である。この問題は、特に2012年5月と6月にフランスで実施された大統領選挙と国民議会選挙における社会党の勝利後には、景気回復を優先すべきとするフランス（オランド新大統領）と、財政再建こ

そ急がれねばならないとするドイツ（メルケル首相）との間での路線の違いとして鮮明になった。ユーロ圏は今、経済成長をいかにはかるかについて構想し実施する段階にきていることも間違いない。改革を求められてきたギリシャ、ポルトガル、スペイン等の国民がすでに改革優先の耐乏生活に我慢の限界に達していて、国民の不満が今後も各国の議会選挙の際に不安定要因として大きな影響を及ぼすことになるからである。

　以上、今回のユーロ危機を見る視角を提起した。これらはEU統合とユーロの今後を考える上で絶えず意識しておかねばならない論点である。本稿ではこれらに直接解答を用意しているわけではないが、EUそしてその中心国ドイツのこれらの問題への対応を、今回のユーロ危機との関連において、2012年前半の時点でまとめたものである[3]。

1　ギリシャ危機・ユーロ危機の発生と対応

(1)　財政赤字の巨額化

　EUにおいては、通貨統合の準備段階から、単一通貨の価値に財政面から及ぼされる悪影響を防止する仕組みが、インフレを懸念する独仏等からの提案に基づいて設けられていた。まず、EUを設立するためのマーストリヒト条約では、その第109条J（リスボン条約140条に改正して収録）とその「収斂基準についての議定書」においてユーロ導入の可否を判定する際の四つの判定基準を設けたが、その中に財政基準が組み込まれていた。その内容は、①国、地方、社会保障基金を含む一般政府の単年度の財政赤字が対GDP比で3％以内であること、超過していてもそれが一時的例外的であり、基準値に近い状態にあること、②一般政府の債務残高が対GDP比で60％以内にあること、ただし超過していてもそれが減少の方向にあり、基準値に急速かつ十分に近づいていること、の二つであった[4]。この国家債務残高の基準を、90年代後半のイタリアやベルギーでは大幅に上回っており、EC原加盟国として参加基準をクリアできないという不名誉な結果に終わるところを、

ここでいう基準値に近づいているということで、これらの国はユーロ導入を承認された。

次に、ユーロを導入した国が、導入後に財政放漫になってしまっては通貨価値に悪影響を及ぼす。それゆえ、ユーロ導入国は導入後もこの財政基準を遵守せねばならず、委員会が遵守しているかどうかを監視し、もし逸脱があれば当該国に是正を勧告し、改善がなければ罰則を科すとして、マーストリヒト条約第104条Ｃ（リスボン条約126条）とその「過剰財政赤字の取り扱いについての議定書」において、加盟国の過剰財政赤字の防止を規定していた。さらに、ドイツの主張に基づいて、ユーロ発足を控えた1997年に安定成長協定が採択された。そこには、遵守すべき財政規律として上記２項目がそのまま採択され、遵守できなかった際の早期是正勧告の仕組みと罰則の詳細が新たに設けられた。罰則規定は経済状況との関連において細かく決められた。それによれば、財政赤字が対 GDP 比で３％を上回る場合、EU が該当国の GDP の0.5％を上限に無利子の制裁金の積立を科す。２年以内に財政赤字の改善が見られない場合にはこの制裁金を没収し、ユーロ圏の共通財源にする。ただし、実質経済成長率がマイナス２％を下回る不況時には免除し、マイナス0.75％からマイナス２％の間の成長率の場合には EU 財務経済相理事会が制裁発動の有無を決定する。経済成長率がマイナス0.75％を下回らない場合でも、自然災害等の理由がある場合には財務経済相理事会で制裁発動の可否を決定するとしていた。しかしこの罰則規定は、実際には今日まで発動されていない[5]。

ギリシャはこのマーストリヒト条約の財政基準を満たすことができず、単一通貨創設時の1999年にはユーロ導入を認められなかった。２年後の2001年から、ギリシャはこれらの基準を満たしたとしてユーロ導入を認められた。09年に政権交代によって財政データの粉飾が公表され、今回のユーロ危機勃発のきっかけとなったが、ギリシャはこのユーロ導入時の財政データも加工していて、その後一度も財政赤字が３％以内に収まっていず、それゆえマーストリヒト条約も安定成長協定も遵守していなかったことが2010年に判明

している。

　さらに、この安定成長協定の規定自体も緩和されていくことになった。2002年にドイツとフランスが財政赤字の抑制に失敗し、その後も規定を遵守できなかったため、安定成長協定に従って制裁措置を発動される可能性が生じた。フランスは04年までの3年間、ドイツは05年までの4年間、さらにユーロ圏第3位の経済規模のイタリアも03年から06年までの4年間、各国内の景気が低迷する中で（表5-1参照）、これら3カ国では一般政府の財政赤字が対GDP比で3％を越えたのである。このような協定違反に対する制裁発動を回避するために、ドイツとフランスの両政府は安定成長協定の見直しをはかった。その内容は、財政赤字額を算定する際に各国の景気条件を考慮すること、自然災害等の被害状況について考慮すること（2002年にドイツはドナウ河やエルベ河、オーデル河の洪水と氾濫に見舞われた）、さらに各国の経済社会の構造的な要因（たとえば、構成国の国民の高齢化の進展やドイツ統一による財政支出増等）を考慮に入れて財政状況を判断することであっ

表5-1　ユーロ圏における経済成長率の推移（％）

	1996～2000年平均	2001～05年平均	2006年	2007年	2008年	2009年	2010年	2011年
ユーロ圏17カ国	2.7	1.5	3.0	2.9	0.4	-4.4	2.0	1.5
EU27カ国	2.9	1.8	3.2	3.0	0.3	-4.4	2.1	1.5
ドイツ	1.9	0.6	3.2	2.7	1.1	-5.1	3.7	3.0
フランス	2.7	1.7	2.2	2.4	-0.1	-3.1	1.7	1.7
イタリア	1.9	0.9	2.1	1.5	-1.2	-5.5	1.8	0.4
スペイン	4.1	3.3	4.0	3.6	0.9	-3.7	-0.1	0.7
アイルランド	9.8	5.5	5.4	5.6	-3.0	-7.0	-0.4	0.7
ポルトガル	4.2	0.8	1.4	2.4	0.0	-2.9	1.4	-1.6
ギリシャ	3.3	4.0	4.5	4.3	-0.2	-3.3	-3.5	-6.9

（資料）European Central Bank, *Statistics Pocket Book*, December 2009, p.40, February 2011, p.39, February 2012, p.39, June 2012, p.39より作成。
（注）ユーロ圏の2000年以前はマルタとエストニアを除いた15カ国。EUの2000年以前はマルタを除いた26カ国。

た。この規律の緩和へ向けた安定成長協定改訂は2005年6月の欧州理事会で採択されたが、緩和の方針を先取りして、仏独両国は制裁を回避したのである[6]。

その後も安定成長協定違反を容認せざるを得ない事態が生じた。2007年夏からのサブプライムローン関連証券をめぐる金融危機がEU加盟国に波及し、金融不安が強まる中、翌08年秋からのリーマンショックによる金融・経済危機によってEUの多くの国が急激な金融・経済危機に陥った。表5-1のように09年のユーロ圏の経済成長率はマイナス4.4％の落ち込みになっている。この対策として、EU委員会は同年11月、財政赤字を3％以内に抑える規定を弾力化規定を利用して一時棚上げにし、09年から2年間同規定の違反を容認し、11年から再び3％以内に抑える方針を採った。EU財務相理事会もEU各国の歳出の膨張を是認し、その上各国に対GDP比1.2％の歳出増加を求める一方、EU自身の財政支出を対GDP比で0.3％の支出増をあてて景気対策に当った。他方歳入面では、不況対策のために付加価値税の税率を一時的な引き下げ等で国内消費テコ入れを目指したこともあって加盟各国の税収が大幅に減少した。このような景気の落ち込みと大型の景気対策による財政悪化によって、EU各国は軒並み巨額の財政赤字に陥った。つまり、EUはリーマンショックによる急激な金融危機とそれに伴う経済縮小を目の当たりにして、この財政規律を一時棚上げにしたのである。

（2） PIIGSの財政危機

表5-2でこの時期のEU、ユーロ圏そしてその主要国の財政収支動向を見てみると、PIIGSと呼ばれるポルトガル、アイルランド、イタリア、ギリシャ、スペインの財政危機の深刻化が見て取れる[7]。ただし、イタリアは単年度の財政赤字が比較的抑制できているのに対し国債残高が対GDP比で100％を上回っていること、スペインはこれとは逆に財政収支が悪化している一方で国債残高がさほど悪化していないこと等の、違いがある。

これらの国のいくつかは、ユーロ導入によって生じた金利低下に刺激され

表5-2　財政赤字と債務残高の推移（数値はそれぞれ対 GDP 比）

(単位：%)

	一般政府財政収支					一般政府債務残高				
	2007年	2008年	2009年	2010年	2011年	2007年	2008年	2009年	2010年	2011年
ユーロ圏17国	-0.7	-2.1	-6.4	-6.2	-4.1	66.3	70.1	79.8	85.3	87.3
EU27カ国	-0.9	-2.4	-6.9	-6.6	-4.5	59.0	62.5	74.7	80.2	82.5
ドイツ	0.2	-0.1	-3.2	-4.3	-1.0	65.2	66.7	74.4	83.2	81.2
フランス	-2.7	-3.3	-7.5	-7.1	-5.2	64.2	68.2	79.0	82.3	85.8
アイルランド	0.1	-7.3	-14.2	-31.3	-13.1	24.8	44.2	65.2	92.5	108.2
オランダ	0.2	0.5	-5.6	-5.1	-4.7	45.3	58.5	60.8	62.9	65.2
スペイン	1.9	-4.5	-11.2	-9.3	-8.5	36.2	40.1	53.8	61.0	68.5
ポルトガル	-3.1	-3.6	-10.1	-9.8	-4.2	68.3	71.6	83.0	93.3	107.8
ギリシャ	-6.5	-9.8	-15.8	-10.6	-9.1	107.4	113.0	129.3	144.9	165.3
イタリア	-1.6	-2.7	-5.4	-4.6	-3.9	103.1	105.8	115.5	118.4	120.1

（資料）European Central Bank, *Statistics Pocket Book*, April 2012, p.45-46、July 2012, p.45-46より作成。

て、増嵩する財政赤字を安易に国債の増発に頼った。表5-1から分かるように、国内景気の長期的な拡大基調にあったスペインやアイルランドのように不動産バブルに沸いていた国もあったが、ギリシャやポルトガルはもともと経済基盤も財政収支の構造も脆弱であった。これらの国は、08年秋からの不況とその対策によって財政収支が一段と悪化し、09年秋に政権交代したギリシャからその実態が露見し、危機に陥った。それに続いてポルトガルとアイルランドに国家債務危機が飛び火していったのである。そのため、表5-2に明らかなように、08年のリーマンショック以降、ユーロ圏の財政が急速に悪化している。その後10年から財政再建に移行し、11年には財政赤字抑制の効果が出始めている。中でもドイツの改善は注目に値するが、これは後述するように急速な景気回復と財政赤字を憲法改正してまで制限した効果と見てよい。

　これらの国の過剰な財政赤字が明白になるとともに、国債価格が暴落し（利回りが高騰し）、支払い不能（デフォルト）が懸念され始めた。特にギリ

シャの財政赤字と債務残高がその経済規模に比して巨額であったため、デフォルトが現実味を帯び、同国国債を保有するギリシャ国内外の銀行の経営危機も懸念された。もしこれらの銀行の経営破綻が生じると、これらの国の金融危機へ波及する恐れがあった。2010年4月のギリシャによる財政への支援要請に続いて、同年11月にはアイルランドが、11年4月にはポルトガルも財政への支援要請に踏み切った。さらに12年6月にはスペインが銀行への支援要請を、その直後にはギリシャと経済関係の深いキプロスが財政への支援をEUに要請している。

　この中でも、国家債務危機に陥ったギリシャの財政再建は最も困難な道をたどっている。それは対GDP比10%を上回る財政赤字を抱え、債務残高ではGDP比160%を超える巨額な累積債務を抱え込んでいるからである。支払不履行の懸念から、債券市場では同国債の借り換えが不可能になり、財政再建の実行を条件にEUやIMFから支援を得て国家財政破綻を押さえ込んでいる。10年4月からの総額1100億ユーロにのぼる第1次支援では足りず、12年3月には総額1300億ユーロの規模の第2次支援策が決まっている。このうち第1次支援策は、厳しい緊縮財政政策を条件に2013年6月までの3年の期限で、ユーロ圏諸国が800億ユーロ（うちドイツが224億ユーロ）、IMFが300億ユーロを分担して融資することにした。そして第2次支援策は次に述べる機関をとおして実施している。同時に、民間金融機関にも債務削減の負担が求められ、53.5%（金額にして1070億ユーロ）の債務切捨てが行われた。このような救済策でギリシャの政府債務残高は対GDP比で2011年の165%から2020年には116.5%へ圧縮できると予測されている。なお、この二次にわたるギリシャ支援融資額の2400億ユーロに債務切捨て額を加えた3470億ユーロを、2008年のギリシャのGDP額2391億ユーロと比較すれば、支援がいかに巨額であるか分かる。

　ギリシャで勃発した財政危機は他のユーロ導入国でも発生が案じられた。このような財政危機の連鎖に対処するために、EUは安定化のための装置を設けなければならなかった。このような回り道に見える対応をしたのは、

EUにおいては加盟国の債務危機に対して、欧州中央銀行も他の加盟国も救済のための援助を行ってはならないと規定されているからである（リスボン条約第123条、第125条）。そしてEU自身も自然災害や例外的事態等の「重大な困難に」陥っている、あるいは陥りそうな場合を除いて財政援助が出来ないと規定されている（同第122条）。これらの規定をクリアして加盟国の財政危機に対応する支援機関として、2010年6月に欧州金融安定メカニズム（EFSM）と欧州金融安定ファシリティ（EFSF）が創設された。このうちEFSMはEU財政から600億ユーロ拠出して、EFSFは債券市場で融資資金を調達して、それぞれ過剰債務国に融資する機関として設立された。EFSFが債券市場で調達する際にはユーロ圏諸国がその保証を分担することで4400億ユーロを調達する。ドイツの保証額は2110億ユーロになった。

　この合計5000億ユーロに、IMFが2500億ユーロの融資額を追加した。これらの機関は2013年6月末まで存続し、この間に金融危機に陥った国へ支援する融資機関である。当初融資可能額は2500億ユーロであったが、これでは不足すると見て11年6月に総額4400億ユーロに増額したが、12年初現在ですでにギリシャのほかにアイルランドとポルトガルに計2000億ユーロを融資することが決定済みで、使用可能な残額は2400億ユーロである。

　このEFSFの後継機関として、常設の欧州安定メカニズム（ESM）が12年7月から設置され、業務をスタートさせる予定であった。12年2月2日にユーロ圏17カ国によって署名された「欧州安定メカニズムを創設する条約（Treaty Establishing The European Stability Mechanism）」によれば、ESMもEFSFと同様にユーロ圏で過剰債務に陥った国に債券市場で調達した資金を融資する救済機関である。ESMは必要とする融資資金をトリプルAの格付けを得た債券の発行によって低金利の資金を調達し、この低利資金によって過剰債務国の利子負担を軽減しながら財政再建を目指させる仕組みである。ESMに認可された資本金は7000億ユーロで、そのうち払込資本金が800億ユーロ、残り6200億ユーロが請求による払込資本金となっている。貸付総額は5000億ユーロを見込んでいる。この認可された資本金7000億

ユーロの出資分担額はユーロ圏諸国の経済規模に従って按分される。ドイツはこのうち最大の27.1464%を負担するため、5年間に総額217.2億ユーロを払込み、1683億ユーロを保証することになる。両者を合わせると1900億ユーロを上回る。次いでフランスが1427億ユーロ、イタリアが1254億ユーロの順になる。なお、ESM の業務開始はドイツにおける批准が憲法違反の提訴によって遅れ、12年9月12日のドイツ連邦憲法裁判所の判断を待たねばならなくなっている。もともと ESM は、当初13年初めに業務開始を予定して設計されていたのを、EFSF からの業務を引き継ぐ際の空白をなくすために半年前倒ししてスタートさせることが決まった経緯がある。

(3) 財政赤字抑制と財政主権の制限へ

このような国家債務危機に直面して、ユーロ圏各国は、まずドイツが独自に2009年に実施したように、憲法等の国内法で国債依存度の上限を確定し、過度の債務依存を禁止する措置を検討しだした。このドイツの対応に、フランスやスペイン等が呼応し、スペインでは11年9月に憲法改正をして公共財政における債務制限を規定している[8]。EU 全体でもこの国家債務の上限抑制策を設けることにし、EU の条約に盛り込まれた。

また、今回の財政危機が何よりも安定成長協定の骨抜きが原因であったことから、同規定の運用の厳格化と遵守の義務付けが求められた。そして遵守違反の場合には、制裁が自動的に発動される仕組みの形成に向けて条約の改正が行われた。これは当然に、EU 加盟各国の財政主権を制限する措置であったから、これに対してはイギリスとチェコから強い反対が出て、両国を除いた25カ国で EU 運営条約の改正条約を締結した。そして各国の財政運営を相互に監視することになった。

具体的には、2012年3月2日、EU は「経済通貨同盟における安定、調整そして統治についての条約」(Treaty on Stability, Coordination and Governance in the Economic and Monetary Union)(財政協定の略称で呼ばれることが多い)に調印した。EU はこの条約において、加盟各国は基本的に黒

字かほぼ均衡状態の財政収支を目指すこと、そのため各国財政の構造的赤字は対名目GDP比0.5％以内とする、また債務残高が対GDP比60％を下回っていて、長期的にリスクが低い国では最高1.0％まで構造的赤字を出してよいとし、さらにこの内容を各国は憲法か同等の国内法で明記すること等の規定を定めている。ここでいう「構造的赤字」とは、景気循環の要因から生じる赤字部分を除いた財政赤字のことをさす。つまり、単年度ベースで財政をほぼ均衡させるように、国際条約で拘束する内容となっている。そして、過剰な財政赤字を出した国には、自動的に修正メカニズムが発動される。他のメンバー国が当該国の財政赤字を欧州裁判所に提訴し、同裁判所が改善命令を出すことになっている。

　このような財政という国家主権への制約に反対しているイギリスとチェコは、この条約の調印を拒否した。この２カ国を除いた各国では、批准作業に入っている。そしてこの条約は、ユーロを導入している17カ国のうち12カ国目の批准国が出た月の翌月初めに、遅くとも2013年１月１日には発効するとしている。つまり、ユーロ導入国の３分の２の多数で発効するのである。また、この条約を承認しない国は、財政危機や金融危機に陥った場合に、ESMからの支援を受けられなくなる。

　このようなドイツとフランスの先導する財政統合への歩みは、イギリスにとって容認できる方針ではなかった。そのため、イギリスは、この財政同盟を目指す交渉から離脱してしまった。イギリスの場合、シティという国際金融市場を抱えていて、独仏の支持する金融取引税（トービン税）のような自国に強い影響を及ぼすと見られる政策には反対が多いからである。しかし、フランスも本来、国家主権の委譲に対して抵抗が強く、財政同盟への対応も単純ではない。12年５月の大統領選挙で社会党のオランドが勝利して、財政条約の見直し要求が高まっていることからも、それは分かる。

2 ドイツにおける経済・金融危機の克服

(1) ドイツの経済・金融危機後の急回復

2007年夏にサブプライムローン関連証券危機でドイツでもいくつかの銀行に経営破綻危機が生じ、つづく2008年のリーマンショックによってドイツ経済は急激な収縮に陥って、09年には実質GDPの対前年比でマイナス4.7％という戦後最大の不況を記録した（表5-3参照）。特に輸出が急減したため、自動車や一般機械等の主力輸出産業が生産縮小に陥り、ドイツも経済危機の様相を深めた。これに対して景気対策を急遽二次にわたって実施し、景気テコ入れを行った。特に目立ったのは、こうした自動車産業の危機を脱する政策として、メルケル政権は自動車産業にエコカーへの補助金支給を実施し、国内需要へのテコ入れを行い、生産回復を助けたことであった。この政府のテコ入れの効果もあって、表5-3から分かるように、10年にはGDPは実質で前年比3.6％の成長と急回復を遂げた。その際の成長要因は輸出であ

表5-3 ドイツのGDPと各項目の動向

(単位：％)

	2006年		2007年		2008年		2009年		2010年		2011年	
	前年比	寄与率	前年比	寄与率	前年比	寄与率	前年比	寄与率	前年比	寄与率	前年比	寄与率
GDP合計額	3.4	-	2.7	-	1.0	-	-4.7	-	3.6	-	3.0	-
個人消費支出	1.3	0.8	-0.2	-0.2	0.6	0.2	-0.1	0.2	0.6	0.2	1.5	0.8
政府支出	1.0	0.2	1.6	0.3	3.1	0.4	3.3	0.5	1.7	0.5	1.4	0.3
粗設備投資	7.8	1.4	5.8	0.9	1.7	0.6	-11.4	-1.6	5.5	1.1	6.4	1.1
設備投資	11.8	0.8	10.7	0.8	3.6	0.3	-22.8	-1.6	10.5	0.7	7.6	0.5
建設投資	4.6	0.4	-0.5	0.0	-0.7	0.2	-3.0	-0.1	2.2	0.3	5.8	0.5
内需計	2.2	2.1	1.2	1.0	1.3	1.6	-2.6	-1.7	2.4	2.4	2.3	2.2
対外項目	-	1.0	-	1.5	-	-0.1	-	-2.6	-	1.5	-	0.8
輸出	13.0	-	7.6	-	2.7	-	-13.6	-	13.7	-	8.2	-
輸入	11.9	-	5.0	-	3.3	-	-9.2	-	11.7	-	7.4	-

（資料）Statistisches Bundesamt Deutschland, *Deutsche Wirtschaft 2010, 2011, Pressemitteilung Nr.063 vom 24.02.2012*より。

表5-4 ドイツとユーロ圏における失業率の動向

(単位:%)

	1996～2000年平均	2001～5年平均	2006年	2007年	2008年	2009年	2010年	2011年
ドイツ	8.6	9.1	9.8	8.4	7.6	7.8	7.1	6.0
ユーロ圏	9.8	8.6	8.3	7.5	7.7	9.6	10.1	10.2

(資料) European Central Bank, *Statistics Pocket Book*, February 2012
(注) ユーロ圏の2000年以前は原導入11カ国にスロベニアを含めた12カ国。また、ユーロ圏にはドイツも含む。以下同じ。なお、ここでの数値はILO方式で示したもの。

ったが、この輸出の回復が企業の設備投資を引っ張り、さらに個人消費の回復にもつながった[9]。このような順調な景気動向も、欧州での深刻化する財政危機に伴う景気後退の影響を受けて、ドイツも12年には経済成長率が1％前後に減速するという見通しが多くなっている。

　この景気の好調な推移は労働市場でも確認できる（表5-4を参照）。失業率は2006年以降急速に低下しだし、09年にはさすがに多少悪化したものの、その後も改善を続けている。職種によっては労働力が不足し、特に技術者や専門職の不足が深刻化していて、外国から専門労働者や技術者の受け入れを拡大する措置を設けて、急場を凌いでいる。統計方式が違うため表5-4には示してないが、連邦統計庁によれば、2005年には失業率が11.7％で失業者数が486万人もいたのが、11年には失業率が7.1％で失業者数は297万人と300万人を下回っている。この間、ドイツの雇用状態がいかに大きく改善したか見て取れよう。ユーロ圏の他の諸国と比して際立った推移となっている。

　このように、ドイツの景気後退は輸出の回復・拡大によってV字型の景気回復につながった。ドイツ経済の急回復と好調さの最大の要因は輸出増加であった。これを端的に示すデータをいくつか見ておこう。まず2011年のドイツからの輸出額が1兆601億ユーロ（前年比11.4％増）と、史上初めて1兆ユーロを超えた。輸入は9020億ユーロ（前年比13.2％増）と、これも史上最高を記録している。貿易収支黒字額は07年に記録したこれまでの最高額

第5章　ギリシャ危機・ユーロ危機とドイツのユーロ安定政策　209

表5-5　ドイツの貿易の主要地域別・国別動向（対前年比）

(単位：%)

	2006年	2007年	2008年	2009年	2010年	2011年
輸出総額	13.6	8.1	2.0	-18.4	18.5	11.4 (100.0)
EU27カ国	11.7	10.4	-0.2	-18.3	15.3	9.9 (59.2)
ユーロ圏	10.1	9.4	-0.5	-18.3	14.3	8.4 (39.7)
ロシア	35.2	20.5	14.7	-36.2	27.8	30.6 (3.2)
アメリカ	12.5	-6.0	-2.6	-23.9	20.6	12.4 (7.0)
中　国	29.4	8.8	13.9	9.4	43.9	20.4 (6.1)
輸入総額	16.9	4.9	4.7	-17.5	20.0	13.2 (100.0)
EU27カ国	14.2	6.1	2.3	-18.0	19.9	14.3 (56.3)
ユーロ圏	14.5	4.8	2.6	-18.	18.9	13.4 (37.7)
ロシア	34.7	-3.9	28.4	-32.1	26.2	27.4 (4.5)
アメリカ	17.7	-6.5	1.0	-15.5	14.7	6.7 (5.4)
中　国	22.3	12.9	7.8	-6.8	35.0	2.6 (8.8)

（注）ユーロ圏は2010年時点での導入16カ国ついてさかのぼって計算してある。2011年は17カ国。輸出、輸入とも2011年のカッコ内はそれぞれの構成比。
（資料）Statistisches Bundesamt Deutschland, *Pressemitteilungen* の該当年次号から作成。

　の1953億ユーロには及ばないが、11年には1581億ユーロ（2010年は1549億ユーロ）になった。また、この輸出額1兆601億ユーロは国内総生産額2兆5700億ユーロの41.2%に達するが、これを2000年の29.0%、05年の35.1%に比べると明らかなように、ドイツはますます輸出依存度を高め、外需依存型経済の性格を強めているのである。
　さらに注意すべきは、輸出の地域別構成である。ドイツの輸出は、11年にはユーロ圏に4209億ユーロ（全体比39.7%）、非ユーロ圏を加えたEU全体へは6273億ユーロ（全体比59.2%）となり、しばしば指摘されているように、ドイツの輸出は全体の約4割がユーロ圏、EU全体で約6割となっている。しかし、これら両者のウェイトは近年減少していて、代わって中国やロシア等のEU外の第三国向けが大きく増加している。つまりこの時期に拡大した輸出先は中国、ロシア、アメリカ等第3国や非ユーロ圏の国々であっ

て、世上よく言われているようなユーロ圏の南欧諸国への押し込み輸出ではない（表5-5参照）。

このように、ドイツの輸出のほぼ6割が対EU諸国で、ユーロ圏だけでも約4割という事実は、ドイツは輸出全体の6割に達する安定的な市場、つまりEUというそのほとんどが為替レートの変動リスクを被らずにユーロで決済できる市場を確保しているのである。この点は、2011年のEU以外の国への輸出でも67％がユーロで決済され、ドルでは24％、その他の通貨が9％に過ぎないことを考えると、ドイツの貿易におけるユーロの意義は想像以上に大きいと言わねばならない。なお輸入についても同じ数値を見ておけば、ユーロが50％、ドル44％、その他の6％となる[10]。

次に、ユーロの為替レートの動向を見ておけば、表5-6のようになる。ユーロは06年までは安定していたが、07年から09年までは貿易相手国20カ国の実質実効為替レートでも、対ドルでも大きく上昇し、その後高止まっていた

表5-6　ユーロの為替レートの推移

	2004年	2005年	2006年	2007年	2008年	2009年	2010年	2011年
実効為替レート	105.3	103.8	103.8	106.5	108.5	109.2	101.6	100.7
対USドル	1.2439	1.2441	1.2556	1.3705	1.4708	1.3948	1.3257	1.3920

（注）実効為替レートは実質値で20カ国の通貨に対するもので、1999年第1四半期＝100とした指数。対USドルは1ユーロに対するドルの値。
（資料）European Central Bank, *Statistics Pocket Book*, February 2011, p.17から作成。

表5-7　ドイツとユーロ圏における単位労働コストの動向（対前年比）

（単位：％）

	1996〜2000年平均	2001〜05年平均	2006年	2007年	2008年	2009年	2010年	2011年
ドイツ	0.0	0.2	-1.3	-0.1	2.3	5.5	-1.1	1.4
ユーロ圏	0.9	1.7	0.9	1.5	3.7	4.2	-0.9	0.9

（資料）European Central Bank, *Statistics Pocket Book*, February 2011, February 2011より作成。
（注）ユーロ圏は2000年までは現導入17カ国のうちギリシャとマルタを除いたもの。ドイツも含む。

が、10年以降はユーロ危機の深刻化するなかで特に実効為替レートで大きくユーロ安になっている。もちろん、このユーロ安はユーロ圏の輸出国の輸出を促進している。特にドイツの輸出産業は非ユーロ圏との貿易でこのユーロ安の恩恵を被っていることは間違いない。例えば、ユーロの為替レートが対ドルでユーロ安になればドイツのユーロ圏外での輸出が有利になる。ユーロは実質実効為替レートで見ると09年をピークにしてその後はユーロ安に動いている。為替レートは対ドルで見て09年から、実効為替レートでは10年からユーロ安に動き、輸出に有利になっている。このようなユーロ安を背景にして、ドイツはユーロ圏外で輸出を伸ばしたことは間違いない。

　このドイツの輸出拡大の背景には、当然価格競争力の強化がある。ドイツの2000年代に入ってからの労働コストの動向を表5-7で見てみると、労働コストの抑制は、他のユーロ圏諸国と比べると著しい。08年と09年そして11年を別とすれば、労働コストはほとんど上昇していない。ドイツはこの労働コスト抑制にもとづいて価格競争力を強化し、輸出を増加させたと見てよいだろう。

　なお、ドイツにおいてもユーロ圏においても物価は2011年に入ってあげ足を高め、2％を超えている。これはもちろん、ECBの金融緩和政策のせいである。ドイツの場合、インフレに対しては伝統的に警戒心が強いため、早い時点で引締め政策を要求してくることが予想できる。11年以降、ドイツでは新築住宅価格の上昇率が2.8％前後になっており、不動産価格上昇への警戒感が出ている。

　以上のように、ドイツ経済の近年の好調振りには確かに目を見張るものがある。これは90年代後半から2000年代半ばまでの長期不況下で、ドイツが厳しい構造改革を進めた成果であると、ドイツ政府を始め労使ともに主張している。そしてこの自信にもとづいて、ドイツ政府はギリシャを始め財政危機に苦悩しているユーロ圏の国々に構造改革を厳しく求めているのである。

　ここで、ドイツの財政の状態を見ておこう（表5-2参照）。まず、2007年のドイツの財政収支が0.2％の黒字になっているのは、同年に付加価値税の

税率が16%から19%に引上げられた結果である。これは05年の連邦議会選挙におけるメルケル首相候補が率いるCDUの選挙公約であった。CDUはSPD・緑の党の連立政権下で2002年から05年までの4年間にわたり、ドイツが一般財政収支の対GDP比で3%を超える赤字を出し続けていたことを問題視し（順に3.7%、4.0%、3.8%、3.3%の赤字）、EUからの勧告に従ってドイツの安定成長協定違反から脱出する財政再建を目標としていた。

　選挙結果はCDU/CSUとSPDとの激戦であって、結局二大政党による大連立政権が組まれた。そして、安定した政権下で、ようやく景気回復の兆候が現れだした06年に税率引き上げを決定し、景気への悪影響が懸念される中で増税を断行した。結果は、06年の力強い景気回復に支えられて、景気への悪影響は見られずに済んだ。この増税による財政再建は、その後の拡張的な財政政策を楽にした。それは、リーマンショックに対する財政出動の影響で09年のマイナス3.2%、10年のマイナス4.3%と急激に財政赤字が増加しているが、その後深刻な財政赤字にはいたらなかったことに現れている。その後、景気回復の影響で11年にはマイナス1.0%と急改善している。この推移はユーロ圏でもEUでも、11年になってもなおマイナス4％を上回る大幅な悪化を記録しているのと好対照をなしている。なお、後述のように、この大連立政権が新規債務抑制を目指した憲法改正も実現した。

3　ドイツのユーロ危機克服策

　以上のように、EUそしてユーロ圏で極めて順調な景気回復を遂げたドイツには、当然ユーロ安定のために、財政危機国への支援負担の期待が高まっている。しかし、EU通貨統合、単一通貨ユーロに対するドイツ国民の懐疑心の根は深い。それは何よりも、第2次世界大戦後ドイツ国民が再建したドイツ経済の安定と繁栄とを引き換えにして導入した単一通貨ユーロではあるが、「強い通貨ユーロ」への確信を持てないことへの懸念の表明である。そのため、単一通貨をめぐり動きがあるたびにすぐに疑念や不信が表明され、

憲法違反の提訴がなされる。まず、1993年に通貨統合の導入を定めているマーストリヒト条約の批准がドイツで憲法に違反していると提訴され、これに対する連邦憲法裁判所の合憲判断を待ったために、マーストリヒト条約の発効が93年11月までずれ込んだ経緯がある（遠藤［2008］8-7を参照）。また、1998年には、1999年にユーロが導入される決定がやはりドイツでは連邦憲法裁判所の判断を待ったし、2011年のギリシャ支援の決定の際にも、連邦憲法裁判所の判断待ちとなった。この訴訟では、連邦政府による連邦議会の審議での合意形成の手続きが不十分とされ、支援策を個別的に連邦議会の委員会で審議にかけるようにとの付帯事項がつけられて合憲の判断が出ている。

　この財政支援のための措置の決定に際しては、ドイツの場合は無限定な支援負担を嫌う国民から常に監視を受けている。そして逸脱と見られると即座に連邦憲法裁判所に提訴される。これらの違憲提訴のほとんどは、単一通貨ユーロが国民の財産を危うくするかどうかをめぐって争われてきた。そして今回のユーロ救済措置をめぐっても、12年7月に、直前の6月末に連邦議会で3分の2の多数で可決されたESM創設と財政協定に関する条約について、合計5件の違憲訴訟が起こされている。そのため、ガウク連邦大統領は連邦憲法裁判所の判断を待って同条約の批准法案に署名するとしており、12年7月現在、ドイツはESM条約の批准を終えていない。その結果、ESMは当初の目標であった12年7月の業務開始は遅れ、連邦憲法裁判所の判断が下される12年9月12日以降にずれ込んでいる。このように、ドイツ国民からユーロに対する信認を得るために、ドイツ連邦政府は絶えず単一通貨の価値を維持するための政策を堅持することが要求されてきたのである[11]。

（1）財政赤字抑制策

　ドイツ連邦議会の第1党のキリスト教民主・社会同盟CDU/CSUと第2党の社会民主党SPDが連立を組んだ大連立政権下で、2009年5月から6月にかけてドイツは基本法改正を伴う公的債務規制について根本的な改革を決

定した。ドイツの憲法に当たる基本法（Grundgesetz）において連邦と州において構造的にほぼあるいは完全に均衡した財政を実現するとして、厳格な新規債務の制限を定めた。具体的には、連邦政府は新規の構造的債務調達額を対GDP比で0.35％以下に抑えること、州財政ではこれをゼロにすることとした（基本法第115条）。規定の例外事項もこれまでよりも狭くし、減債規則と結び付けた。この改革によって、EUの安定成長協定から求められる国全体の赤字についての中期目標の厳守も確保されることになる。この債務制限が拘束力を持つには、連邦では2015年まで、州は19年までの移行期間が定められている。

　これまで、ドイツでは戦後の建国以来、連邦と州の債務調達は基本法ないし州憲法で制限されていた。そこでは建設公債の原則を取り入れ、新規債務は予算に組まれた投資総額を超えてはならないことになっていた。しかし、政府債務はいつしか相応する公的資産の建設無しに増加してきていた。これまでの規定の重大な弱点は、投資支出の定義が広すぎたこと、経済全体における均衡の混乱を防止するために非常に曖昧に定義された清算義務のない例外規定、そして決算の際に規定を遵守した管理が欠けていたこと等が指摘できる。これらの弱点を克服するために、5年間をかけて、基本法の規定の包括的な改革案が作成され、連邦と州において議論され、09年初夏に連邦議会と連邦参議院において審議、可決された。

　この改正によって、連邦と州で基本法に従って欧州通貨同盟の財政規定が遵守されることになる。連邦も州も構造的に少なくともほぼ均衡した財政を目指すことになる。通常の状態では、連邦と州について新規借入れなしでの財政均衡を明確に規定しているし、信用上限は原則的に超えられない上限である。この債務の上限を超える予算や支出計画は、憲法裁判所を通じて差し止めることができる。

　連邦財政における新規債務禁止については、景気の負担を通常の状態に均衡化するためには例外が可能である。この場合は、連邦財政にとって債務上限は遵守とみなされる。連邦政府では純債務調達がGDPの0.35％の制限値

を超えていない場合は問題ないが、州財政にはこのような構造的な債務の余地は排除されている。さらなる例外は、国家のコントロールを越えて財政に高負担を課す、特に非常の場合である。例えば08年秋の金融危機先鋭化後の極端な経済縮小や、ドイツの統一と言ったいくつかの事例が、考えられる。

　新規則は基本的に2011財政年度から適用されている。もちろん、決定の際に経済財政危機から予期された多年にわたる高い財政負担を考慮して、長期の移行期間が定められている。連邦の構造的な新規債務についてGDPの0.35％という最大上限値が16年から適用されるため、連邦は11年から赤字削減を開始している。州は、比率的に大きな赤字を抱えてスタートするために、移行期間は19年まで認められた（以上はDeutsche Bundesbank［2011］を参照）。

　このような改革が求められたのはなぜだろうか。08年以降の不況に対して景気対策を迫られたドイツ連邦政府の財政赤字額は巨額になり、債務残高も史上最高の１兆5000億ユーロになった。法案提案の根拠として、連邦政府は1967/69年の憲法改正で盛り込んだ「黄金律」では国家債務の増嵩を防げず、当時GDP比で20％程度だった国債発行残高が08年時点では70％を超えるまでに膨らんでしまったことを指摘している。こうした事態を踏まえて、09年７月、連邦政府は財政の規律を定めている基本法の条項を改正して、財政赤字からの脱却を目指すこととした。具体的には、これまでのドイツ基本法第115条（１）で「借入れからの歳入は財政計画に計上された投資のための歳出額を上回ってはならない。例外は、経済全体の均衡を阻害するのを防止するためにのみ許される。」と規定されているが、この条文を改正せざるを得なかった。それは、「歳入と歳出は原則的に借入れからの収入なしに均衡すべきである。借入れからの収入が名目国内総生産比で0.35％を超えていない場合は、この原則にかなっている。」とした。そして、改正前の基本法が適用される最終年度の10年度の予算を編成した後から15年度までに新規定に適応するための準備をし、16年度から新規定が適用されるとした（基本法第143条d)[12]。

この間の経緯をもう少し見ておけば、以下のようになる。09年5月に連邦政府は第2次補正予算を組んだ。その際、09年度の新規国債発行額が476億ユーロに達し、予算に計上された投資を上回ることになった。そこで、基本法第115条の例外規定である、全経済的均衡を乱すことを防止する際には、新規国債発行額は投資総額を上回ることが出来る、を利用することとした。このような憲法の例外規定を利用する事態に陥ったことに驚いた政府は、この事態から脱却する方針を国民に示し、理解を得るためにも基本法改正を急いだ。改正案ではまず、連邦政府にも地方政府にも均衡財政を義務付け、「連邦と州は協働してEC設立条約の第104条における規定を満たすこと」（基本法第109条（2））、そのために2016年までに財政赤字は通常の状態ではGDP比0.35%以内に抑えること、各州は2020年以降財政赤字を出さないことを、基本法に盛り込んでいる。

ところで、EC設立条約第104条は現行のEU運営条約の第126条に当たるが、ここでは過剰な財政赤字の防止を規定している。ドイツ連邦政府は、2002年から連続して4年間、05年までこのEUの財政規律を遵守できなかった。前述のように、02年にはドイツ東部のオーデル河やエルベ河等の大洪水があり、またドイツ統一後の財政負担が継続している東部ドイツへの財政トランスファー等の財政支出が多くなり、財政赤字を抑制できなかった。これに対するEU側の対応は、EU委員会の制裁発動要求、それに対するEU理事会の制裁回避、これに対してEU委員会側の欧州司法裁判所への提訴、等の混乱につながった[13]。そしてEU理事会は、財政安定協定の制裁発動の条件を緩和するための規定改正を行った。それでも、ドイツの財政健全化を懸念するEU委員会がドイツ政府に過剰財政赤字を解消するための方策として、構造的な財政赤字を解消するための提案を行い、ドイツはそれを考慮して具体案を作成し、基本法改正を行ったのである。

憲法改正というと、日本では特殊な意味合いを持つかもしれないが、ドイツにおいては憲法改正は戦後すでに60回近くも行われており、決して特殊なあるいは困難な意味合いを保有しているわけではない。また、憲法で国家債

務を規制するやり方は、2003年にスイスで行われた例に従ったようである[14]。さらに0.35％以下の場合は通常の赤字とみなすという0.35％という線引きは、EUのドイツへの推奨値の0.5％を採用し、そのうち連邦が0.35％、州全体で0.15％までという各上限を考案したが、議論の過程で州には構造的な新規債務を一切認めずゼロとしたため、連邦への上限値の0.35％のみが残ったのである[15]。

今回のような国家債務危機を防止するためには、厳格な国家的規制が重要であるという見解が多数派となった。現在、ドイツにおける国家財政は期待以上に良好で、以前のような多額の債務は減少し出している。新しい規定に盛り込まれた財政再建路線は、現時点では維持できている（表5－2参照）。ドイツの連邦政府の財政収支は、12年3月段階での見通しでは、12年がこれまでの261億ユーロの赤字がESMの救済支援分の86億ユーロが追加になって348億ユーロの赤字になるが、その後は13年196億ユーロ（前回の見通しでは249億ユーロ）、14年146億ユーロ（同187億ユーロ）、15年103億ユーロ（同147億ユーロ）、16年11億ユーロにまで減少すると見込まれている。なお、11年は予算案では261億ユーロであったものが、実際には173億ユーロに減少した。08年の115億ユーロ、09年の341億ユーロ、10年440億ユーロと急増してきたのが、11年には著しい改善を示し始め、12年はギリシャ等の財政支援で増加に転じるが、その後は再び減少すると予測されている。このままいくと財政再建計画は、予定より2年早く達成できることになる（*FAZ*, 17. März 2012）。

（2） ドイツのユーロ救済方針

このようなEUそしてユーロ圏の危機に対して、そのGDP額が2010年にEUで20.2％、ユーロ圏で27.0％のウェイトを占める域内最大の経済大国ドイツがどのような対応をするかは、言うまでもなく重要である（数値はECB, *Statistics Pocket Book*, April 2012, p.39）。現実的に、ユーロ圏の危機に対して救済の中心メンバーはドイツしかないからである。

ドイツのユーロ危機に対する負担は、基本的にその経済規模から27.1％の比率で分担が生じる。2012年春の計画では、ESM は総額7000億ユーロの規模であるが、そのうち直接的な支払額が800億ユーロで、そのうちのドイツ負担額が217億ユーロになる。このほかに、緊急の場合に支払いを求められる金額が6200億ユーロになるが、そのうち1683億ユーロがドイツの負担額である。ドイツはすでに EFSF の責任分担（29％の負担）として550億ユーロを引き受けているから、上記を合計すると2450億ユーロに達する。さらに EFSF の残余期間の債務保証負担として2110億ユーロの債務保証を行うことになっている。もちろん、ここでいう負担は直接的な負担ではなく、もし EFSF のギリシャやポルトガルに行った融資が焦げ付いた場合に発生する負担である（数値は *FAZ,* 28. März 2012, S.9）。さらに12年6月末の支援策の強化で、ドイツの支援負担総額は、ドイツ連邦財務省の計算では3103億ユーロになるとしている。その内訳は、EFSF と ESM のユーロ救済基金への保証額が2853億ユーロ、EU 財政をつうじた支援負担が98億ユーロ、そしてすでに支払われたギリシャへの支援額が152億ユーロとなる（*Handelsblatt,* 27. Juni 2012）。

　このように巨額の支援に対して、「底の抜けた樽（Fass ohne Boden）」という言葉で、ドイツ人は限りのない支援負担を恐れている。この点から、ユーロ圏の共同債の創設にも厳しく抵抗している。ある計算に従えば、ユーロ共同債を発行する場合、ドイツの国債発行金利とユーロ圏の国債発行金利の差を計算してみると、ドイツにとって毎年170億ユーロの負担となるという試算も発表されている（*FAZ,* 13. Dezember 2010）。ドイツはこのような自国の負担積み増しになるユーロ共同債構想には反対している。

　このような負担を担わなければならないドイツ国民の意向はどうだろうか。世上、ドイツの負担増に伴って、ドイツ国民はユーロと EU に対してネガティブな評価になっているとしばしば報道されている。しかし、ドイツの代表的世論調査機関アレンスバッハの調査結果によれば、ドイツ人の EU に対する評価は回復している。まず「ヨーロッパは我々の将来か？」という問

いに対して、「そう思う」という肯定的な答えは2010年の53％から11年には41％に急落したが、12年3月には57％に回復している。05年には62％を記録しているからまだいくぶん低いが、予想外に高い評価と言えるだろう。逆に否定する答えはこの間、順に10年の19％から34％に急上昇したあと、24％に低下している。さらに、今回、「現在我々がヨーロッパに抱えているあらゆる困難にもかかわらず、ヨーロッパの人々は最終的に一体である、と思うか」という問いに、ドイツ人の61％がそう思うと答えている（*FAZ*, 21. März 2012)。もちろん、ユーロ危機の原因になっているギリシャやポルトガルの財政再建が計画通りに進捗しないため、支援の繰り返しから苛立ちが生じて、時折極端な否定的反応も見られようが、しかしこのような基本的に欧州統合を支持する世論を背景に、ドイツは欧州統合を維持強化する路線を今後とも堅持していくと考えてよいだろう。

　ドイツ連邦首相メルケルが、2010年のギリシャ財政危機を救済する支援法案をドイツ連邦議会で審議する際に次のように趣旨説明をした。「ユーロが失敗すると言うことは、ヨーロッパが失敗するということである。」(Bundesregierung［2010］*Bulletin der Bundesregierung*, Nr. 55-1 vom 19. Mai 2010)。それゆえドイツもギリシャを支援しなければならない、と言うのである。このスタンスは、決断が遅いという批判はあるが、その後も一貫したドイツの方針となっていると見てよい。

むすびにかえて

　以上を簡単にまとめておこう。2008年秋のリーマンショック以降急速な経済的落ち込みとそれに対する財政支出拡大に伴って、ユーロ圏の国では深刻な財政危機に陥った。もともとEUには安定成長協定という財政規律があったが、これを軽視し協定違反してきた国では財政赤字が巨額にのぼり、これを背景にギリシャから財政破綻が始まった。そして、財政危機はその他のユーロ圏諸国に飛び火し、危機に陥った国のユーロ離脱によるユーロ危機が現

実味を帯びてきた。

　このようにEUそしてユーロ圏で経済危機が深まる中で、08年から09年にかけてドイツも他のメンバー国と同様に深刻な経済縮小に見舞われた。リーマンショックによって戦後最大の不況に陥った。しかし早くも10年には不況から抜け出し、11年以降好景気を維持している。この間深刻な財政危機、そして景気悪化を続けている他のユーロ圏諸国とは著しく対照的であった。そのため、特に厳しい不況と財政・金融危機に陥ったいわゆるPIIGSと呼ばれる国々の財政危機の支援を迫られた。

　ドイツの支援策は、一方では財政危機に陥った国に厳しい緊縮財政を迫るものであった。それは、財政危機が他の財政赤字国に広がった場合に、ドイツが支援負担に耐え切れるか、負担可能かどうかを危惧したためである。さらに、これらの国の財政規律の緩みに是正を迫るものであったし、財政再建を強く求めるものであった。

　しかもドイツのこのような財政政策の方針は、自国の財政赤字の厳格な抑制を裏づけにしていた。09年夏に憲法改正を行い、財政赤字の上限を厳格に決めていた。そしてこの財政赤字抑制策をユーロ圏やEU加盟国にも迫った。これは、ユーロ価値を安定させるためにドイツには譲れない原則と考えたためである。自国民にも支持された原則である。

　ドイツのユーロ危機への対応は、今のところ、自国のユーロ圏からの離脱でも、ギリシャ等の過重債務国にユーロ圏からの退出を求めることでもない。安定した強い通貨ユーロを実現するために財政規律の厳格な遵守による財政再建を実現し、各国経済の財政への依存を抑制し経済基盤の強化を遂行する方針をユーロ圏各国に迫っている。そして、最終的にはそのための制度的装置として財政同盟を推進させようという方針でいる。

　もちろん、このようなドイツの方針は、危機に陥って支援を必要としている国が、安定した政権下で経済再建を目指すことができれば良いが、しかし各国とも経済危機によって生じた社会不安から政権が安定せず、経済的・政治的不安定を背景にして、突発的出来事から一挙に通貨危機が深刻化する恐

れも高まっている。例えば、2012年5月に実施されたフランス大統領選挙やギリシャ国会選挙に見られるように、財政再建を迫られている国々の国政選挙や国民投票でどのような国民の意思表示が行われるか等の国民の選択や、その他財政緊縮政策に反対するデモやストライキ等の抵抗や抗議による偶発的出来事等の要因が予想外の大きな役割を果たす恐れがあることにも注意を要する。そしてこの背後には、加盟各国間でなお同化できない経済システムがあり、国民のライフ・スタイルや各国間の社会的・文化的差異が融合せずにあると言ってよい。

このような激しく動くEUそしてユーロ圏の財政・金融事情であるが、しかし中期的に見通すと、見えてきたものがある。それは単一通貨ユーロの維持と防衛への結束であり、そのための歩みが着実になりつつある。それは構成国の国家主権を制約してでも財政統合そして政治統合への地歩を固めていくことである。欧州共同債の発行まで踏み込めるかどうかはまだ予断を許さないが、金融行政の一体化（いわゆる銀行同盟）や財政統合への進展は避けようがない。このように見れば、EUは今、その創設の基本理念であったヨーロッパの連帯と結束の真価が問われており、まさに正念場にあると言ってよいのである。

注
1）このスタンスの差は現行の安定成長協定の策定の際に表面化していた。同協定はドイツが提案した1995年11月の時点では単に「安定協定」となっていて、ユーロ導入国に財政規律を遵守させ、通貨価値の安定を目指すものであったが、フランスは通貨価値の安定のみを重視してはならず、経済成長も同時に配慮すべきであるという意味を込めて「成長」を入れることを主張し、現行の「安定成長協定」とされた。ティートマイヤー[2007] pp. 279～289、マーシュ[2011] p.337を参照。
2）EUは加盟各国の財政とは別に、EUの組織運営や政策実施のためにEU独自の財政を組んでいる。歳入規模はEU加盟国総国民所得（GNI）の1.23％を上限とし、主に加盟国のGNIの多寡に応じた分担金の拠出や付加価値税の分担納入分等で賄っている。支出は域内の経済政策や地域政策、農業を中心とする産業政策等に振り向けられている。もちろん、加盟各国の分担額と受取額が一致せず、その差額が所得移転に当たる。経済発展の遅れている国に多く配分され、発展した加盟国がそれを負担する構造である。
　本稿で問題となるPIIGSで見れば、イタリア以外はすべて受け取り超過国であった。

2010年には、ギリシャが約36億ユーロ（対GNI比1.61%）、スペインが41億ユーロ（同0.39%）、ポルトガルが26億ユーロ（同1.57%）、アイルランドが8億ユーロ（同0.64%）の受取超過となる。これに対してドイツが92億ユーロ（同0.36%）、イギリスが56億ユーロ（同0.33%）、フランスが55億ユーロ（同0.28%）、イタリアが45億ユーロ（同0.33%）の負担超過となる。これらの国の2002年の一人当たりGDPをユーロ圏12カ国の平均を100とした指数で見ると、ギリシャ72.2、スペイン87.4、アイルランド127.4、イタリア100、ポルトガル72.2となる。このように平均以上のアイルランドとイタリアを除くと、ギリシャもポルトガルもユーロ圏平均の7割、スペインが9割弱にしか達していなかった。

　移転の金額はもちろん年々変動するが、しかし受け取り国と負担国の構成はほとんど変化していない。このように規模は大きくないとはいえ、EU内での所得移転の仕組みは存在しており、例えばギリシャではGNIの2%程度を毎年EU財政から配分として得てきたのである。以上はEuropean Commission [2011] p.75、またECB, *Statistics Pocket Book*, 2004, p.38を参照。

3) 本稿を作成する際に、紙幅の関係から一々指摘しなかったが、主に、有田哲文 [2011]、岩田喜久男 [2011]、行天豊雄 [2011]、代田純 [2012]、田中素香・長部重康・久保広正・岩田健治 [2011]、みずほ総合研究所 [2010] を参照している。

4) マーストリヒト条約における財政赤字の対GDP比3%以内、政府債務残高の対DDP比60%以内というこの財政規律は、独仏間の交渉に参加した元ドイツ連銀総裁のティートマイヤーによれば、もともとはドイツからではなくフランス側から提案された基準値であった。そしてこれらの数値には理論的根拠があるのではなく、フランスが当時国家目標としていた経験的な上限であったようである（ティートマイヤー [2007] p.197またIssing [2008] p.197も参照）。なお、マーストリヒト条約では、この他に物価上昇率が低水準で安定していること、長期金利が低水準であること、為替レートがERMの中で安定していて過去2年間切下げられていないことも判定基準にされていた。以上はティートマイヤー [2008] p.195-199を参照。

5) マーストリヒト条約と安定成長協定の財政規律については、遠藤乾 [2008] 8-11、9-18、9-26を参照。

6) 以上はIssing [2008] p.199、遠藤 [2008] 8-11、9-18、9-26、小西 [2008] を参照。

7) ここで言うPIIGSについてまとめておこう。単一通貨ユーロは、2012年初めには、法定通貨として17カ国、合計3億3140万人の人口によって利用されている。これはEU内の総人口の66.1%、EUのGDP総額の74.7%に達する。さらにこのうち、PIIGSと呼ばれる5カ国の人口は、10年には、ポルトガルが1060万人でユーロ圏の3.2%、イタリア6050万人で同18.3%、アイルランド450万人で1.4%、ギリシャ1130万人で3.4%、スペイン4610万人で13.9%となり、PIIGS合計で1億3300万人、EU全体の人口の40.2%を占める。

　また、PIIGSのユーロ圏17カ国に占めるGDPのウェイトは、ポルトガル1.9%、イタリア17.0%、アイルランド1.7%、ギリシャ2.5%、スペイン11.5%となる。このように、イタリアとスペイン以外はユーロ圏全体にとってそれほど大きなウェイトとは言えないが（計6.1%）、しかしイタリアとスペイン2カ国だけで28.5%になり（5ヶ国合計

で34.6％)、この２カ国への金融危機の波及はユーロ圏に対して大きな影響を与えることになる。以上の数値はECB, *Statistics Pocket Book*, 2014, p.39を参照。
8) スペインでの憲法改正では、憲法に具体的な数値は記入せず、ただ上限を定めなければならないとした。その上で政党間合意として一般政府の構造的財政赤字の上限値を対GDP比0.4％以内とし、これを関連法で定めるとしている。スペインの財政赤字制限のための憲法改正については、三輪和宏［2012］を参照。
9) ドイツ経済のリーマン・ショック前後の動向については、藤澤［2010］と、古内［2012］を参照。
10) 以上の数値はStatistisches Bundesamt, *Zahl der Woche* vom 10. 04 2012-05-01から。
11) このような通貨統合と単一通貨をめぐる疑念を表明し、違憲訴訟を繰り返している側の見解をまとめた文献として、Hankel/Nölling/Schachtschneider/Spethmann/Starbatty［2011］を参照。
12) 以上の基本法改正については、山口和人［2010］、渡辺富久子［2010］, Deutsche Bunndestag［2009］、等を参照。
13) このドイツの安定成長協定違反を重視する見解として古内［2012］がある。
14) 竹森［2010］はハラルド・ジェームズの言葉を借りてこの点を厳しく批判し、「ドイツの『クレージーな』財政政策」（182頁）と言う。しかしこの指摘は超越的に過ぎて、意味があるとはいえない。ドイツの方針をもっと実状にそってみるべきであろう。というのは、このドイツの財政赤字の上限を法的に規定するやり方は、11年８月には独仏両国がユーロ圏諸国で採用すべきとの共同見解とされ、具体的には９月にはスペインが憲法と関連法で国債の上限を対GDP比0.4％以内と制限するように、憲法改正の手続きを開始しているし、ポルトガル政府も同調する方針を決めている。これは、規律の緩んだ財政政策からくる財政赤字を厳格に憲法や関連法で規制する方針を定め、財政に対する信頼を回復しようとする試みと言ってよい。いわゆるソブリン・リスクを克服するには、政府の口約束では不十分で、断固たる姿勢を国民や金融市場に示す必要があったと見るべきであろう。

さらに、同書ではドイツがリーダーシップを発揮して、危機対策を断行すべきとの指摘もされている。しかし、ドイツは、第２次世界大戦後ほぼ国是として、トーマス・マンの言葉を借りれば、「ヨーロッパのドイツ化ではなく、ドイツのヨーロッパ化」を目指してきたのであり、フランス等との協調を図りながら絶えずヨーロッパ内での調和を目指してヨーロッパ統合に参画してきた。それゆえ、ドイツは自己の強力な指導力の発揮を求められることをこれからも慎重に回避するであろう。
15) 以上については、Die Gemeinsame Kommission von Bunndestag und Bundesrat zur Modanisierung der Bund-Länder-Finanzbeziehungen［2009］S.80-82, 渡辺［2010］を参照。また、EUのドイツの財政赤字問題に対する対応は、Commission of the European Communities［2006］を参照。

参考文献

有田哲文［2011］『ユーロ連鎖危機―漂流する「通貨同盟」』朝日新聞社
岩田喜久男［2011］『ユーロ危機と超円高恐慌』日本経済新聞出版社
遠藤乾［2008］『【原典】ヨーロッパ統合史　史料と解説』名古屋大学出版会

行天豊雄［2011］『世界経済は通貨が動かす』PHP 研究所
小西砂千夫［2004］「『安定・成長協定』に関する EU のガバナンス」深山明編著『EU の経済と企業』御茶の水書房
小西砂千夫［2008］「安定・成長協定は形骸化したのか」海道ノブチカ編著『EU 拡大で変わる市場と企業』日本評論社
代田純［2012］『ユーロと国債デフォルト危機』、税務経理協会
竹森俊平［2010］『中央銀行は闘う—資本主義を救えるか』日本経済新聞出版社
田中素香・長部重康・久保広正・岩田健治［2011］『現代ヨーロッパ経済［第 3 版］』
ティートマイヤー［2007］『ユーロへの挑戦』京都大学学術出版会、国際通貨研究所監訳（Hans Tietmeyer, *Herausforderung Euro*, München 2005）
藤澤利治［2010］「国際金融危機とリーマン・ショック下のドイツ銀行業」日本証券経済研究所編『証券経済研究』第 72 号
古内博行［2012］「欧州債務危機とドイツの試練」『国際金融』1238 号、2012 年 7 月
マーシュ［2011］『ユーロ—統一通貨誕生への道のり、その歴史的・政治的背景と展望』一灯舎、田村勝省訳、David Marsh, *The EURO: The Politics of the new Global Currency*, New Haven and London, 2008）
みずほ総合研究所［2010］『ソブリン・クライシス—欧州発金融危機を読む』日本経済新聞出版社
三輪和宏［2012］「2011 年におけるスペイン憲法改正及び政党間合意の成立—財政健全化に向けた欧州連合加盟国の一つの試み—」国立国会図書館調査及び立法考査局『レファレンス』2012.5
山口和人［2010］「ドイツの第 2 次連邦制改革（連邦と州の財政改革）(1)—連邦と州の財政関係—」、国立国会図書館調査及び立法考査局『外国の立法』243
鷲江義勝［2009］『リスボン条約による欧州統合の新展開　EU の心基本条約』ミネルヴァ書房
渡辺富久子［2010］「ドイツの第 2 次連邦制改革（連邦と州の財政関係）(2)—財政赤字削減のための法整備—」、国立国会図書館調査及び立法考査局『外国の立法』246
Commission of the European Communities [2006], *Recommendation for a Council Decision giving notice to Germany, in accordance with Article 104 (9) of the EC Treaty, to take measures for the reduction judged necessary in order to remedy the situation of excessive deficit*, Brussels
Deutsche Bundesbank [2005],"Zur Reform des Stabilität- und Wachstumspaktes", *Monatsbericht Januar 2005*
Deutsche Bundesbank [2011],"Die Schuldenbremse in Deutschland- Wesentliche Inhalte und deren Umsetzung", *Monatsbericht Oktober 2011*
Deutsche Bundesbank [2012a] "Konjunktur in Deutschland", *Monatsbericht Februar 2012*
Deutsche Bundesbank [2012b] "Öffentliche Finanzen", *Monatsbericht Februar 2012*
Deutsche Bundesregierung [2010], *Bulletin der Bundesregierung*, Nr.55-1 vom 19. Mai 2010
Deutsche Bundesregierung [2012], *Bulletin der Bundesregierung*, Nr.18-1 vom 27. Feb-

ruar 2012
Deutscher Bundestag [2009], *Drucksache*, 16/12410
Die Gemeinsame Kommission von Bundestag und Bundesrat zur Modernisierung der Bund-Länder-Finanzbeziehungen [2010], *Die Beratungen und ihre Ergebnisse*, Berlin
European Central Bank [2011], *The Monetary Policy The ECB*, Frankfurt am Main
European Commission [2011], *EU Bugget 2010. Financial Report*, Luxembourg
FAZ [2012], *Frankfurter Allgemeine Zeitung*, 21. März 2012
Hankel, W./Nölling, W./Schachtschneider, K. A./Starbatty, J. [1998], *Die Euro-Klage. Warum die Währungsunion scheitern muß*, Rowohlt
Hankel, W./Nölling, W./Schachtschneider, K. A./Spethmann, D./Starbatty, J./ [2011], *Das Euro-Abenteuer geht zu Ende. Wie die Währungsunion unsere Lebensgrundlagen zerstört*, Rottenburg
Issig, O. [2008], *Der Euro. Geburt-Erforg-Zukunft*, München
Kastrop, Ch./Meister-Scheufelen, G./Sudhof, M. [2010], *Die neuen Schuldenregeln im Grundgesetz*, Berlin

第6章
イギリス金融危機と長期経済成長

稲富信博

はじめに

　イギリスの10大銀行（2006年末資産規模）のうち、2007年から09年に破綻し、政府支援を受けた銀行は5行におよび、さらに1行はスペインのSantandale銀行によって救済買収された。それら金融機関の救済等に用いられた資金はGDPの74%に達し、米国の73%を上回る規模であった（Bank of England［2009］：13）。しかしながら、イギリス下院財務委員会の報告書によると、米国で発行されたサブプライム証券を購入したことを直接の原因として、破綻した銀行は確認できなかった（Treasury Committee［2009］）。

　個別銀行の破綻原因を簡単に述べると、最初の破綻銀行Northern Rock（第8位）は、卸資金市場の収縮のため、証券化による資金調達も銀行間市場からの資金調達も困難となり、07年9月14日にイングランド銀行の救済を受けざるを得なくなったのである。この卸資金市場の収縮を直接的契機として、08年7月にはAlliance & Leicester（第10位）はSantandaleによって救済買収された。さらに、商業不動産に集中し卸資金市場に依存して急拡大していたHBOS（第4位）は、08年に商業不動産部門で67.8億ポンドの損失を計上し、9月18日にLloyds TSB（第5位）に救済買収された。しかし、救済買収したLloyds TSBも、HBOSの損失額が大きいため、09年3月に政府支援を受け国有化された。

　Bradford & Bingley（第10位）は、賃貸のためのローン（buy to let）と

自己証明による貸出に集中していたため、18日に発表されたHBOSの救済合併後、経営不安から4億ポンドもの預金引出が生じ、27日には金融サービス機構（FSA）は同行の存続可能性を否定した。預金と支店網はSantandaleに引き継がれ、その他は国有化され清算されることとなった。

最後に、Royal Bank of Scotland（RBS、第3位）は、アメリカの子会社としてGreenwich Capitalを有し、これがサブプライム関連の損失をかなり計上している。しかし、RBSの破綻の原因は、オランダ・ベルギーのFortis銀行とSantandale銀行共同で、07年10月にオランダのABN Amroの買収に成功し、ABN Amroの北米・アジア部門、国際・法人部門を引き取ったことであった。買収後、その資産のほとんどが不良債権と判明し、買収資金100億ポンドが無価値となり自己資本が毀損し、08年10月に政府による資本注入を受け国有化された。ちなみに、RBSは09年2月にはイギリス企業史上最大の241億ポンドの損失を計上し、Fortisは08年9月にベネルックス三国によって部分的に国有化された。

このように、イギリスの諸銀行は、バランス・シートの負債側では、業務拡大のために卸資金市場に依存する一方で、資産側では、賃貸のためのモーゲージや商業不動産貸付、住宅資産価値を超える貸付や、適正なデュー・デリジェンスを行わず巨額の買収を行うなど、リスキーな資産を抱えたのである。

長期経済成長がもたらしたユーフォリアや楽観的な見通しを背景に構築された、この負債・資産が有するリスクを軽視したビジネス・モデルが、卸資金市場の急激な収縮を受けて破綻したのである。銀行経営者・株主、金融規制当局、政府全てが同様なユーフォリアを共有し、金融業務の拡張をひたすら追求したため、イギリスの金融危機は破壊的となったのである。

例えば、2003年にイングランド銀行総裁M. キングは、1990年代を'non-Inflationary, consistently expansionary-nice'な年代と呼んだ（Bank of England［2003］: 477）。この「ナイス」な経済成長は、図6-1が示すように、92年の第3四半期から、07年9月にはNorthern Rockの取り付け騒ぎ

図6-1 GDP成長率等

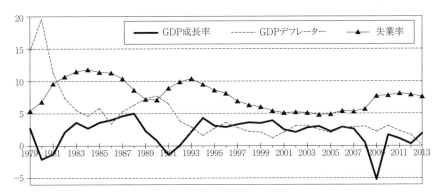

（出所）Office for National Statistics（ONS）のデータより作成。以下の図表で出所の指示がない場合は、すべて ONS データによる。
（注）2009年以降の GDP 成長率・GDP デフレーターは、2010年基準のデータ。それ以外は2005年基準。

があったものの、08年第1四半期まで続いた。また、イングランド銀行は、この長期成長の原因を、メージャーおよびブレア政権下の経済政策の貢献や、インフレ・ターゲットの設定とそれを実施する制度的枠組に帰している（Bank of England［2007］）。

本章の課題は、破壊的金融危機の背景となった、この長期成長の原因を探り、この間に進行したイギリス経済の構造変化の一端を明らかにすることである（Kitson and Wilkinson［2007］：813-4, Elliott and Atkinson［2009］, 参照）。

1　グローバル化とイギリス経済

長期成長の原因やイギリス経済の構造変化を分析するにあたって、長期成長が始まった1990年代には既に定着していた新自由主義や、90年代以降一層進展した企業活動および金融のグローバル化が、イギリス経済に与えた影響を若干検討しておこう。

周知のように、新自由主義は、1979年以降のサッチャー政権下で浸透し、メージャー政権に引き継がれた。その後、97年に「第3の道」を標榜し、ニュー・レーバーとして政権を獲得したブレア政権では、99年の最低賃金法の導入や政権第2期における医療・教育分野への投資増加など、保守党とは一線を画す政策が導入された。しかしながら、政策の基本的スタンスは、以下のようであった（Coutts［2007］、Shaw［2007］、Augar［2009］）。
1．ケインズ主義的需要管理を放棄し、サプライ・サイドを重視した。
2．労働組合を戦後のコーポラティズムを構成する一員としてではなく、業界団体と同様な圧力団体と同等に扱った。
3．それに対して、法人税の引き下げなど、親資本家的政策を導入したが、産業界の利害よりも、専ら規制緩和によって金融業界の利害を優先する政策を導入した。

したがって、長期成長期中、金融業やサービス産業がイギリス経済において一層重要性を高める一方で、製造業の長期的な衰退に歯止めがかからなかった。

　さて、イギリスにおける企業活動のグローバル化を直接投資でみると、投資収支の他の項目とは違い、直接投資の収支はマイナス、即ち、対外直接投資の方が対内投資を超過している。それは、情報通信、石油・鉱山、食品・タバコ、薬品など、特定分野の多国籍企業による投資やM&Aが活発なことによる。例えば、毎年UNCTADは、多国籍企業を対外資産でランキング付けし100社を発表しているが、2000年には英系企業14社が挙げられている（UNCTAD［2002］：86-8）。その内訳は、情報通信業VodafoneとCable & Wireless、国際石油資本 Royal Dutch/ShellとBP、鉱山業Anglo AmericanとRio Tinto、食品および醸造業DiageoとCadbury Schweppes、タバコ産業British American Tobacco、家庭用品会社Unilever、薬品業AstrazenecaとGlaxoSmithKline、広告業WPP Group、メディア会社Peasonである[1]。

　しかし、G.オーエンが2000年に検討している10産業（繊維、造船、鉄

鋼、製紙、機械、自動車、エレクトロニクス、航空機、化学、製薬業）で、グローバル企業として挙げられている英系企業は、製紙業の DS Smith 社、航空機産業の BAE Systems および Rolls-Royce、上記 GlaxoSmithKline と数少ない（Owen [2000]）。

　よって、製薬・航空機以外の製造業では、英系企業と平行して各国のグローバル企業がイギリスで生産している。外資企業がイギリスに進出・生産する傾向は新しい現象ではないが、サッチャー以後の歴代政権は「英国病」を克服する手段として、積極的に外資企業の誘致政策を展開した。とはいえ、第2次大戦後確立され1970年代まで維持されたコーポラティズム、すなわち、政府、産業界、労働界の間で産業政策を決定・実行するという戦後イギリス労使関係が存在している限り、グローバル企業がイギリスに進出するメリットは少ない。これを打破したのは、それ自体、労働組合の弱体化を企図した80年代の新自由主義的雇用法、労働組合法、賃金法であった。（森嶋[1988]）。

　その結果、イギリスは、OECD 加盟国中アメリカについで、労働者を容易に解雇できる国となった（OECD [2003]）。よって、対内直接投資額は、80年代前半には GDP 比で1.1％であったが、後半には2.3％と倍増した。さらに、90年代は2.7％、00-07年間には4.8％と増加し、07年の直接投資残高は GDP の45％に達する規模となっている。ただ、イギリスへの直接投資は90-94年間では50％がサービス部門に向かったが、その後も増加し、00-02年間では78％とサービス化が著しい。残高規模では、95年サービス部門は47％を占めていたが、2000年以降60％程度となっている（UNCTAD [2004]）。

　ここでは、まず、直接投資が製造業に与える影響について見てみよう。ポーター（Porter [1990]）は、直接投資は受け入れ国の国際競争力を向上させないと主張したが、95-05年間イギリスの生産性は米独仏に対して劣っているものの、その差は縮まっている。しかし、02年の時点で、独仏よりも生産性が高い産業として鉱山、電力、建設、運輸があるが、それら産業の生産

性が高いのは、民営化された旧国営企業における労働者削減によるものである。それ以外の製造業では、外国メーカーしか生産していない自動車を含めて、資本装備率が低いため生産性は低い。旧国有企業以外で、独仏両国よりも生産性が高いのは食品部門だけであって、有力なメーカーを有する製薬業も対独で高いのみである。また、総生産高に占める研究開発費が高いのは、食品、製薬、航空機、鉄道等であって、これ以外の産業分野で自生的な生産性の向上は期待できないであろう（Mason and O'Leary［2008］）。したがって、特定の産業分野でグローバル企業が活躍しているが、それでも製造業の生産性は劣っており、輸出動向は主として為替相場の変動に影響を受けることになる。

　さて、イギリス経済に最も影響を与えているのが、金融のグローバル化である。60年代のアメリカにおける資本輸出規制によるユーロ市場の拡大に始まり、サッチャー政権下で実施された79年の資本取引自由化や86年のビッグ・バンなどの規制緩和を経て、さらに、02年にアメリカで成立したサーベンス・オクスリー法による漁夫の利を得て、シティーは最も規制の少ない金融市場として、欧州で展開されるグローバルな金融取引の前線基地となっている。07年時点でイギリス所在の銀行は英系68行、外資系83行と外資系銀行の方が多く、総資産でも55％と英系銀行の資産規模を上回る。さらに、クロス・ボーダーな銀行貸付、外国証券の売買高、外国為替取引、店頭デリバティブ取引、海上保険の保険料収入では、アメリカを凌駕している（IFSL［2007］）。

　グローバルな金融取引は、専門的な会計・法律・広告サービスを必要とし、さらに、それらから外注を受けるサービス産業や、高所得の専門職に奉仕する低賃金のサービス産業などが、ロンドンおよびその周辺地域ばかりなく、投資信託の発祥地であるエジンバラに集積することとなった。サッセンの言う、Global City である（Sassen［2001］）。

　しかし、02年時点、米独仏に対する労働生産性では、金融サービスでは米に、保険では独に、金融付随サービスでは米仏に劣るなど、必ずしも優位に

あるわけではない。その一方で、ロンドン市が発表しているサーベイによると、07年時点で最もグローバルな金融センターとしてロンドンが挙げられているが、その評価の基準となった上位5つの指標は、「熟練した人材のavailability」、「規制環境」、「国際金融市場へのアクセス」、「事業インフラの整備」、「顧客とのアクセス」であった（Yeandle［2007］：66）。「熟練した人材のavailability」とは従業員の解雇の容易さであり、「規制環境」とはグローバルな金融活動に対する規制の少なさを意味するのであって、新自由主義的規制緩和がイギリスにおける金融サービス業の拡大を支えているのである。

　以上の議論を就業者数によって確認する（図6-2参照）。79-07年間で全就業者は419万人増加している。減少しているのは、製造業391万人、鉱業・電力50万人、農業18万人であり、圧倒的に製造業の就業者が激減している。他方、増加している産業は、金融・事業サービス371万人、教育・医療・公共部門227万人、流通150万人、その他サービス84万人、建設33万人、運輸14万人である。金融・事業サービス業を筆頭とするサービス部門の増加人数は832万人であって、イギリス経済のサービス化と製造業の衰退は顕著である。実際、07年現在の就業者は3,147万人であるが、教育・医療・公共部門の比率は25％、流通22％、金融・事業サービス21％、その他サービス6％

図6-2　就業者数の推移（1979-2007年、万人）

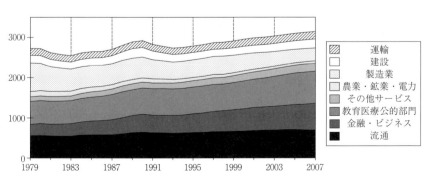

と、サービス部門は75％を占め、製造業は10％に過ぎない。また、07年の付加価値生産では、金融・事業サービス32％、教育・医療・公共部門18％、流通14％、その他サービス5％と、サービス部門で69％を占め、製造業は若干比率を増加させ12％である。

いずれにしても、イギリス経済においてサービス部門は70％程度の重要性を占め、対して製造業は10％程度であるというのが、経済のグローバル化による所産である。長期成長も、このサービス化と製造業の衰退と同時並行的に展開されたのである。

さて、労働分配率は、1960、70年代とも平均で約65％であったが、80年以降緩やかな低下傾向を示し、07年には59.9％であった。この原因として、労働組合の弱体化による賃金に関するバーゲン・パワーの減少、メガ・コンピティションによる賃金引き下げ圧力、組合組織率の低いサービス部門への労働人口の移動など様々な原因が挙げられる。また、日本同様、非正規労働者が増加し、特に、1980-90年代にパートタイム労働者の増加が進行した。データが発表され始めた84年にはパートタイマーは全就業者の21％であったが、07年には25％に増加した。84-07年間に増加した就業者は494万人であったが、その47％がパートタイマーであった。

さらに、2000年、週給で最低である流通業の給与を100とすると、平均は148で、平均以上は金融・事業サービス177、建設169、製造業167、平均以下は公共部門141、その他サービス135である。07年には全産業で流通業との格差を広げており、平均より高低が変化した部門はなかった。既述のように、就業者が増加した部門はサービス部門であったが、金融・事業サービスの給与水準は最も高く、教育・医療・公共部門およびその他サービスは平均以下、流通業は最低であったので、非正規労働者の増加と相俟って、所得格差が拡大している。実際、可処分所得のジニ係数は83年0.28であったが、90年と01年度に0.36というピークを記録した後、下落したが07年度には0.34と高止まりしている（Barnard［2010］：33）。

このように、市場原理主義の浸透と経済のグローバル化は、サービス化と

製造業の衰退、さらには労働分配率の低下を惹起しつつ、所得格差の拡大をもたらしているのである。

2　長期経済成長の概観

まず、年間のGDP成長率では、1992年から2008年までプラスであった。四半期ベースでは、92年第3四半期から08年第1四半期までの、63四半期連続でプラス成長を続けた。これに匹敵する第2次大戦後の長期成長期としては、49-72年間の戦後成長期がある。

本章では、マイナス成長の四半期をもつ92年と08年を除いた、1993-2007年間を長期成長期として取り扱う。戦後成長期の平均成長率は2.98％、インフレ率は4.52％であるが、今回の成長期のそれは、それぞれ2.99％、2.51％である（92年と08年を含むと、2.68％、2.61％となる）。総じて、今回の長期成長は、3％未満の低インフレと2-3％台の成長（例外的に、94年には4.3％の成長率を記録した）が持続したことが、特徴である。

また、図6-1のように、アメリカおよび国内のITバブル崩壊後の影響を受けた2001年以降とそれ以前とでは微妙にパフォーマンスが違う。よって、

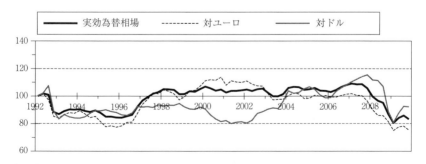

図6-3　ポンドの為替相場（1992年1月=100）

（出所）イングランド銀行のInteractive Dataより作成。
（注）対ユーロ相場は、1991年1月までは対マルク相場。

1993-2000年間を前期、2001-07年間を後期として区分する。前期の成長率は3.35%、インフレ率2.39%であるが、後期のそれは、2.59%、2.64%と、後期では成長率の鈍化とインフレ率の上昇がみられる。

イギリスの戦後ブームを振り返ると、当時の財務大臣の名前を冠したMaudling's Dash for Growth（63-64年）、Barber's Boom（72-73年）、Lawson Boom（86-88年）の特徴は、ブーム末期にインフレが進行し、経常収支悪化によるポンド安のため、引き締め政策を取らざるをえなくなるという「Stop-and-Go」が共通していた（Pollard [1992]）。それに対して、今回の成長期の特徴は、持続的成長と低インフレ、ポンドの安定であり（図6-3参照）、これらが今回の長期成長期の原因を解く鍵である。

3　長期経済成長の原因

92年後半に景気が回復する発端となったのは、ローソン・ブーム後の不況期に手控えられていた家計消費[2]が92年第3四半期に拡大したことである。実際、家計消費は同期のGDP成長に108%寄与した。さらに、92年9月に投機資本の攻撃を受け、ERMからの離脱を余儀なくされた結果、急激にポンド安となり、それが急速な輸出増加をもたらした。92年第4四半期には、輸出のGDP成長に対する寄与率は129%であった。以下、長期経済成長の原因とイギリス経済の構造変化を解明しよう。

（1）　支出項目別GDP寄与率

表6-1は、各支出項目のGDP構成比とGDP成長に対する寄与率をまとめたものである。寄与率で見ると、1993-2007年間、家計消費、輸出、総資本形成、政府支出の順で経済成長に貢献したが、家計消費が前・後期とも70%弱とGDP成長に最大の貢献をし、また、ほとんど変化がないのに対し、その他の支出項目は前・後期で変動がみられる。

純輸出がマイナス基調にあるイギリスにおいて、輸出の役割は軽視されが

表6-1 支出項目別GDP構成比と成長寄与率（年平均）

(単位：%)

年　間	家計消費	政府支出	総資本形成	輸出	輸入	純輸出	GDP成長率	インフレ
構成比								
1993-2000	62.0	21.6	15.6	22.4	-22.3	0.1	3.35	2.39
2001-2007	64.5	20.9	17.3	25.9	-28.8	-3.0	2.59	2.64
寄与率								
1993-2000	69.2	7.2	24.6	45.5	-48.9	-3.4	3.35	2.39
2001-2007	68.2	23.3	27.5	37.7	-53.4	-15.8	2.59	2.64
平均増加率								
1993-2000	3.7	1.3	5.6	7.0	7.5		3.35	2.39
2001-2007	2.6	2.9	4.2	3.9	4.8		2.59	2.64

（注）統計上の不突合の影響が強く、構成比の合計は100%とはならない。

ちであるが、輸出はGDP寄与率では前期45.5%、後期37.7%と家計消費につぐ地位を占めている。構成比では後期が高いのに対し、寄与率が後期に減少しているのは、07年に輸出額が前年より減少し、寄与率がマイナス31.5%になったことによる。07年を除く、01-06年間の寄与率は平均49.2%であり、前期を含め06年まで輸出はGDP成長に大いに貢献し続けた。

第3の寄与率を示している総資本形成は、前期の24.6%から、後期27.5%と寄与率を増加させているが、それは民間住宅投資と設備投資の増加によっている。

さて、政府支出はGDP構成比では後期に減少しているのに対して、寄与率では前期7.2%から後期23.3%と3倍となっているのは、若干説明を要する。前期、政府支出のGDP構成比は、93年の23.4%から00年の20.4%と継続的に減少しているばかりでなく、絶対額が93年と97年に減少するなど、GDP構成比の平均では21.6%であるが、寄与率はきわめて低くなっている。それに対して、後期では、05年まで、絶対額が一貫して増加しているため、寄与率が高くなっている。ちなみに、ブレア政権では98-01年度まで財政収支は黒字であったが、01-05年度にかけてGDP比で医療1.6%、教育お

よび社会保障費はそれぞれ0.8%増加し、それがGDP成長に貢献した。

最後に、前期の成長率は3.35%であったが、後期に2.59%と鈍化しているのは、成長寄与率の高い家計消費、輸出、総資本形成の増加率が後期に低下したことによる。特に、70%弱の寄与率を示している家計消費の増加率低下の影響は大きい。

（2） 家計消費

GDPの成長に、もっとも貢献したのは旺盛な家計消費である。国民経済計算上、家計消費＝可処分所得－貯蓄[3]であるので、家計消費の増加は、可処分所得の増加あるいは貯蓄の減少によって生ずる。長期成長期のイギリスにおいて、可処分所得の増加と貯蓄の減少が同時に生じ、それが家計消費の増加をもたらした。

では、家計消費の増加に対して、可処分所得増加と貯蓄減少はどの程度貢献したのであろうか。図6-4で分かるように、貯蓄率は93年の10.8%から07年の2.2%と激減し、93-07年間平均で家計消費増加に5.6%寄与した。それに対して、可処分所得は93-07年間に1.9倍（実質1.4倍）となり、2.1倍

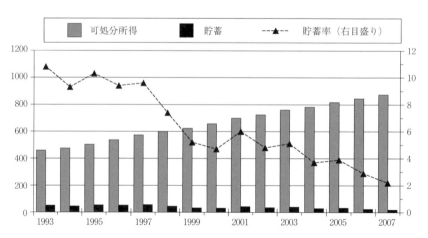

図6-4 可処分所得と貯蓄（単位10億ポンド）

(実質1.6倍）となった家計消費の増加に90.7％寄与した[4]。このように、旺盛な家計消費を支えたのが圧倒的に可処分所得の増加であることを確認できたが、次は可処分所得の増加の原因を検討しよう。

可処分所得は、種々の所得源泉から様々な段階で課される公租公課を控除した額で構成される。ここでは、公租公課が課される以前の各所得源泉が、名目可処分所得の増加にどの程度影響したかを考察するが、各所得源泉のデータは公租公課が課される前段階のデータであるので、実際の可処分所得との関係では合計すると100％以上になる。まず、93-07年間平均で、名目可処分所得に対する比率は、雇用者報酬69％、社会給付26％、個人企業の利益を表す営業余剰・混合所得17％、ネットの財産所得14％であった。

期別に、可処分所得増加に対する寄与率をみると、前期前半では雇用者報酬48％、社会給付24％、（受取配当増加と利払い減少によって）財産所得は24％寄与したが、前期後半では雇用者報酬の寄与率は96％と倍加した。後期には、雇用者報酬の増加率は減少したが、可処分所得増加に対して80％寄与し、それに社会給付が30％と次いでいた。社会給付を除くと、雇用者報酬や財産所得、営業余剰・混合所得の増加原因は、雇用者報酬については経済成長による全産業の平均報酬の増加と労働人口の増加であり、財産所得については前期前半の経済成長による企業配当の増加と、借入の減少と利子率の低下によるものであった。後期の営業余剰・混合所得については個人企業の利益増大が影響しているのであり、いずれも経済成長が可処分所得の増加をもたらした。

社会給付の可処分所得増加に対する寄与率を遡ってみると、不況期にあった91、92年には60％、58％と第1の寄与率を示しており、社会給付がこの時期スタビライザーとしての役割を果たした。前期前半にも可処分所得の増加に寄与したが、その後、経済成長が進行するにつれ、社会給付の寄与率は減少した。しかし、後期には前述のような社会保障費の増加により、30％の寄与率を記録するなど、可処分所得の増加に貢献した。

以上、今までの議論をまとめると、長期成長にもっとも貢献したのは旺盛

な家計消費であり、それは貯蓄の減少よりも、圧倒的に可処分所得の増加によるものであった。さらに、可処分所得の増加は、経済成長による雇用者報酬および財産所得の増加によるものであり、経済成長→雇用者報酬・財産所得の増加→可処分所得の増加→家計消費の増加→経済成長という好循環が続いたのである。しかし、これでは循環論法であり、経済成長をもたらしたのは何かという出発点にもどる。

　これを解く鍵は、ローソン・ブーム後の不況期において、家計消費増加額が90年53億ポンド、91年マイナス80億ポンド、92年21億ポンドと小額かマイナスであったことである。しかし、93年と94年には、家計消費増加額は156億ポンドと163億ポンドと拡大し、経済成長が開始されることになる。また、93年と94年の輸出増加額は72億ポンドと154億ポンドと拡大している。したがって、経済成長の開始は不況期に抑制されていた家計消費が社会給付の下支えを受けて回復したこと、さらに規模は劣るが輸出が拡大したことによる。よって、社会給付の下支えを受けた家計消費の回復・輸出の拡大→経済成長の開始→可処分所得（雇用者報酬、財産所得）の増加→家計消費の増加→経済成長という好循環が続いたと推測される。

　一般に、不況期に抑制された消費が回復し、経済成長が開始され、可処分所得が増加することは、景気回復の初期の特徴であろう。しかし、不況期に抑制された消費の回復によって可処分所得が増加しても、それが必ずしも一層の家計消費の拡大をもたらすわけではない。家計消費がさらに増加するためには、将来の景気動向について楽観的な見通しを裏付けるデータないし事実が存在しなければならない。それは、後に検討する輸出動向である。景気回復期の1994-97年間には輸出増加と純輸出が持続し、その後06年まで輸出は拡大し続けた。この輸出増加が実質的な経済成長をもたらすとともに、景気動向についての楽観的な見通しを与えることによって、可処分所得の増加に裏打ちされた家計消費のさらなる拡大をもたらしたのである。これが、経済成長の持続の基本構造であった。

　ただ、後期には、付加価値額に対する雇用者報酬および可処分所得の比

率、すなわち労働分配率と可処分所得率はともに減少したため、家計消費の増加率は前期と比較して減退した。それを補ったのが、住宅ブームである。次節で検討しよう。

（3） 住宅ブームと経済成長

長期成長期のイギリス経済の特徴として、米国同様、住宅バブルが生じ、それが経済成長を牽引したと一般に言われているが、まずは、住宅ブームの実態を確認しよう。図6-5が示すように、住宅価格はローソン・ブーム後95年まで低下したが、それ以降上昇し、07年には95年の3.2-3.6倍となった。また、同期間に年間の住宅ローン貸出額は6.3倍となった。95-07年間に名目GDPが1.4倍に増加したに過ぎないことから、住宅価格上昇と住宅向け貸出

図6-5 住宅価格と住宅ローン

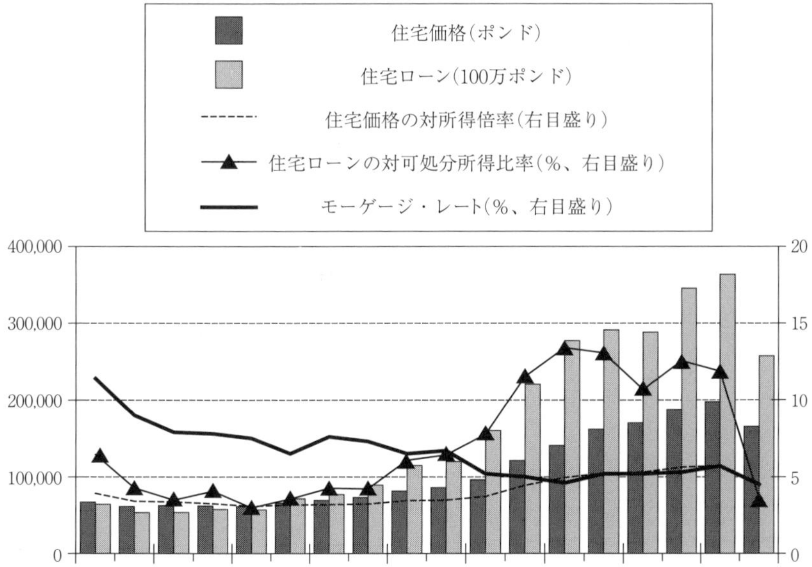

（出所）Halifax and Bank of Scotland［2009］より作成。

はバブル状態であったということができる。

　住宅購入の回復は、95年までの住宅価格の下落、可処分所得の増加と住宅価格の下落による住宅価格の対所得倍率の低下、モーゲージ・レートの持続的下落を背景に、95年から開始された。98年までは住宅価格の上昇も穏当で、住宅ローンの対可処分所得比率の上昇も軽微であった。99年に住宅ローンへの依存が強まったが、住宅ローンの対可処分所得比率は01年までは7％前後で安定していた。しかし、02年には12％と急騰し、07年まで10％以上の高率が続いた。こうして、住宅ローンの増加と住宅価格の急騰が生じた。住宅価格の対所得倍率は02年には4.5であったが、04年には「年収の5倍」を超え、07年には5.7へと上昇した。また、03年まで持続的に低下し4.6％を記録したモーゲージ・レートも徐々に上昇し07年には5.7％となった。

　このように、住宅ブームの原因は、93年から始まった長期成長による所得増とモーゲージ・レートの持続的低下にあった。インフレは2％程度であったので、実質金利ははるかに低いものであった。住宅価格の伸びよりも住宅ローンの増加テンポが高いことから分かるように、モーゲージ・レートの低下を受けて、多くの人々が競って住宅ローンを組み、住宅購入に殺到したであった[5]。

　さて、本題である住宅ブームと経済成長との関係を見るために、家計部門の借入額と、もう1つは家計部門による住宅投資と住宅関連消費のデータをまとめたのが、表6-2である。比較の意味で家計部門の自動車購入を追記している。なお、長期成長期中、短期借入は04年まで増加傾向であったが、ピークを示した04年でさえ、対名目可処分所得比で3.9％に過ぎないことから、詳細はここでは検討しない。

　まず、住宅ローンおよび住宅投資とも構成比、寄与率において、前期よりも後期のほうが高く、後期の住宅投資がGDP成長に貢献したことが分かる。住宅投資と住宅関連の家計消費合計で、後期には自動車購入に次ぐ寄与率を示しており、住宅ブームがGDP成長に与えた貢献を無視できない。但し、住宅投資の対実質GDP比は前・後期とも3.5％であり、2007年に5％

表6-2 住宅投資等の GDP 構成比と成長寄与率（年平均）

(単位：％)

年　間	名　目				実　質			自動車
	住宅ローン	住宅投資	家具・調度	合計	住宅投資	家具・調度	合計	
構成比								
1993-2000	3.0	2.9	3.6	6.5	3.5	3.2	6.7	9.0
2001-2007	7.6	3.2	3.6	6.8	3.5	3.5	7.0	9.2
寄与率								
1993-2000	5.7	2.5	3.8	6.2	2.6	4.7	7.3	10.3
2001-2007	14.9	4.3	3.3	7.6	6.3	3.7	10.0	11.2

台であった独仏や7.5％であったスペインと比較し、かなり低い（清水［2009］：96）。よって、95-07年間の住宅ブーム中、後期には住宅価格や住宅ローンの点でバブル状態であった言うことはできるが、住宅投資・建設がバブル状態であったとはいえない。これは、イギリスの住宅市場が主として中古物件市場であることに起因する[6]。

次に、住宅ローンの GDP 寄与率は、後期には14.9％と高いが、家計部門が以前に負った住宅ローンの利払負担は、2001-07年間 GDP 比で平均4.9％であった[7]。それを控除すると新規住宅ローンのネットの GDP 構成比は2.7％となり、GDP 寄与率は5.3％程度であったと推定される。したがって、過去の住宅ローン負担を考慮に入れても、この期間の住宅ローンが住宅投資を促進し、GDP をネットで増加させたことは確認できる。

しかし、後期において、住宅ローンのネットの GDP 寄与率が5.3％、住宅投資の名目および実質 GDP 寄与率がそれぞれ4.3％、6.3％であったことから分かるように、後期に特徴的であった住宅ブーム・バブルは、経済成長を牽引したというよりも、労働分配率や可処分所得率の低下による家計消費の減少と成長率鈍化を、住宅ローン→住宅投資というルートで下支えしたというのが実態であろう。

表6-3 国際収支の概観 (単位100万ポンド)

年間	経常収支						資本収支		誤差・脱漏	経常収支のGDP比
	貿易・サービス収支			所得収支	経常移転収支	合計	投資収支	その他		
	貿易	サービス	小計							
1993-2000	-18,265	13,023	-5,242	1,085	-6,645	-10,803	8,276	754	1,773	-1.3
2001-2007	-61,868	27,598	-34,270	16,469	-10,395	-28,197	28,891	1,546	-2,240	-2.3

(4) 国際収支と貿易収支

表6-3は、長期成長期の国際収支を示しているが、以下のような特徴がある。

1. 経常収支と資本収支との関係では、経常収支は（84年以降、一貫して）赤字であり、それを資本収支、特に投資収支が補っている。逆に、資本収支が黒字のため、経常収支は赤字となっているとも表現できる。
2. 経常収支赤字の原因は、貿易（財）収支の（83年以降、一貫した）赤字のためであり、サービス収支と所得収支の黒字がカバーしているが、貿易（財）収支の赤字拡大幅が大きいため、経常収支赤字の対GDP比は、前期の1.3%から後期2.3%と拡大している。第2次大戦後では89年がGDP比で最大の経常収支赤字、4.9%を記録している。

以上の特徴を踏まえ、各項目ごとに長期成長期における変化を検討しよう。

A. 貿易・サービス収支

イギリスの貿易・サービスの輸出入の取引相手としては、欧州大陸が最大で、次いで米州、アジアの順となっている。その他大陸では、アフリカがオーストレーシアを上回る。

次に、図6-6が示す、貿易・サービス収支の動向を見ると、概して、97年までは黒字基調であった。しかしながら、97年以降、大陸別貿易・サービス収支は2極化し、米州に対しては大幅な黒字、欧州・アジアに対しては大幅な赤字を計上するようになった。サービス収支は全大陸に対して黒字である

図6-6 貿易・サービス収支の動向（大陸別：単位100万ポンド）

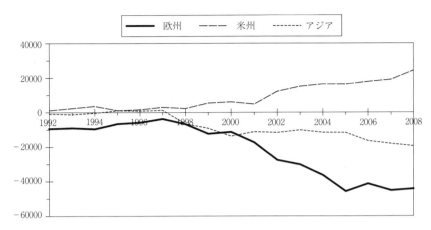

ので、大幅な赤字は貿易収支によるものである。

貿易（財）収支を国別に検討すると、97年以降、ほとんどの諸国に対して、赤字が拡大しているか、黒字から赤字へ転化しているか、黒字幅が減少している。例外は、黒字が拡大したアイルランドとギリシャ、02年から赤字から黒字に転じた米国、赤字幅が減少したスイス、貿易収支黒字が変化しなかった中東産油国であった。スイスを除いて、いずれも、今回の金融危機において、過剰消費・金融ブーム・財政赤字が暴露された諸国であり、そうしたバブル的状況国に対してイギリスは貿易黒字を稼いだわけである。

次にサービス収支についてみてみよう。イギリスではサービス収支は、統計データがある55年以降、64-5年を除いて一貫して黒字であり、実質黒字は93-07年間に1,398万ポンドから4,222万ポンドと増加した。「旅行」と「運輸」だけが赤字で、最大の黒字項目は「金融サービス」で、「その他ビジネス」、「保険」が続く。貿易相手別では、全大陸とほとんどの国に対して黒字で、米州からは33％、欧州大陸30％、アジアからは24％の黒字を稼いでいた。例外は、スペイン、フランス等の南欧で、「旅行」「運輸」の赤字による。(Office for National Statistics [2008a])。

さて、長期経済成長は家計消費に主導されたものであるが、それにも拘わらず、低インフレが持続したという長期成長の謎について論じよう。この点については、既にグローバリゼーションとの関係で、議論がなされているが、以下、イギリスに即して検討する（Bean［2006］、Bank of England［2007］、Turner［2008］）。

まず、食品を除く小売物価動向は、95年秋に前年比2.3％の上昇率を記録した後、上昇幅は減少し、99年以降は持続的に前年比でマイナスを記録している。先の図6-3で確認できるように、96-00年間の物価下落はポンドの実効為替上昇によるものであると言うことはできるが、それ以降実効為替は安定しているので、99年以降の小売物価の持続的下落を為替相場の影響と見なすことはできない。そこで、GDPの3割近くを占めるようになった輸入に注目してみよう。図6-7は95年を基準年として、原油・石油製品を除く主要輸入品の価格変動を示したものである。96-00年間の全輸入品の価格低下は、既述のようにポンド上昇の影響を受けたと理解されるが、01年以降07年まで、原料を除く輸入品の価格は95年の水準を下回っていた。但し、原油・石油関連製品は、95-00年間に6.4倍となり、原料の上昇と併せて、別の傾向を示していることは対照的である。概して、04年以降、価格は上昇傾向を示すことになるが、それでも、07年には食品は99、半製品94、消費財・自動車

図6-7 輸入品の価格動向

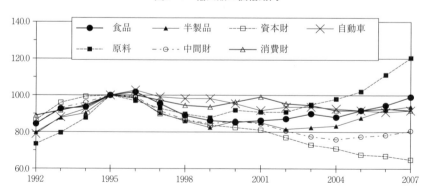

92、中間財81、資本財65と95年と同程度かそれ以下の水準であった。

　この原因として、既述した97年以降の貿易構造の変化、すなわち、中国や東欧諸国などの市場移行諸国からの低賃金を武器とした輸入増加が広く指摘されている。実際、市場移行諸国からの財輸入が財輸入全体に占める比率は、97年に3％であったのに対し、07年には14％（うち、中国は44％）と11％も増加し、国内物価の引き下げ効果や上昇抑制効果をもったことは言うまでもない。次に、グローバリゼーションの観点からは、グローバルな競争圧力のため、資本家にとって価格引上げの余地がなくなり、労働組合の弱体化を背景に、労働者にとっても賃金引上げ要求が不可能となったことが低インフレに貢献した。さらに、イギリスの場合、移民は97年以降の労働人口増加の2/3を占め、彼らの労働市場への参入が経済成長による労働市場の逼迫を緩和し、労働コスト上昇によるインフレを抑制した（Bean［2006］、Barwell［2007］）。93-07年間労働者の実質報酬は年平均で2.4％上昇したが、GDPの成長率は2.99％であり、GDP成長以下に労働コストが留まったのは、こうした要因による。要するに、長期成長期の低インフレは、グローバル化のプラス効果が作用した結果であった。

　最後に、過去のブーム末期に頻発したポンド引下げ圧力とインフレが、長期成長期に生じなかった原因を解明しなければならない。長期成長期中、1999-01年間と05-07年間の3年間、経常収支赤字の対GDP比の平均は2.4％、2.9％であった。この比率は、ローソン・ブーム末期の88-90年間の4.3％と比較すると低いが、第2次世界大戦後ではそれぞれ第3、第2の高い水準である。それにも拘わらず、99年以降、ポンドの高値安定が続く一方で、ポンドの引下げ圧力や資本逃避が生じなかったのは、過去たびたび「Stop-and-Go」を余儀なくされたことからすると、経済成長が長期に続いたことの大きな要因である。

　ポンドの高値安定は、輸入品価格の上昇とそれによるインフレ圧力を抑制すると同時に、ポンド維持のために金利を引上げざるを得ない事態を招来させなかった。もし、ポンド維持のために金利引き上げを行った場合には、早

晩、景気後退を惹起したであろう。長期成長期の特徴である低インフレと低金利の持続は、このポンド安定によって可能であったのであり、経済成長の長期性はこのポンド安定によってもたらされたのである。

　ちなみに、国民経済計算上、経常収支赤字は資本収支の黒字によって埋め合わせられたことになるが、計算上そうなるのであって、因果関係的に経常赤字を支払うために資本収支が黒字になっているわけではない。資本収支が黒字になっているために、経常収支が赤字になっているとも考えられるからである。しかも、資本収支を構成する直接投資、ポートフォリオ投資、さらに資本収支の圧倒的部分を占める「その他投資」は、長期成長期中それぞれ独立して変化し、集計すると結果的に資本収支が黒字となっているにすぎない。

　以上を踏まえた上で、99年以降ポンドの高値安定が持続した原因を検討すると、以下の諸要因を挙げることができる。実体経済的には、トートロジーとなるが着実な経済成長が続いたことや、ポンドの為替安定が過去のような無理な高金利によって維持されたわけではないことが影響した。また、市場心理に影響を与えたものとしては、ニュー・レーバーの金融業界支持のスタンスが、イギリスへの投資・預金およびポンド保有に対して安心感を与えたことや、アメリカに代表される経常収支赤字の持続に対する懸念が、世界経済の拡張によって醸成されたユーフォーリアの中で薄らいだことを挙げることができる。

　いずれにしても、実体経済に悪影響を与えたであろう高金利に訴えることなく持続した、ポンド為替の高値安定が国内での低インフレと低金利の持続を可能としたのであった。上記のグローバル化によるプラス効果が作用できた背景は、このポンド安定にあった。

B. 財・サービスの輸出と経済成長

　既述したことであるが、表6-4のように、財貿易の収支は赤字、サービス収支は黒字である。財・サービスの輸入は、GDP成長率を引き下げたことになるが、国内の財生産量以上にイギリスが消費していると単純に考え、こ

表6-4 輸出入のGDP構成比と成長寄与率(年平均)

(単位:%)

年　間	輸出			輸入			純輸出		
	財	サービス	小計	財	サービス	小計	財	サービス	合計
構成比									
1993-2000	15.4	7.0	22.4	-16.9	-5.4	-22.3	-1.5	1.7	0.1
2001-2007	16.7	9.2	25.9	-21.7	-7.2	-28.8	-5.0	2.0	-3.0
寄与率									
1993-2000	30.7	15.1	45.5	-36.2	-12.9	-48.9	-5.4	2.2	-3.4
2001-2007	10.5	27.1	37.7	-38.9	-14.5	-53.4	-28.4	12.6	-15.8

こでは、乱暴であるが無視し、輸出のみを検討の対象とする。

　財およびサービス輸出は、家計消費に次いでGDP成長に寄与し、寄与率は前期45.5%、後期37.7%であった。既述のように07年を除く、01-06年間の寄与率は49.2%であり、前期を含め06年まで輸出はGDP成長に大きく貢献した。

　特に、景気回復期の94-97年間の年率8.9%を記録した輸出増加と純輸出の持続は、実質的に経済成長の持続を支えると同時に、経済成長に対する楽観的な見通しを与えた。実際、日本が「集中豪雨的」「輸出主導型」経済成長（SGCIME［2013］：159）を遂げた1981-85年間の輸出および純輸出の経済成長寄与率は、26.1%、23.7%であったが、イギリスの1993-95年間の数字は、それぞれ47.3%、17.0%であり、この期の輸出増と純輸出の持続がいかに経済成長に貢献したかが分かる。

　前期では財輸出が30.7%とサービス輸出の2倍の寄与率を示していたが、後期ではサービス輸出が27.1%と財輸出の2.6倍の寄与率を示すなど、前・後期で主役が逆転している。

　前期の主要輸出品目のGDP寄与率（名目）は、資本財6.2%、中間財5.6%、薬品3.2%、原油・石油関連2.4%であり、サービス輸出では、「金融サービス」3.2%、「その他ビジネス」3.8%であった。後期になると、資本財・中間財ではマイナスとなり、薬品3.3%、原油・石油関連1.6%と、財輸

出の寄与率は低下する一方で、サービス輸出では「金融サービス」6.1%、「その他サービス」4.3% となり、サービス輸出の寄与率は上昇した。

　以上を踏まえて、輸出による経済成長の寄与動向を検討すると、92年のERM離脱によるポンド安は、米国およびEU諸国への財輸出を増加させ、程度は劣るが着実なサービス輸出の増加と相俟って、前期の経済成長に貢献した。

　後期には、ポンドの高値安定と市場移行国の欧米諸国への財輸出の拡大によって、イギリスの財輸出の増加は減速し、寄与率は1／3に減少した。それを補ったのがサービス輸出である。サービス輸出のGDP寄与率では、一部の欧州やアメリカ向けが前期に比して減少したが、広くグローバルにサービス輸出が増加したため、サービス輸出のGDP寄与率は高まった。これは、世界的な金融や企業活動のグローバル化によるサービス需要の恩恵を受けたものであり、世界的に金利が低下した04年以降に急拡大している。

おわりに

　これまで検討してきたように、イギリスの長期成長は、マクロ的には家計消費、輸出によって主導され、後期には住宅ブームによって支えられた経済成長であるが、家計消費を喚起する外的要因として輸出増加を重視した。よって、ここでは、こうした輸出増加を可能とした国際環境＝グローバル化を検討することによって、本章のまとめとしよう。

　まず、経済成長の発端は、92年9月にERMから離脱せざるをえなくなったことである。それによって、金融政策の緩和が可能になり、競争的な為替相場（ポンド安）が実現した。これが、1990、2000年代のアメリカに牽引された世界貿易の拡大や金融のグローバル化の恩恵を受ける前提となった。前期には、ポンド安による財・サービス輸出の拡大が、後期には、ポンド高や市場移行国の欧米諸国への財輸出の拡大によって財輸出は減少したが、この期の金利低下を伴う金融のグローバル化によるサービス輸出が、GDP成長

に貢献した。さらに、国内では住宅ブームが経済成長の持続を支えた。

　経済のグローバル化の一端を表す、市場移行国の世界市場（貿易・労働市場）への参入は、経済成長に伴うインフレ圧力を減衰させ、経済成長を持続させた。このように、イギリスの長期成長は経済・金融のグローバル化がプラスに作用した結果であった。

　しかしながら、こうした市場移行国の世界市場への参入によって、イギリスの製造業はますます国際競争力を失い、製造業の長期的衰退は持続した。他方、金融のグローバル化は、イギリス経済を金融・サービス業が70％を占めるモノ・カルチャー的経済構造に変質させているし、グローバル化による経済格差も拡大している。また、労働分配率の長期的低下の結果、経済成長を内需に依存することは難しくなり、金融のグローバル化の拡大によるサービス輸出の増加、あるいは海外のバブル的な消費拡大に依存したのが長期成長後期の特徴であり、こうした脆弱な基盤の上に展開された経済成長であった。

　さて、「はじめに」でコメントした国有された諸銀行の現状について簡単に触れなければならない。政府はRBS、Lloyds Banking Group、Northern Rock、Bradford & Bingleyに対する政府持株を管理する機関として、2008年11月にUK Financial Investment Ltd（UKFI）を設立した（UKFI [2009]）。

　政府は、08年2月にNorthern Rockを、同年9月にはSantandaleに預金と支店網を売却したBradford & Bingleyを全面国有化し、株式の100％を保有した。まず、Northern Rockについては、10年1月に新たにグッド・バンク（Northern Rock Plc）とバッド・バンク（Northern Rock（Asset Management）Plc）とに分離し、10月にはこのバッド・バンクとBradford & Bingleyを統合しUK Asset Resolution Ltdを設立した。この不良債権回収機構が政府に負っている負債は、11年末には466億ポンドであったが、12年末では435億ポンドに減少している。他方のグッド・バンクは12年にバージン・グループの金融サービス会社、Virgin Moneyに売却された。06年末の

Northern Rock の総資産は1,010億ポンドであったが、Virgin Money への売却価格はわずか7.4億ポンドであった（UKFI［2012, 2013a］）。

次に、HBOS の買収時に、持株会社を Lloyds TSB Group から名称変更した Lloyds Banking Group に対する政府の資本注入は、09年1月、6月、12月の3度行われ、その総額は203億ポンドに達した。最初の資本注入直後の09年3月に発表されたデータでは、政府はグループ全体の43.4%の株式を保有していた。その後、保有優先株の普通株への転換と増資による資本注入が行われたが、13年9月に実施された政府持株6%の売却によって、13年9月時点で政府の持株は32.7%と減少した（UKFI［2009, 2012, 2013b］）。また、資産売却計画の一環として、Lloyds TSB Bank は Lloyds Bank と TSB Bank に分離された。

RBS に対しては、政府は08年12月、09年4月と12月に総額455億ポンドの資本注入を実施した。第2回の資本注入直前の09年3月に発表されたデータでは、政府は普通株の59.9%と5億ポンドの優先株を保有していた。その後、保有優先株の普通株への転換と、09年12月には非議決権株B株の購入による資本注入が実施された。その結果、13年3月末時点で、政府は議決権株の65%を保有し、さらには政府のオプションで議決権株に転換できるB株、510億株を保有しており、株式資本の81%に相当する額を保有していることになる（UKFI［2009, 2013a］）。

このように4大銀行グループを構成する Lloyds Banking Group と RBS に対する政府の持株比率は依然として高率である。しかし、13年9月に Lloyds Banking Group の政府持株6%が市場に売却されたように、RBS も公的資金の返済も目指している。その背景には、13年のイギリス GDP は12年の2番底を脱却して回復の兆候を示し、14-15年の GDP 成長率予想はユーロ圏平均ばかりでなくドイツを上回っていることがある（European Commission［2014］：Table 1）。

金融危機後、キャメロン保守党政権は個人向け給付の削減や、2010-11年間に付加価値税の引上げ（15%→17.5%→20%）を実施する一方で、11年に

28％であった法人税を段階的に引き下げ、14年には欧米主要国では最低となる21％にするとの計画を発表し、外資誘因策を強化している。また、12年6月に発覚したLIBORの不正操作を初めとして、大手各行の返済保証保険の不適切な販売、HSBCのマネーロンダリンクなど、イギリス諸銀行の不祥事は続出している。さらに、13年12月には欧州委員会はユーロおよびユーロ円のインターバンク指標金利のカルテルに関与したとして、ドイツ銀行、ソシエテ・ジェネラル、RBS等に巨額の課徴金を課した。

　金融規制の面では、2013年から段階的に適用されるようになったバーゼルⅢ、14年に適用延長されたアメリカのボルカー・ルール、イギリスでは業務を分離するというリング・フェンス構築を目指した銀行改革法の15年までの成立が目指されている（中空、他［2013］参照）。EUレベルでは、銀行員のボーナスに対する上限設定、金融取引税、投資銀行と商業銀行の分離などの金融規制が計画されており、14年にはユーロ圏内の銀行に対する欧州中央銀行による一元的管理「銀行同盟」が実施される。

　このように、欧米諸国の金融危機や財政危機がようやく沈静化する段階に至り、金融危機の原因であった規制緩和に代わって本格的な規制強化が、ここ2、3年で実施される。それらが、'Predator Nation'と化したアメリカを変えるのであろうかという根本的な疑問があるものも（Ferguson［2012］）、世界経済・イギリス経済に対するそれぞれの影響を今後注視しなければならない。

注
1）直近の2011年時点では、Royal Dutch Shell、BP、Vodafone Group、Anglo American、Rio Tinto、Unilever、SABMiller、BG Group、GlaxoSmithKline、BHP Billiton Group、Tesco、British American Tobacco、AstraZeneca、WPP、National Grid、BAE Systemsと16社に増加しているが、2000年と同様、情報通信、石油・鉱山、食品・タバコ、薬品など業種に偏っている（UNCTAD［2012］）。
2）家計消費には、対家計民間非営利団体（NIPSH）の支出を含むが、その比率は全期間を通じて全家計消費の4％前後である
3）厳密には家計消費＝可処分所得－貯蓄＋年金基金年金準備金の変動、である（Office for National Statistics［2008b］：208）。ここでは簡単化のため年金基金年金準備金の変

動を省略している。
4) 年金基金年金準備金の増加は、家計消費増加に3.7％寄与している。
5) 統計的に明確なものはないが、アメリカのサブプライムローンのような低所得層への住宅ローンが05-08年間28％程度になっているとの指摘もある。また、賃貸のための（buy to let）ローンやアメリカのhome equityにあたるequity withdrawalも01年から増加し、07年にそれぞれ住宅ローン全体の26％、39％を占めていたとの指摘がある（Financial Services Authority [2009]：31）また、Halifax and Bank of Scotland [2009] によれば、buy to letの住宅ローンに占める比率は、99年3％から07年の12％と増加している。
6) イギリスの住宅ローンの多くは新規物件の購入よりも、中古物件の購入のために借り入れられた。93-07年に承認された住宅ローン件数に対する新規住宅建設件数は16％に過ぎず、残りは中古物件の購入に向かったことになる。
7) 1975年以降の新規住宅ローンについて、借入期間25年、元利均等払い、金利は毎年変更されると仮定し、各年の元利返済額を求めた。したがって、完全な推計が可能であったのは2000-07年間のみであった。家計部門が01-07年間に返済した元利額は、対GDP比で平均4.9％、対可処分所得比で平均5.7％であった。

参考文献

清水俊夫 [2009]、「ヨーロッパの経済状況及び英国住宅市場について」『住宅金融 2009年夏号』。
中空麻奈・川崎聖敬 [2013]、『グローバル金融規制の潮流―ポスト金融危機の羅針盤―』きんざい。
森嶋道夫 [1988]、『サッチャー時代のイギリス―その政治、経済、教育』岩波書店。
Augar, P. [2009], *Chasing Alpha: How Reckless Growth and Unchecked Ambition Ruined the City's Golden Decade*, Bodley Head.
Bank of England [2003], 'The Governor's Speech at the East Midlands Development Agency/Bank of England Dinner', *Bank of England Quarterly Review*, vol. 43, no.4.
Bank of England [2007], 'The Monetary Policy Committee of the Bank of England: Ten Years On', *Bank of England Quarterly Review*, vol. 47, no.1.
Bank of England [2009], *Financial Stability Report*, no. 26.
Barnard, A. [2010], 'The Effects of Taxes and Benefits on Household Income, 2008/09', Office for National Statistcs, (http://www.statistics.gov.uk/CCI/article.asp?ID=2440)
Barwell, R. [2007], 'The Macroeconomic Impact of International Migration', *Bank of England Quarterly Review*, vol. 47, no.1.
Bean, C. [2006], 'Globalisation and Inflation', *Bank of England Quarterly Bulletin*, vol. 46, no. 4.
Coutts, K. et.al., [2007], 'Structural Change under New Labour', *Cambridge Journal of Economics*, vol.31.
Elliott, L. and Atkinson, D. [2009], *The Gods that Failed: How Blind Faith in Markets Has Cost Us Our Future*, Nation Books. （グリーン裕美、他訳『市場原理主義の毒害』PHP研究所）

European Commission [2014], *European Economic Forecast Winter 2014*. (http://ec.europa.eu/economy_finance/publications/european_economy/2014/pdf/ee2_en.pdf)

Ferguson, C. H. [2012], *Predator Nation: Corporate Criminals, Political Corruption, and the Hijacking of America*, Crown Business.（藤井清美訳『強欲の帝国』早川書房、2014年）

Financial Services Authority [2009], *The Turner Review: A regulatory response to the global banking crisis*.

Halifax and Bank of Scotland [2009], *Economic Factbook - April 2009*.

IFSL [2007], *International Financial Markets in the UK-November 2007*.

Kitson, M. and Wilkinson, F. [2007], 'The Economics of New Labour: Policy and Performance', *Cambridge Journal of Economics*, vol.31.

Mason, G. and O'Leary, B. et al., [2008], 'Cross-Country Productivity Performance at Sector Level: the UK Compared with the US, France and German', *Berr Occasional Paper*, no.1, February.

OECD [2003], *Employment Outlook: 2003 Edition: Towards More and Better Jobs*.

Office for National Statistics [2008a], *United Kingdom Balance of Payments: The Pink Book 2008 edition*, Palgrave Macmillan.

Office for National Statistics [2008b], *United Kingdom National Accounts: The Blue Book 2008 edition*, Palgrave Macmillan.

Owen, G. [2000], *From Empire to Europe: The Decline and Revival of British Industry since the Second World War*, Harper Collins.（和田一夫監訳『帝国からヨーロッパへ』名古屋大学出版会、2004年）.

Pollard, S. [1992], *The Development of the British Economy 1914-1990*, 4th ed., Edward Arnold.

Porter, M. E. [1990], *Comparative Advantage of Nations*, Macmillan.（土岐坤、他訳『国の競争優位 上下』ダイヤモンド社、1992年）

Sassen, S. [2001], *The Global City: New York, London, Tokyo*, Princeton U. P.（伊豫谷登土翁監訳『グローバル・シティ』筑摩書房、2008年）

Shaw, E. [2007], *Losing Labour's Soul? New Labour and the Blair Government 1997-2007*, Routledge.

Treasury Committee [2009], *Banking Crisis: dealing with the failure of the UK banks*, Seventh Report of Session 2008-09, HC 416, The Stationery Office Limited.

Turner, G. [2008], *The Credit Crunch*, Pluto Press.（姉歯暁、他訳『クレジットクランチ』昭和堂）

UKFI [2009], *An Introduction*, 2nd March.（http://www.ukfi.co.uk/releases/UKFI%20Introduction.pdf）

UKFI [2012], *Annual Report and Account 2011/12*, 3rd July.（http://www.ukfi.co.uk/releases/1396.pdf）

UKFI [2013a], *Annual Report and Account 2012/13*, 15th July.（http://www.ukfi.co.uk/releases/UKFI%20Annual%20Report%202013_web.pdf）

UKFI [2013b], *Disposal of approximately 6% of Lloyds Banking Group plc*, Press Release, 17th September.（http://www.ukfi.co.uk/releases/20130516_Lloyds%20AGM%20press%20release.pdf）
UNCTAD [2002], *World Investment Report 2002*.
UNCTAD [2004], *World Investment Report 2004*.
UNCTAD [2012], Web table 28. The world's top 100 non-financial TNCs, ranked by foreign assets, 2011.（http://unctad.org/Sections/dite_dir/docs/WIR12_webtab28.xls）
Yeandle, M. et.al., [2007], *The Global Financial Centres Index 2*, The City of London.

（注記）本章は、既発表論文「グローバル資本主義とイギリスの長期経済成長」（『経済学研究』（九州大学）第77巻第2・3合併号、2010年11月）を一部修正の上、再録したものである。

第7章
グローバル資本主義の変容と日本経済

宮嵜晃臣

はじめに

　まず問題関心の所在を表題の説明を通して明らかにしたい。まずはグローバル資本主義の変容について。変容の契機となったのはサブプライム・リーマンショックであり、米主導のグローバル資本主義から新興諸国に依存するグローバル資本主義に局面が展開したように考えられる。このように考えられるとサブプライム・リーマンショックは米主導のグローバル資本主義の限界を画定する位置づけとなる。では米主導のグローバル資本主義とは何か、この課題が叙述の出発点となる。この課題は大きくは二つの方向性から考えなければならない。米主導のグローバル資本主義の構成要素を一つずつ分解して明らかにすることと米主導のグローバル資本主義の歴史的位相を明らかにすることである。

　第2の課題はサブプライム・リーマンショックが米主導のグローバル資本主義のどのような要素から何故生じたのか分析し、次いでこれらショックが米主導のグローバル資本主義の限界を画定した所以を明らかにすることである。後者の課題はこれらショックの米主導のグローバル資本主義にもたらした作用量の分析とその後の対応策が米主導のグローバル資本主義の再建につながっていない、あるいはつながらない理由を明らかにするものとしなければならない。

　第3の課題はサブプライム・リーマンショック後のグローバル資本主義が

新興諸国に依存する展開をみせた局面の分析で、その場合いかなる意味で依存していたのか、新興諸国の経済成長がなにゆえにグローバル資本主義の成長エンジンとなり、また新興諸国の市場がどのようにグローバル企業を支えていたのか、これらが分析の焦点になる。

これら諸課題をひとまずおさえたうえで、最後にグローバル資本主義の変容が日本経済に与えている影響について解明していきたい。

1 米主導のIT/グローバル資本主義の歴史的位相とその構成諸要素

(1) 米主導のIT/グローバル資本主義の歴史的位相

サブプライム・リーマンショックが米主導のグローバル資本主義の歴史的限界を画すものとなり、そのことによって逆に米主導のグローバル資本主義の特徴が明らかになったといえよう。では、米主導のグローバル資本主義は資本主義の歴史的発展プロセスのなかでどのような位置にあるのであろうか。筆者は故加藤榮一の段階論（加藤［2006］）に学びつつ、その後のグローバル資本主義の進展を踏まえて図7-1のように考えている。

資本主義を否定して現実化された社会主義に対抗して、資本主義が自ら社会主義的要素を取り込んで自己改造を遂げた福祉国家の歴史的意味を筆者は重視して、これを軸に資本主義の歴史的発展プロセスを考えている[1]。勿論こうした段階規定についても、また福祉国家の解体についても異論のあることは重々承知している。しかし、サブプライム・リーマンショックが米主導のグローバル資本主義に及ぼす影響をその歴史的特性とともに明らかにするためには、米主導のグローバル資本主義が資本主義の歴史的発展プロセスの中でどのような位置にあるかを筆者なりに明らかにしておかなければならない。こうした作業を踏まえなければ、サブプライム・リーマンショック後の世界、日本の方向性も明らかにすることもできないであろう。

米主導のグローバル資本主義は政策イデオロギーにおいて新自由主義を継

図7-1 資本主義の歴史的発展段階

第一段階＝市場原理型資本主義の萌芽、形成、確立、解体期とその各特徴

1733	1820	1870	
萌芽期	形成期	発展期	解体期
重商主義政策	第1次産業革命	自由主義政策	世紀末大不況

第二段階＝福祉国家型資本主義の萌芽、形成、発展、解体期とその各特徴

1914	1945	1970	
萌芽期	形成期	発展期	解体期
帝国主義政策	福祉国家の雛型形成	高度経済成長	スタグフレーション

第三段階＝グローバル資本主義の萌芽、形成期とその各特徴

1980	2008		
萌芽期	形成期		
米主導のグローバル資本主義	新興国に依存するグローバル資本主義		

承している。新自由主義が特定の国民的支持をえるにいたったのは、スタグフレーションによって高成長に終止符がうたれたことによって、福祉国家の高負担性が顕在化し、福祉国家自らが産み落とした新中間層によって福祉国家の下での高負担と予算執行の非効率に対しての不満が擦り込まれ、蓄積されていったことを背景にしている。グローバル資本主義はしたがって福祉国家の枠組みを否定する新自由主義的政策を自らの母胎としている。福祉国家の枠組みの中には労働者の同権化を実現するために労働市場の諸規制、また福祉国家の存続条件である経済の安定成長を長期に維持するための金融市場への諸規制が内包されていた。日本を例にすると労働者の同権化は労働基準法、労働組合法、労働関係調整法以外にも職業安定法によって職業紹介事業の基本ルールを定めて、労働者の権利が厚く保護されていた。金融においては臨時金利調整法によって金利の上限が規制され、預金獲得競争を制限し、

証券取扱法第65条によって銀行と証券の業務分野が規制されて、銀行のリスクを抑え、金融を安定化させて経済の安定成長を維持せんとした。新自由主義的政策によってこれら福祉国家の枠組みは規制撤廃、民営化の手法を用いて次から次へと壊されていったのである。したがって、グローバル資本主義は新自由主義的政策によって福祉国家の枠組みが外されたところで自らの発展基盤が築かれ、それも米主導で行われたと考えられるのである。

　福祉国家の枠組みは福祉国家の存続を保証する高成長がもはや望めなくなった経済的要因で外されてきたが、外された要因はそれだけに尽きるものではない。そもそも福祉国家は社会主義に対抗して資本主義がその要素を取り込んで自己改造した体系で、社会主義のインパクトが微弱化すれば、グローバル資本主義も対抗する必要もなくなるので、元の体形である市場原理型に戻ろうとする。社会主義勢力は最盛期には世界の人口並びに陸地面積の３分の１を占めていた。しかし1980年代末以降の「東欧民主主義革命」さらには本丸ソ連邦の消滅により一気に社会主義はそのインパクトは微弱化されることになったのである。ゴルバチョフによってペレストロイカに踏みだされたインパクトがNICs=NIEsの経済成長によって与えられたとする理解、またレーガンの軍拡競争に巻き込まれ、ソ連邦の経済後退がもたらされたとする解釈も見られる。しかし社会主義建設自体に自壊要素が内包されていたと考えられて仕方がない。前衛党によって導かれた革命はその実を「プロレタリア独裁」としてではなく、党独裁として結んだ後も、その過誤は個人独裁まで突き進み、プロレタリア解放とは真逆の人権抑圧体制をもたらした。その根底的過ちが「東欧民主主義革命」、ソ連邦解体を規定した最大の要因だと考えられる。

　グローバル資本主義はこれまで見てきたように、福祉国家が高成長の終焉によってもはやそのままの形では存続できなくなったことを経済的根拠に、また社会主義が自壊せざるを得なかったという対抗相手の不在によって、福祉国家に代わるタイプを形成した。その嚆矢が米主導で放たれたので、まずその構成要素を明らかにしておきたい。

(2) 米主導のIT/グローバル資本主義の構成要素

　IT/グローバル資本主義はITを技術的基礎に、「金融グローバリゼーション」と「産業グローバリゼーション」を実体に、政策イデオロギーとして「新自由主義」を世界的政策潮流として拡張してきた。まず、IT化についてみておきたい。ITの核になっているインターネットはその基となったネットワークが冷戦下米国の国家戦略として開発された。1958年に米国防総省内にARPA（Advanced Research Projects Agency）が設立され、核戦争下で「生き残る通信手段」としてのコンピューターネットワークの構築が模索され、1969年には電話回線上でデータ転送が実現されたという。そもそもコンピューター自身も大陸間弾道ミサイルの弾道値の計算用に開発されたのであるから、両者は同じ出自だといえる。そして1989年12月に米国ブッシュとソ連ゴルバチョフとのマルタ会談で米ソ冷戦の終結が宣言された直後の1990年にはARPAnetは米科学財団に引き継がれ、その商業開放に道が開けたのである。そして1994年にはNetscapeブラウザが公開され、1995年にはNASDAQに上場し、さらにマイクロソフトがWindows95を、インテルがPentium Proを発売し、PCの使い勝手が向上し、インターネットブームを迎えることとなる。インターネットの普及によりB2C、B2B等の電子商取引が世界大に拡大し、Dellモデル等の新しいビジネスモデルも築かれ、ネット調達の進展により、ネット上でサプライチェーンも展開され、国際水平分業が進展している[2]。

　第2の要素は「産業グローバリゼーション」であり、その特徴はグローバル企業がモジュラー型オープンアーキテクチャーを軸に国際水平分業を展開する点にある。その際グローバル企業は海外現地法人を必ずしも設立する必要はなく、ファブレスの場合もあって、製造までアウトソーシングする点で従来の多国籍企業による国際水平分業と異なる。グローバル企業のファブレス化に呼応して製造を大量に受託する巨大なEMS（Electronic Manufacturing Service）が出現するのもグローバル資本主義の特徴といえよう。むろん、デジタル化、モジュラー型オープンアーキテクチャーという要素だけで

国際水平分業型の生産システムの優位が築かれたわけではない。モジュラー型オープンアーキテクチャーによって生産拠点がグローバルに拡大し、こうしたものづくりが低賃金労働者が大量に供給される地域で行われるようになり、こうした地域の低賃金を活用する国際分業によって価格競争力が生まれて、国際水平分業型の生産システムに優位性が生じ、またこうした国際水平分業の下で生産・供給される製品が世界的に物価水準を押し下げているのである。この場合国際水平分業型の生産拠点となるのは単に低賃金という要素だけではない。労働力の質も当然問われる。量産工場の現場では手先の器用さだけでなく、作業手順の理解、不具合が生じた場合への適応力、提案力も必要で、国家として一定の教育水準に達していることが前提とされる。1990年代に低賃金の供給力が潤沢にあり、かつこうした条件を満たしていたのは中国であり、端的には「社会主義」中国がグローバル資本主義に重要なプレイヤーとして野合するという奇態によって国際水平分業型の生産システムの優位性が増強されたといえよう。こうした国際水平分業に社会主義市場経済中国が野合するという経済実体面でもグローバル資本主義には東西冷戦構造の終焉が深くかかわっている。

　さてモジュラー型オープンアーキテクチャーが普及するにはモジュール間のインターフェースがデジタル形式で整えておかなければならない。その意味ではデジタル化さらにはモジュールが指定された機能を果たすべきプログラムとそれを実行指令する回路システムが必要である。半導体工学の発展が必要だったのである。デジタル化とは「情報を数字で表すこと、あるいは『有限の文字列』で表すこと」（青木・安藤［2002］、104頁）で、デジタル革命がその文字列として表示された情報を「電気的なビット列として機械的に処理」（青木・安藤［2002］、103頁）することを可能にした。つまり情報を0と1の連続データで表し、それを4、8、16、32、64ビットのデータとして送り、ROM、RAMに格納されたプログラムから命令レジスタに送られた処理手続きに基づいてその情報をCPUで演算し、その結果をメモリーレジスタを経由しROM、RAMに送る、この一連の手順もデジタル回路を通

して各モジュールの機能が実現される。

　旧来のアナログ的なものづくりでは種々の調整が必要となるので、垂直統合型の摺合せ方式が強みを発揮するのに対して、デジタル型の製品では組み込まれるLSIによってそれらの調整が漸次不必要となってきた。また各々そのインターフェースが標準化されているモジュールを組み合わせて作ることができるので、LSIの発展と伴に新興国に工場立地が拡大され、国際水平分業方式が強みを発揮するものとなる。その典型例がパーソナルコンピューターである。モジュラー型オープンアーキテクチャーとは1981年にIBMが1年間の限られた製品開発期間の下で採用せざるをえなかった水平分業によるものづくりの方法で、デジタル製品ではものづくりがその枠組から大きく変わることとなった。アナログ型のものづくりは、その製品の各部品から独自仕様で作り、それらを積み重ねて製造していくのであるが、開発期間1年という限られた制約ではこうした独自の積み重ね方式を採用することは不可能なので、仕様、各モジュールのインターフェース（各モジュール間の接続、通信信号の規格）を公開し、各専業メーカーから各モジュール、ソフトウエアを調達し[3]、PCの組立を実現し、1984年ごろには米国市場でトップシェアを確立したという[4]。ところがこうした生産方式で簡単にパーソナルコンピューターが組み立てられるので、デファクトスタンダードとなったIBMのPC/ATの互換機は米国内でまず他社によって大量に供給され、さらに国境を越えて生産立地が広がり、その組み立て生産は賃金の安価な地に収斂し、中国広東省の東莞市に集中するようになった2006年にはIBMもPC部門を聯想（レノボ）に売却せざるをえなくなったのである。近時では先進国でのPCの生産は極めて限定されざるをえないようになった。パーソナルコンピューターの生産で世界的に拡大されたモジュラー型オープンアーキテクチャーはこの間さまざまな分野にも適用されるようになった。LSIの発展によって液晶パネルのデジタルテレビにもこうしたものづくりが広まり、日本テレビメーカーの苦境を作り出したのである。ここでデジタル化のインパクトを整理しておきたい。まずは前提として種々の調整を不可欠とす

る摺合せ型のものづくりをブラウン管テレビを対象にみておきたい。

　ブラウン管方式のカラーテレビでは受像管調整として3つのアナログ式の調整（コンバージェンス調整、色純度調整、白バランス調整）が必要であった、という。シャドウマスク型カラーテレビ受像管の基本要素は赤、青、緑の電子銃とシャドウマスクとけい光面から構成されている。カラー画像を完全に再生するためには各色発光色が混色なく、完全なる色調で発光すること、また三色像が互いにずれることなく一致することが必要である。

　そこでまず、各々コンバージェンス調整が必要となる。一応けい光画上で合致されるようにつくられている赤、青、緑の電子銃から発せられた各電子ビームは電子銃の組立精度上の誤差や外部磁界の影響などにより、実際のブラウン管では必ずしも一点に一致しない。これを一点に合わせるための調整手段が必要となり、コンバージェンス・ヨークがネック管外につけられ、コンバージェンスコイルで適当な直流磁界、交流磁界で電子ビームを移動させ、ラスタのどの部分でも常に3つの電子ビームが集中するように、「静コンバージェンス」、「動コンバージェンス」、「垂直コンバージェンス」、「水平コンバージェンス」の調整を行わなければならない。

　また、受像管のシャドウマスクや周辺のシャーシ、メタルキャビネットが磁界されると色純度が悪くなるため、消磁コイル、消磁回路等によって消磁する色純度調整も必要となる。

　さらに受像管の三つの電子銃の特性には製造上のバラツキがあり、けい光体の発光効率のバラツキ、塗付される量のバラツキにより白色画面をえるための各色の電流比は受像管個々によって若干異なってくるので、電極の電圧や各色の入力信号の配分を調整して、白黒画面の明るい部分から暗い部分まで無彩色とする白バランス調整が必要となる[5]。各工程内で種々の職人技による調整があってカラーテレビが作られていたので、その生産は日本の総合電機メーカーの独壇場となっていた。

　設計段階だけでなく、量産ラインでもこのような調整ノウハウを日本企業が確立・保持していたがゆえに日本テレビメーカーの国際競争力が発揮され

たのである。テレビ受像機の原理は浜松高等工業高校（現静岡大学工学部）の高柳健次郎が戦前の1926年に確立した。そして国産第1号は浜松高等工業高校出身で高柳門弟の笹尾三郎が中心となって早川電機（現シャープ）から1953年に生産出荷された。ただしそれは自前ですべて開発したわけではなく、特許を RCA から購入して生産したものであった[6]。もちろんこの時代のテレビは真空管テレビで、IC テレビに関しては1971年に米国に先駆けて日本で生産された。ただし IC が用いられたのは階調補正、色補正等の画像処理と音声処理で、それ以外は人を介した調整が必要であった。しかし、半導体の発展により、デジタル化が進み、ブラウン管テレビで不可欠だった調整が漸次不要になってきたのである。半導体は大雑把にはトランジスタ→ IC（集積回路）→ LSI（大規模集積回路）の発展プロセスをたどり、LSI の規模はワンチップに搭載されるトランジスタの数で表現される。「半導体市場は、ロジック、アナログ、マイコン、メモリ、ディスクリートほかの5つに大きく分類され…2010年の半導体市場は全体で2983億ドルで…、ロジックカテゴリーは774億ドルで26% を占めており、一番大きい」（佐野［2012］、139頁）。その中にあって SOC（System on a Chip、以前にはシステム LSI と呼ばれていた）は「ロジック製品の中で大規模システムを実現している LSI」で、「それを搭載している電子機器の競争力を決定している」（同前）。ロジック LSI の嚆矢となったのは日本の電卓メーカ・ビジコン社の島正敏の構想で、それは「一つの共通のシリコンチップをもとに、いろいろ機種の違ったアプリケーションをソフトにして、それをチップの中に内蔵されたメモリに蓄え、違った機能を果たす」もので、この構想に基づいてインテルに開発製造が委託されたマイクロ・コントローラーが、1971年に4ビットマイコン4004として世に現れた[7]。このマイコンがエポックメイキングとなり、その後この汎用志向のマイコンにカスタム志向のニーズが寄せられ、「1980年代に入るとカスタム志向のゲートアレイとスタンダードセル方式 ASIC（セルベース IC）が登場した」（佐野［2012］、110頁）。「ゲートアレイはあらかじめ AND、OR などの基本ゲートをアレイ状に敷き詰めた構造

を持ち、配線層だけカスタム設計を行い配線のつなぎ替えでユーザの必要とするロジックを実現するもの」（佐野［2012］、111頁）で、やや遅れて登場したスタンダードセル方式 ASIC は「設計の前段階で RAM、ROM などのメモリや CPU、アナログ回路など、モジュール化した標準セルをライブラリとして用意してお」き、「ユーザから提供された論理はモジュール化したセルを組み合わせて…配置し、セル間を配線」（佐野［2012］、112頁）するものである。1985年にザイリンクスによって発売された FPGA（Field Programmable Gate Array）は「任意の論理回路として使用できる論理ブロックをチップ上に格子状に配置し、その間をプログラマブルに配線できるようにした製品で…製品工程も含めて完全に汎用製品であり、出荷後にユーザ側でプログラムできる」（佐野［2012］、115頁）もので、この柔軟性に富んだ LSI を挟んで、1990年代に入ると「スタンダードセル方式 ASIC は搭載システム規模が拡大して CPU コアとバス、メモリを内蔵するようにな」（佐野［2012］、117～118頁）り、このような LSI は SOC と呼ばれるようになった。「現在の SOC は1000万ゲートを超える規模になっており、SOC 構成の基本単位は機能 IP（Intellectual Property）となっている。機能 IP も規模が大きくなった結果、機能 IP が独立した商品となり、IP プロバイダが出現している」（佐野［2012］、118頁）。SOC の基本構成は図7-2のようになっている。

そして「SOC の対象となる製品は、携帯電話、テレビ、デジタルカメラ、DVD レコーダー、デジタルオーディオ、ビデオなど多岐にわたるが、

図7-2　SOC のモジュラー型構造

（出典）佐野［2012］43頁

これら最終製品のシステムの基幹部分を SOC が実現している。この意味で、デジタル情報家電時代のキーデバイスといえる」(佐野 [2012]、118 頁)。レコードが CD に、カセットレコーダーが IC レコーダーに、カセットテープのウォークマンがデジタル型に、銀塩カメラがデジタルカメラにとって代わり、携帯電話・タブレット型情報端末機がインターネットに接続され、地上波デジタルテレビに全面的に切り替わったのも、LSI の叙上の発展に負うところが大である。1 チップあたりの集積度の増大が、扱う情報量の増加ならびに情報処理能力を高めた。もちろん情報の出入力、処理はデジタル回路で実現され、アナログ回路で必要な種々の調整が不要となった。そのことによって、SOC ならびに各 IP が独立した塊になり、パソコン、携帯電話、タブレット型情報端末機等の情報通信機器、CDROM、DVD、テレビ等の AV 家電の多くがインターフェースの整えられたモジュールで組み立てられるようになった。IP、モジュールはこの脈絡ではデジタル回路を構成単位として一つの塊になっていると考えなければならない。

　SOC に代表される LSI がキーデバイスに用いられ、こうした機器がデジタル回路で構成されることにより、アナログ回路で必要であった微妙な調整が必要なくなり、デジタル回路で構成されるモジュールが、トランジスタの集積度の増大に裏打ちされてその諸機能を高め、デジタル製品の品揃えが増えてきた。その事例を CDROM ドライブで確認しておきたい。同ドライブが出始めたころは基幹部品のサーボモーターの制御はアナログ回路で行われていた。しかし「1994 年に東芝がデジタルサーボチップセットを外販開始することで、急速にデジタルサーボ化した」(佐野 [2012]、37 頁)。アナログ制御では 2 倍速まで実現されたが、アナログ制御では達成できなかった 4 倍速から漸次倍速の上昇をデジタルサーボは実現し、この分野から、遅れてDVD ドライブからも日本メーカーは姿を消すことになった (佐野 [2012]、37 〜 8 頁)。種々の調整を必要とするアナログ回路からその調整を不要とするデジタル回路に変換できることで、デジタル型 CDROM ドライブというモジュールが形作られ、インターフェースが整えられ、PC に組み

付けられる。モジュラー型オープンアーキテクチャーとはこのように「デジタル化」を前提に形作られるのである。日本企業がこの CDROM、DVD 両ドライブから撤退したのは、サーボモーターが LSI チップによってデジタル制御可能になり、このセットとピックアップが調達できれば、賃金の安価な生産拠点で生産され、価格競争に巻き込まれざるをえなかったからである。モジュラー型オープンアーキテクチャーのもう一つの前提はこの「オープン」性、つまりデジタル化により、モジュールさえ調達できれば生産拠点はグローバルに拡大する点にある。SOC をはじめインターフェースが整えられているモジュールを調達すれば、デジタル製品は一定の教育水準を前提するものの、それを満たせばどこでも生産できるようになったのであるから、賃金の安価なところで生産されるようになった。液晶パネルのデジタルテレビになると、モジュラー型オープンアーキテクチャー方式が適用可能となり、日本のテレビメーカーの競争力が一気に削ぎ落とされることになった。小川 [2014] に端的に記されているので、その個所を引用しておきたい。

　「液晶テレビは、主に電源システム、液晶パネル、パネルドライバーおよび画像エンジンで構成される。ブラウン管に相当するものが液晶パネルであり、パネルに画像を表示する機能が液晶パネルドライバーの LSI チップである。また画質や色合いは画像エンジンの LSI チップが担う。

　LSI チップ中の組み込みソフトに蓄積された画質ノウハウも、ソフトウェアであればいかようにでも進化させることができる。匠の技をソフトウェアで表現する LSI チップを調達できれば、たとえ画質ノウハウのない新興国の企業であっても、普通の人なら満足できる画質のテレビを量産できる。…

　液晶が画像や文字の表示装置として最初に大規模に使われたのは、オープンな分業を当たり前とするパソコン産業であった。ここでは液晶パネルもドライバーも、そして画像エンジンも、他のパソコン部品と同じ業界標準となって、公開されたデジタルインターフェースで結合できた。この意味で、液晶テレビが最初からオープンな国際分業型…に向かったのは自然の成り行き

であった」(小川［2014］、49頁)。

　デジタルテレビになってデジタルインターフェースで結合された各モジュールを、また画像調整ソフトを組み込んだ「LSIチップ」を調達し、それらを組み合わせればテレビが作れるようになった。また、液晶パネル自体もその「製造装置のなかにノウハウが蓄積されて」[8]いて、液晶画面のデジタルテレビの生産の敷居は相当低まった。敷居を跨ぐに必要なのは技術力というより資金力ということになったのである。

　小川によれば、「テレビに液晶パネルが使われた初期の段階(2000年代初期)には、流通する画像エンジンのソフトウェアが未熟であり、液晶パネルとドライバーや画像エンジンとのすり合わせが必要だった。この意味で2000年代の初期までであれば、ブラウン管テレビと同じように画質・色合いを競う日本企業の垂直統合型ビジネスモデルは確かに機能していた」(小川［2014］、49-50頁)。ところが2009年になって日本総合家電メーカの５社東芝、ソニー、日立、三菱電機、日本ビクターがテレビのEMSへの生産委託の方針を打ち出し、かつての独壇場のテレビの生産の縮小が表明された[9]。2012年になると、自社生産を続けてきたシャープ、パナソニックは史上最悪の赤字を計上することになった。３月期の連結最終損益はシャープが3800億円の赤字、パナソニックが7721億円の赤字となり、シャープは2000人の希望・早期退職者を募集したところ、2960名が応募した。パナソニックも本社従業員7000人を半減することが報じられた。テレビは1980年代日本製品輸出の花形の一つであったし、その後の液晶テレビ、プラズマテレビは日本企業の技術の粋を集めた製品であると考えられてきた。アナログ、ME時代に優位を誇った垂直統合型の生産システムが、デジタル、IT時代では水平分業型の生産システムに後塵を拝する結果となったのである。グローバル資本主義の第２の構成要素の「産業グローバリゼーション」はこれまで見てきたようにデジタル化、モジュール化、モジュラー型オープンアーキテクチャーによって生産立地がグローバルに拡大している点にその特徴がある。後ほどその歴史的意味を考えたい。

グローバル資本主義の第3の要素は「金融グローバリゼーション」である。その特徴は金融商品の大量開発とそれらが瞬時にボーダレスでグローバルに取引されている点にある。金融商品の多さとそれらが飛び交うスピードとその範囲の広さが特徴といえよう。これらはコンピューター、インターネットによって支えられている。インターネットは先に触れたように東西冷戦終結の賜物であるが、金融商品の開発にもそれが反映されている。東西冷戦の終結でリストラされたロケットサイエンティストが大挙この分野に参入

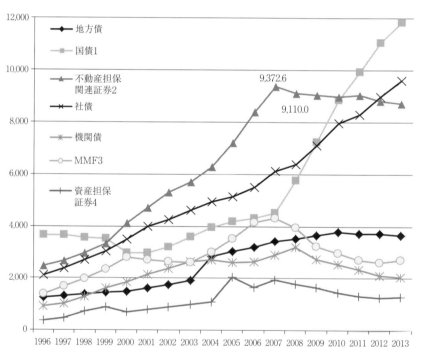

図7-3　米国債券発行残高の推移〈10億ドル〉

1．市場性国債
2．ジニーメイ、ファニーメイ、フレディーマックの各MBS、CMO、CMBSを含む
3．CP、銀行引受手形、大口定期預金を含む
4．自動車、クレジットカード、HEL、製造業者、学生各ローン、CDOを担保とした証券
（資料）http://www.sifma.org/reserch/statistics.aspx より作成

し、金融工学といわれるまでに金融商品が開発された。預貯金、株式、公社債をベースとしながらも金融商品は大まかには金融派生商品と証券化商品ならびにそれらの無数の組合せによってつくられる。「金融グローバリゼーション」の下でクロスボーダー銀行取引は残高で1999年には9.9兆円の水準であったものが、2007年時点では34兆ドルに、国際市場での債券発行額も同時期に5.5兆ドルから22兆ドルに増大し、2007年の双方の額は世界のGDP（54.6兆ドル）を上回っているのである（JETRO［2009］19頁）。サブプライム・リーマンショックと関連するので、米国における債券市場の推移を示しておきたい。

図7-3にあるように、不動産担保関連証券の発行残高はサブプライムショックが起きた2007年に9兆3726億ドル、同年の国債発行残高の倍以上の額に達した。2001年のITバブル崩壊と9.11後の金融緩和下で資金が住宅ローン担保証券に急速に向かっていった状況が見えてくる。この証券の内訳推移は

表7-1 米国不動産担保関連証券の内訳とその推移（10億ドル）

	Agency		Non-Agency		Total		
	Agency MBS	Agency CMO	CMBS	RMBS	Agency	Non-Agency	Total
2002	3158.2	922.7	295.7	909.6	4080.9	1205.3	5286.3
2003	3342.2	1006.5	350.1	1009.1	4348.8	1359.2	5708.0
2004	3383.1	1022.1	414.2	1469.7	4405.2	1883.9	6289.1
2005	3547.6	1114.3	539.0	2005.4	4661.9	2544.5	7206.4
2006	3837.9	1253.3	696.8	2588.0	5091.2	3284.8	8376.0
2007	4459.9	1341.1	866.8	2704.7	5801.0	3571.6	9372.6
2008	4956.8	1322.6	745.3	2085.4	6279.3	2830.7	9110.0
2009	5372.2	1264.2	707.6	1704.5	6636.4	2412.1	9048.5
2010	5481.4	1353.3	668.6	1473.2	6834.7	2141.8	8976.5
2011	5546.4	1401.3	686.6	1409.6	6947.7	2096.2	9043.9
2012	5656.7	1303.7	637.2	1218.9	6960.4	1856.2	8816.6
2013	5905.6	1134.0	625.7	1056.1	7039.6	1681.9	8721.5

（資料）http://www.sifma.org/research/statistics.aspx より作成

272　Ⅱ　ヨーロッパおよび日本経済

表7-1に示しておきたい。

　また、米債券市場の膨張は米国資金だけでもたらされたものではない。米国際収支からそのことがうかがえられるのである。

　米国際収支の特徴は経常収支の赤字を資本収支の黒字によって補填してい

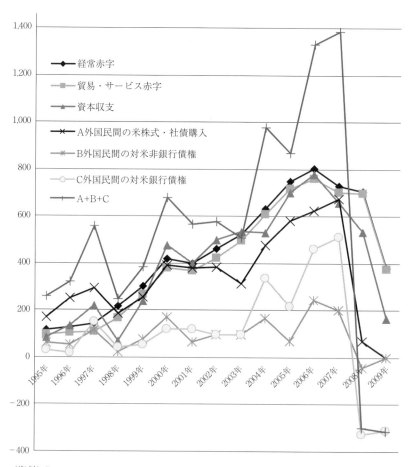

図7-4　米国経常赤字と対外民間資金流入（10億米ドル）
1995-2009年

（資料）Department of Commerce, Survey of Current Business, July 2009, July 2010より作成

る点にある。そのことを明らかにするため、図7-4では経常収支の赤字ならびに貿易・サービス収支の赤字を正数として示した。図7-4で瞭然のように米経常収支の赤字は基本的には貿易・サービス収支の赤字に規定されている。輸入超過額が米経常赤字をもたらしており、輸入額は1990年の6160億ドルから2008年には2兆5225億ドルに4倍以上も増えている。輸入が増える一因にはアウトソーシングの増大にある。たとえばアメリカで設計されたiPhoneであっても製造元の中国から輸入されるので、アメリカの輸入はアメリカに本社があるグローバル企業のアウトソーシング戦略によって増大するものとなる。また2000年から2003年にかけては資本収支の黒字は経常赤字を上回っており、米国の大幅な輸入超過は資本収支の黒字、海外資本の流入によって可能となっていた。もちろん海外資金の流入といっても、米国→欧州→米国という資金循環も含まれている。「外国の在米公的資産」、外国の公的機関による米国債購入も規模が大きい。しかし民間資本収支でも2004年から2007年にかけて「外国の対米民間資金」とりわけ「株式・社債」投資、ならびに外国民間の対米「非銀行部門債権」・「銀行部門債権」が目立って増大している。この間アメリカの銀行、投資銀行を中心とするノンバンクが対外借り入れを増やしつつ、つまり対外的にレバレッジをかけて種々の証券を発行し、海外の民間資金をひきつけ、その資産効果によって輸入の増大が実現されたと考えられる。外国の対米民間債権は2003年の5802億ドルから2004年以降2007年までの間に1兆1354億ドル、9881億ドル、1兆5772億ドル、1兆6485億ドルに、中でも外国民間の対米銀行部門債権も2003年の972億ドルから2004年以降2007年までの間に3352億ドル、2147億ドル、4620億ドル、5093億ドルに急増している。またもう一点注目すべきことは外国民間の米「株式・社債」保有もこの間に増大していることである。2003年の2207億ドルから2004年以降2007年までの間に3815億ドル、4504億ドル、6832億ドル、6057億ドルに急増している。国際収支統計上、「株式・社債」には先にみた「不動産担保関連証券」が含まれている。したがってこの住宅バブル・住宅ローン担保証券バブルの間には、アメリカの金融機関は外国から大量に資金を集

めて、住宅ローン担保証券を中心に金融商品を大量に発行し、外国（殊に欧州北大西洋沿海部）の民間機関（金融機関）がこの金融商品を積極的に購入していた構図が浮かび上がってくる。2007年6月22日、ベアー・スターンズ傘下の投資ファンド2機関が破綻し、8月9日にBNPパリバが傘下の3ファンドを凍結し、9月14日にノーザンロック危機でBOEの緊急融資が行われた、この米仏英の連鎖危機としてサブプライムショックが発現したことはこの構図を物語っているし、サブプライム・リーマンショックがグローバル金融危機として発現した理由にもなっている。反面こうしたバブル資金の循環が世界経済の実体面では、米国の輸入超過を支え、米国市場が東アジア諸国の巨大なアブソーバーとなって輸出主導型の成長を支えるものとなった。この構図は日本にも当てはまり、2002年以降のいざなみ景気は対米輸出と米国向け製品に用いられる資本財・中間財のアジア向け輸出という双エンジンで輸出依存型成長を実現したのであった。

2 サブプライム・リーマンショックの歴史的位相

(1) 中央銀行の「非伝統的金融政策」とその限界

サブプライム・リーマンショックは先に記したようにまず金融危機として発現したので、震源地アメリカでは危機対応も金融対応に集中せざるをえなかった。それはFRBの「信用緩和」とか「非伝統的金融政策」とか呼ばれる政策で、この方向性はBOE、日銀、ECBにも受け継がわれていった。内閣府政策統括官［2014］には「世界の景気動向については…13年から14年にかけて、緩やかに回復し、…この中では、先進国では全体として回復基調がより明確となる一方、中国やその他新興国では景気の拡大テンポが緩やかになり、成長の重心が新興国から先進国に若干移動した格好になっている」（3頁）とまで突っ込んで判断している。その前提には先進国における金融政策が奏功したという判断が置かれているのであろう。しかしながら、これら中央銀行の政策は異例であって、その帰結を歴史に学ぶこともできない。

結論からいうと、グローバルバブルをつくっているとしか考えられない。1980年代後半の日銀の公定歩合2.5%の当時最低の金利を2年3月余も続けたことがバブル形成の主因になったように、バブル形成は中央銀行の政策に大きく規定される。ただ今回のバブルは不良資産、長期国債を買いまくって市場に供給された流動性が行き場を失ってグローバル化している点で、これまでのバブルとは次元を異にしている。そしてこれまでの教訓ではバブルは必ず弾ける。「量的緩和」政策は「行きはよいよい、帰りはこわい」とマスコミでもいわれている（日本経済新聞2013年4月25日）。帰り＝出口でバブル破裂の可能性が潜んでいるからである。「非伝統的金融政策」がこれまで類例をみない規模に達しているだけに、それが弾けたら、どのような事態を招くことになるのか、過去に学ぶこともできない。

　2007年8月のパリバショック以降、米政府、FRBはインターバンクを中心とする各信用市場での流動性の急減に対処し、そこに流動性を追加することを基本スタンスにしていた。しかし事態は各信用市場に流動性をつぎ込むだけでは打開できないところまで進み、翌年9月のリーマンショックを機に個別金融機関を救済する必要が認識されざるをえなくなったのである。金融市場の規制を撤廃すれば、競争原理が働き、金融市場が効率化し、市場が拡大する、ただし市場でのプレーには自己責任原則が科せられるという新古典派経済学の教義に基づけば、政府、中央銀行が個別金融機関を救済することなど考えられないが、もはやそのような教義は世迷言になり、それを言ってのけられる猶予はなくなってしまった。金融システムを安定化するためには金融市場だけでなく、それを構成する金融機関の救済が不可欠となり、当初からの金融市場安定化に加えて個別金融機関への支援が並行するようになった。ことにシティグループについては250億ドルの資本注入（2008年10月28日）に次ぐ追加支援を実施し、事実上国有化に近いかたちになった。金儲けは競争原理で、そのリスクは政府、中央銀行がとる、このようなことがまかり通ってしまった。ウォール街占拠運動が高揚した所以である。

　さてFRBの金融安定化策の特徴は機動性と無原則さにあるといえる。ゼ

表7-2 アメリカ政府、FRB等による金融・経済危機対応

金融システム安定化支援	金融市場安定化	1．FOMCによるゼロ金利政策（2007/08/17～2008/12/16） 　FFレートの10次引き下げ（5.25% → 0-0.25%）、公定歩合の11次引き下げ（6.25% → 0.50%） 2．FRBによる金融機関への流動性供給 　1）Term Auction Facility; TAF（2007/12/12～2010/03） 　　ターム物入札ファシリティー（全12連銀実施） 　　預金取扱機関の資金繰り支援、ディスカウント・ウインドウ適格担保証券に適応 　2）Term Securities Lending Facility; TSLF（2008/03/11～2010/02） 　　ターム物証券貸出ファシリティ（NY連銀実施） 　　プライマリー・ディーラの資金繰り支援、トライパーティ・レポ適格担保証券（財務省証券、エージェンシー債、エージェンシーMBS）、投資適格債に適応 　3）Praimary Dealer Credit Facility; PDCF（2008/03/16～2010/02） 　　プライマリー・ディーラー流動性ファシリティ（NY連銀実施） 　　プライマリー・ディーラの資金繰り支援、トライパーティ・レポ適格担保証券（財務省証券、エージェンシー債、エージェンシーMBS）に適応 　4）ABCP MMF Liquidity Facility: AMLF（2008/09/19～2010/02） 　　ABCPMMF流動性ファシリティ（ボストン連銀実施） 　　預金取扱機関によるMMF保有のABCP買取資金にノンリコースローンを提供し、MMF市場、ABCP市場の流動性支援。融資上限なし。 　5）Term Asset-backed Securities Loan Facility; TALF（2008/11/25～2010/06） 　　ターム物ABS融資ファシリティ（NY連銀実施） 　　プライマリ・ディーラー経由でABS（オートローン、学生ローン、クレジットローンを担保とする）の保有者に対し、ABSを担保とする期間3年のノンリコースローンの供与し、消費者、中小企業の流動性を支援。総額1兆ドル。 3．FRBによる特定資産の買取り 　1）CP Funding Faciricy; CPFF（2008/10/07～2010/02） 　　CPファンディング・ファシリティ（NY連銀実施） 　　ライマリディーラー経由でCPの発行者からCPをFRBの連結対象のLLCが買取り、CP市場の流動性支援。米財務省がNY連銀に500億ドルの特別預金を拠出。 　2）Money Market Invester Funding Facility;MMIFF（2008/10/21～2009/10） 　　短期金融市場参加者から相対的にタームが長い金融機関の預金証書等を買取り、MMFを含む短期金融市場の流動性支援。総額6000億ドル。 　3）Mortgage-Backed Securities Purchase Program（2008/11/25～） 　　ファニーメイ、フレディマック、ジニーメイの保障のついたMBSを投資マネージャーがブローカー、ディーラーから買い取り、モーゲージ市場の流動性を支援。 　4）Quantity Easing 2;QE 2量的緩和第2段（2010/11/03～2011/06）期間中6000億ドルの中長期国債の購入。 　5）QE 3（2012/09/13～2014/10/30：MBS月額400億ドル購入、ツイストオペと同額の月額450億ドルの米国債買い入れ、2013/12にTapering（買い入れ額の縮小を決定
	個別金融機関への支援	1．ファニーメイ、フレディマックにコンサベータシップを適用（2008/09/07）。連邦管理局の管理下に。 2．財務省、FRBによるAIGへのつなぎ融資（2008/09/16）、資本注入（2008/11/10） 3．FRBによるノンバンクの銀行持ち株会社転換の推進とそのもとでの融資 　ゴールドマンサックス、モルガンスタンレー（2008/09/21）、アメリカンエクスプレス（2008/11/10）、GMAC、GMAC Bank（2008/12/24）。 4．連邦預金保険公社（FDIC）による預金保護額の引き上げ（2008/10/03～2009/12）10万ドルから25万ドルへ。 5．緊急経済安定化法に基づき不良資産救済プログラム（Trouble Assets Relief Program; TARP）が策定され、銀行に資本注入（2008/10/03）、財務省の支払い期限が2010/10/03まで延長。 6．財務省、FRB、FDICによるシティグループ（2008/11/23）、バンク オブ アメリカン（2009/01/23）への追加支援。 7．米財務会計基準協会（FASB）、ストレステストを前に、市場性の乏しい金融商品の時価評価を09年はじめに遡って停止を提言（2009/04）。
	破綻整理	1．連邦預金保険公社（FDIC）による破綻銀行の整理、業務継承の斡旋（2008/01/01～） 　（例）インディマック・バンコープをFDICの管理下に（2008/07/11）→ブリッジバンク 　　　　インディバンク・フェデラル・バンクに資産を移行 → IMB・マネージメント・ホールディングスに売却（2008/12/31）。 2．FRBによるJPモルガンへのベアスターンズ救済合併支援（2008/03/14）
住宅支援		連邦住宅局（FHA）による住宅ローン借り換え支援（2007/08/31～）
自動車会社支援		財務省によるGM、クライスラー救済（2008/12/19）両社の資金繰り支援のためTARPから総額350億ドルの融資枠設定が決定

（資料）ジェトロ［2009］、内閣府［2010］、経済産業省［2010］、小立［2009］、大島［2009］、宮嵜［2010］、各種新聞報道を参考にし作成

図7-5 FRBの資産残高（100万ドル）

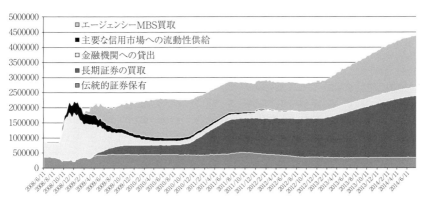

（資料）http://www.clevelandfed.org/research/data/credit_easing/index.cfm より作成

ロ金利政策についてもゼロ金利へ躊躇なく進み、流動性供給もその額は1兆ドル、上限を設けないものも含まれ、その規模は大きく、「量的緩和」についても国債（一部でAPCPも）の買取りを基本とした日銀のそれを優に超え、リスクの高いMBS等の購入にまで踏み切っている。「信用緩和」たる所以であろう。また表7-2中、FRBによる金融機関への流動性供給5件、特定資産の買取り4件もリーマンショックを前後して性格が異なり、リーマン後は無原則さが顕著に示されている。特定資産の買取り＝「信用緩和」＝「非伝統的金融政策」はすべてリーマン後であり、流動性供給にしても叙上のようにリーマン後にその規模が増している。これら9件の対応策をどのように評価すべきであろうか。

米国では元来、短期金融市場におけるCP、ABCPの比重は高く、証券化商品を再組成し販売するSIVがABCPを資金調達の手段にしていたことから、パリバショック以来ABCPの発行額は激減する。さらにCP、ABCP市場の縮小はその市場で運用を図ってきたMMFの元本割れをもたらし、これら短期金融市場の流動性危機を回避すべくFRBはAMLF、CPFF、MMIFF、TALFの各ファシリティーを出動させ、これらはCP、ABCP、

MMF、ABS市場へ資金を供給するものであった。ここで留意すべきはAMLF、TALFはABCP、ABSを担保とするノンリコース・ローンの提供であるのに対して、CPFFはCP、ABCPの事実上の買取りであり、MMIFFは預金証書、銀行手形、金融機関発行のCPの事実上の買取りを目的にしていた。いずれも最上位の格付けがつけられていることが条件となっているものの、この2つのスキームの発動は中央銀行のリスク管理として問題を残さざるをえない。

さらにMBS買取りプログラムについてはジニーメイ、ファニーメイ、フレディマックの保証つきを条件としているものの、ファニーメイ、フレディマックは危機を収拾するために国有化された経緯が示すように、高リスクのMBSを買取るものでリスク資産の拡大につながるものといえよう。図7−5で明らかなように、FRBの資産はリーマンショック時には8666億ドルの水準にあったが、2008年12月には倍以上の2兆2000億ドルを超える急激な増加を示している。その後2兆ドルを割って減少傾向を暫しみせる。その理由は図7−5中「金融機関への融資」の減少に伴うものにある。この項目にはレポ、TAF、PDCFさらには通貨スワップによるものも含まれており、融資への返済の増加があって、その分FRBの資産が減少した。しかし、その後は明らかに「エージェンシーMBSの買取り」によって、資産が再び増大しはじめ、現在「金融機関への融資」、「主要な信用市場への流動性供給」による資産の減少が顕著なものの、「長期証券の買取り」、「エージェンシーMBSの買取り」による資産の増大がこれら減少幅を相殺して余りある勢いでFRBの資産を膨張させている。クリーブランド連銀のHP上で確認すると、2009年11月末でFRBの資産総額は2兆1912億ドルで、その内訳は伝統的な証券所有が4517億ドル、長期証券の買取りが3187億ドル、金融機関への融資が2887億ドル、主要な信用市場への流動性供給が1兆5237億ドル、エージェンシーMBS買取りが1億0085億ドルとなっている。エージェンシーMBS買取りがこの時点で1兆ドルを超え、総資産の46％を占めていた。FRBがひとえに民間リスクを引き受けてこうした資産膨張に至った。その

後2010年11月からQE２が始まり、それが終わる2011年６月には長期国債の買取りは１兆ドルを超え、2012年９月のQE３以降もMBSの買取りは月額400億ドル、国債の買取りもツイストオペ（短期国債による長期国債の買取り）と同額の月額450億ドルの規模を続け、資産膨張は続いている。2014年８月初めには伝統的な証券所有が3582億ドル、長期証券の買取りが２兆0393億ドル、金融機関への融資が2790億ドル、主要な信用市場への流動性供給が18億ドル、エージェンシーMBS買取りが１兆7137億ドルとなっている。総額４兆3920億ドルに達し、長期国債のウェイトは46.4％、エージェンシーMBSのそれは39.0％で、両者で85.4％を占めるにいたっている。

　前掲図7-3で不動産担保関連証券の残高は増えていないことが確認できる。しかしその内訳を表7-1でみると、エージェンシーMBSのみが残高を増やしている。2007年から2013年にかけて１兆4467億ドル増えている。不動産担保関連証券の残高全体では同期間に９兆3726億ドルから８兆7215億円に6511億ドル減っているにもかかわらずである。2013年末にFRBのエージェンシーMBS買取り額は１兆4982億ドルなので、エージェンシーMBSが2007年から2013年にかけて１兆4467億ドル増えているのはひとえにFRBのおかげである。表7-2のFRBの金融市場安定化策のうち、金融機関への流動性供給はリーマンショック後の緊急支援策であるといえるが、このエージェンシーMBS買取りとQE２、QE３は民間金融機関の尻拭いでリスクを取りながら、実質金利を引き下げ、ドル安誘導に持っていき、景気を維持、さらには株価上昇からその資産効果で景気浮揚を図る「近隣窮乏化政策」であるといえよう。バーナンキ前議長が主要国の緩和競争を「近隣窮乏化でなく近隣富裕化（enrich-thy-neighbor）だ」と正当化した（日本経済新聞2013年４月５日）そうだが、主要国が緩和競争に駆り立てられるのは、それをやらなければ自国の通貨高から景気浮揚が図れないからであり、緩和競争を仕掛けたのがバーナンキFRBであった。しかし緩和をいつまでも続けることはできない。バブル、インフレ昂進を座視するわけにはいかないからである。怖いけれどもいつかは出口を探らなければならない。2012年12月に失業率が

6.5％に低下するまでゼロ金利を継続すると表明したフォワードガイダンスは、その目的とするところは長期金利の引き下げであるが[10]、政策転換点の含みを持たすことにもなる。また、バーナンキは2013年6月19日の記者会見でQE3について、経済の改善が続けば「年内に証券購入ペースを減らすのが適切」との見解を明らかにした。バーナンキが条件付きながら、量的緩和縮小の日程に言及したのは初めてであった。また「来年半ばまでに（国債などの新規購入を）停止するのが適切と考えている」とも指摘した、という。新規購入停止の前提として、バーナンキは足元の7.6％の失業率が7％近辺に改善することを挙げた（日本経済新聞2013年6月20日）。

しかし、この発言は新興国に波紋をもたらすことになった。

「バーナンキ米FRB議長が量的緩和縮小に言及して以降、ドル資金が新興国から流出し、外国為替市場でインドネシアルピアなど新興国通貨が軒並み下落。急激な通貨安で輸入物価が上昇するとインフレを招きかねないため各国は自国通貨を買う大規模介入を実施した。これが外貨準備の減少につながっている。マネー流出で急落した自国通貨を買い支えようと米国債など保有する外貨資産を売っているためだ。5、6月の2カ月でインドネシアの外貨準備は8.5％、インドは4％、ブラジルは2.4％減少した」（日本経済新聞2013年7月16日）。

みられるように出口政策の難しさはその影響がもはや自国内だけでなく、他国に及び、他国での影響がさらに自国に跳ね返る点にある。そもそも量的緩和で供給された過剰流動性は、資源、穀物の投機的取引に向かい、中国での豚肉の高騰を招いたことに象徴されるように、新興国に大きな混乱をもたらす原因にもなっていただけに、出口への言及が新興国に向かっていた資金の流出をもたらせば二重の責任が追及されることになる。

バーナンキ前議長は2014年1月末をもって退任し、代わってイエレン氏が議長に就任した。バーナンキは金融パニックを回避した点で大きな功績を残したといえるが、中央銀行が民間リスクを多く抱え込んだその副作用は計り知れない。その副作用を起こすことなく出口を迎えることもパニックを回避

したのと同じ、もしくはそれ以上の困難を有する。回避とは問題解決の先送りでしかなく、さらにすでに新興国を巻き込んだ以上、パニックが起きれば、その範囲は北大西洋沿海部だけでは済まされないからである。

　バーナンキのパニック回避策が先送りでしかない理由は、サブプライムローン担保証券等のRMBS、それらを組み込み、さらに再組成した金融証券、さらにはCMBS等の不良資産が金融機関のバランスシートから除去しえていないからである。表7−1にみられるように、2013年末現在でジニーメイ、ファニーメイ、フレディーマックのエージェンシーの保証の付いたMBSが5兆9056億ドル、同保証の付いたCMOが1兆1340億ドル、保証のないRMBSが1兆0561億ドル、CMBSが6257億ドル計8兆7215億ドル残っており、そのうちFRBが買い取ったのは1兆7137億ドルである。また表7−2の「個別金金融機関への支援」の（7）で米財務会計基準協会（FASB）がストレステストを前に、市場性の乏しい金融商品の時価評価を09年はじめに遡って停止を提言（2009/04）した。金融機関の経営健全化のために公的資金を注入する際の最低限の条件は資産評価の厳密化である。注入額の査定には、不良資産を直接償却したさいにどれだけの損失が生じ、その損失額と自己資本の差額を割り出さなければならない。そのためには不良資産の時価と簿価が明確でなければならない。アメリカではないが、ベルギー・フランス系の銀行デクシアが2011年10月9日に破綻した。同行は2回のストレステストに合格しながらも破綻したので、ストレステストがいかにいいかげんであったかを雄弁に物語っている。

　以上みてきたようにFRBの対処はパニックを回避した点ではその功績は大きいとはいえ、サブプライムショックの原因を除去したものでなく、民間の金融機関のリスクを抱え込みながら、国債の大量購入によりドル安に誘導し時間を稼ぎ、問題の解決を先送りしているにすぎない。また出口政策の難しさがすでに2013年7月時点で明らかになっている。ここに失敗すれば、その直接的影響はリーマンショック時の北大西洋沿岸部に限らず、新興諸国を巻き込むグローバルリスクが高いのである。その際にはもはや「最後の貸し

手」機能も使えないので、出口政策の舵取りは心底難しい。とはいえ、「非伝統的金融政策」を続ければそれだけ問題を先送りしながらバブルの膨張を許すことになり、バトンタッチされたイエレン議長の執務は当初から雪庇が大きく張出した稜線を下るような危険に満ちているといえよう。

　次に日本の対処をみておきたい。リーマンショックを受け白川方明総裁（2008年4月就任）の下、10月末の金融政策決定会合で超過準備に付利を行う「補完当座預金制度」が導入された。そのうえで政策金利を12月19日に0.1％に引き下げられ、補完当座預金への金利も0.1％に据え置かれ、2010年10月に実質ゼロ金利と資産買い入れ基金を柱とする「包括」緩和を導入するも、その後リフレ派の浜田宏一氏（安倍政権下で内閣府参与）ならびに野党時安倍自民党総裁から名指しで批判されることになる。2012年10月11日の記者会見で安倍総裁は日銀の白川方明総裁の任期中の政策が「不十分ではないか」と指摘。2013年4月の白川総裁の任期切れ後の人選にも「大胆な金融緩和を行ってもらえる方」と話したという（日本経済新聞2012年10月18日）。安倍政権誕生後も執拗な日銀批判が行われ、「中央銀行の独立性」を保証した日銀法改正まで要求された。2012年2月に日銀が当面1％の物価上昇を金融政策のめどに加えたことに対しても、安倍政権は執拗に絡み「2％の物価上昇目標」を共同声明として結ばせ、白川総裁は4月の任期切れを待たず、2月5日に辞任を表明する。3月20日に黒田東彦総裁と岩田規久男副総裁リフレ派主導の日銀体制が誕生した。そして4月4日の日銀政策決定会合で「質・量ともに異次元の金融緩和」が決定された。その要点は、①政策の操作目標がオーバーナイトものの無担保コールレートからマネタリーベースに変更され、その量を2年で2倍にする。②マネタリーベースは2012年末の138兆円（実績）から13年末に200兆円（見通し）、14年末に270兆円に拡大する。その際日銀当座預金残高も2012年末の47兆円（実績）13年末には107兆円、14年末には175兆円のめどがたてられている。③長期国債の買取りを2012年末の89兆円から13年末には140兆円、14年末には190兆円に増大。また④CP、社債、上場投資信託（ETF）、不動産投資信託（J-REIT）等のリス

ク性資産の買い増しも行う。⑤長期国債の買い入れ対象を平均残存期間１〜３年ものから７年ものに広げ、40年債まで買入れ。⑥日銀の長期国債の保有残高を日銀券の発行残高を上限とする「日銀券ルール」の一時停止、である。マネタリーベースを２年で２倍にする目的は、白川日銀に執拗に迫って政府と日銀の共同声明で織り込んだ「物価上昇率目標２％」を２年で達成することにある。これが最初のボタンである。マネタリーベースを２年で２倍にすると物価が２年で２％上昇する理論的根拠は示されていない。日本経済新聞によれば、黒田就任後３月21日に「チーム黒田」が組織されたという。そして「チームは国会対応の合間をぬって計量経済モデルで推計を重ねた。答えは『マネーを２年で1.8倍程度に増やせば可能性はある』。黒田は『わかりにくい。２倍でいこう』と引き取った。マネーの量を２年で２倍に。有名になったフレーズはこうして生まれた」（日本経済新聞「日銀大転換（１）１ヵ月がすべてだ」2013年４月23日）。この報道に基づけば、計量経済モデルでの推計で可能性という範囲を根拠に長期国債を190兆円も買取り、日銀当座預金残高を175兆円も積み増すというのである[11]。

　この大量の国債購入が銀行の貸し出し増に結びつかず、財政赤字のマネタイゼーションと受け止められれば、日本の国債の格下げから国債価格の急落という事態も招きかねないのである。「日銀券ルール」も骨抜きにし、「中央銀行の独立性」を保証した日銀法の改正も持ち出し、執拗な批判で前日銀総裁を辞任に追い込み、政府と一体になったリフレ派で日銀を固めたのであるから、そのように受け止められたとしてもおかしくない。

　2014年度末現在で日銀資産は総計323.6兆億円で、国債保有額は269.8兆円、うち長期国債は220.1兆億円にいたっている。2013年４月の計画を上回るペースで国債購入を進めてきた。同期の名目GDPが490.6兆円であるので、日銀資産の対GDP比は66.4％をも占め、これは欧米中央銀行との比較においても突出している。資産に占める長期国債比率は68％に達しており、同期の日銀自己資本７兆1680億円はこの長期国債保有額の3.3％に過ぎない。ということは長期国債の価格がわずか3.3％の値下がりをしただけで

も、日銀のこの自己資本は消失する計算となる。つまり、形の上では3.3%の長期国債の価格低下で日銀は債務超過に陥ってしまうことになる。

　日銀は政府全額出資の株式会社であるから倒産することはない。1990年代の末の不良債権処理の時にも日銀は債務超過となったので、別段日銀に対しては債務超過でどうこうなるものでもないと考えられる。しかし仮に債務超過になったとしたら、そのまま不健全性を続けていけるものなのであろうか。長期金利を引き上げることは自分で自分の首を絞めることになる。FRBの出口には新興国からの資金流出というリスクが伴うことを先に記した。現日銀には自らの所業でテーパリング（緩和の縮小）すら模索できない。

　スパイラルな悪循環に誘うことになるからである。テーパリングは少なくとも国債価格の低下の材料となり、いったん下がれば長期金利を上げざるをえず、そうなれば国債利払い費の上昇から財政赤字が拡大し、それが材料で日本国債の格付けが下がり、長期金利の上昇から国債価格のさらなる低下をもたらすという財政を巻き込んだ悪循環が形成され、そこから抜け出されなくなる可能性が生じる。だからと言っていつまでもこのような金融緩和を続けられるわけでもない。バブルの昂進だけでなく長期金が上昇した際のリスクは量的緩和を進めれば進めるほど高まらざるをえないからである。

　そもそも最初のボタンが掛け間違いであった。デフレの捉え方である。デ

日本における労働市場の規制撤廃
1985年：労働者派遣法制定、ただし適用を13業務に制限（ポジティブリスト）
1995年：日経連「新時代の『日本的』経営」で雇用ポートフォーリオを提唱、雇用柔軟グループ、高度専門能力活用型グループ、長期蓄積能力活用型グループ
1996年：日経連「政府規制の撤廃・規制緩和要望」で派遣法自由化、有料職業紹介の規制撤廃を要望
1999年2月：経済戦略会議、「日本経済再生への戦略」で「雇用の流動化」を答申
1999年7月：労働者派遣法改正、適用業務のネガティブリスト化（製造業は禁止）、職業安定法一部改正12月施行
2000年：政府の総合規制改革会議、労働者派遣の拡大と職業紹介自由化を提唱
2003年6月：労働者派遣法改正、製造業への派遣解禁、派遣期間を原則1年を3年に拡大、施行2004年3月

フレの原因はいくつか考えられる。供給面では海外から安価な製品が輸入される。これはIT/グローバル資本主義化の影響である。生産性上昇によってコストを抑えて製品が供給される。この点はデジタル化、IT化の影響である。需要面では購買力の低下でこの場合、通貨供給量の低下や賃金の減少が問題となる。購買力を減少させる賃金の低下は前頁の囲み内の労働市場の規制撤廃によってもたらされた。またデフレを通貨供給量の問題としてとらえるのはリフレ派である。しかし今のデフレ現象は貨幣数量説のレベルで起きているのではなく、デジタル化、IT化、労働市場の規制緩和がグローバルに進展している中で現実に生じているのである。

(2) 新興国への依存

リーマンショック後の世界経済の大きな変化はG7の先進工業諸国の退潮とBRICsに代表される新興国の台頭にある。表にみられるようにG7のGDPシェアは2011年に半分を割り、BRICsは2013年に2割まで増大する。その中にあって中国の存在が圧倒的である。GDP世界第2位がBRICsにい

表7-3 BRICsの経済規模（2003-2013年）

単位：10億米ドル

	2003	2004	2005	2006	2007	2008	2009	2010	2011	2012	2013
世界	37,494	42,178	45,616	49,375	55,718	61,222	57,846	63,180	69,899	72,106	73,982
G7	23,910	26,225	27,328	28,507	30,681	32,118	30,590	31,776	33,697	34,543	34,507
同世界シェア	63.8%	62.2%	59.9%	57.7%	55.1%	52.5%	52.9%	50.3%	48.2%	47.9%	46.6%
ブラジル	552	664	882	1,089	1,366	1,650	1,622	2,143	2,493	2,248	2,243
ロシア	430	591	764	990	1,300	1,661	1,223	1,487	1,850	2,004	2,118
インド	591	689	809	908	1,153	1,251	1,254	1,598	1,676	1,859	1,871
中国	1,641	1,932	2,257	2,713	3,494	4,520	4,991	5,930	7,298	8,229	9,181
BRICs計	3,214	3,875	4,711	5,700	7,313	9,083	9,090	11,159	13,318	14,340	15,413
同世界シェア	8.6%	9.2%	10.3%	11.5%	13.1%	14.8%	15.7%	17.7%	19.1%	19.9%	20.8%

（資料）IMF, World Economic Outlook Database, Oct. 2012, Apr. 2014より作成（中国2013年は推計値）

るのだから不思議なことではない。そして自動車の生産・販売台数でともに2009年以降中国が世界1位となる。2013年の生産台数は22,116,825台、販売台数は21,984,079台でともに初めて2,000万の大台にのった（日中経済協会［2014］、122頁）。いまや中国の自動車市場は世界の4分の1以上を占め、アメリカの1.4倍、日本の4倍の規模となっている。2013年の販売台数の内訳では乗用車基本形のうち排気量1,001～1600ccクラスが1,094,478台（前年比15.4％増）、MPV（多目的車）が811,785台（前年比164.5％増）、SUV（多目的スポーツ車）が988,348台（前年比49.1％）で、これら3カテゴリーの前年度純増分だけで2,894,611台となり、「13年日本自動車販売台数（538万台）の半分以上に匹敵する」（日中経済協会［2014］123頁）。これら3カテゴリーがボリュームゾーンになっているのはこれら市場セグメントが中間層によって大方構成されているからである。世帯年間可処分所得5000ドル以上3万5000ドル未満の中間層はアジアにおいて2000年の2.2億人から2010年には9.4億人に増大し、うち中国では7000万人から5億人に増大すると見込まれていた（経済産業省［2010］、187頁）。少子高齢化が進み、自らも利用している非正規雇用の増大によって若年・青年層の購買力が減少し、国内市場の伸びが期待できない日本自動車メーカーにとって新興国の中間層市場こそがドル箱となっているので、リーマンショック後に軒並み新興国戦略をたて、それを実施する方向にある。この点は項を改めてみていきたい。

　リーマンショック後新興国とりわけ中国に依存するのは日本の貿易統計からも明らかである。

　図7-6はリーマンショック後の日本の輸出額の推移である。みられるように、対米輸出については2013年3月以降になって初めて8割台に回復した。EC向けは2011年9月に7割を回復するもそれは一時で、同図では7割にはいたっていない。リーマンショック後、リーマンショック時の輸出水準に回復できたのは唯一中国向け輸出である。アジアNIEsに香港が含まれているゆえ、アジアNIEs向け輸出が中国向け輸出を上回っている。香港向け輸出を中国向け輸出に含めれば、なおさら日本にとっての中国の輸出市場の大き

図7-6 日本からの国・地域別輸出総額（10億円）

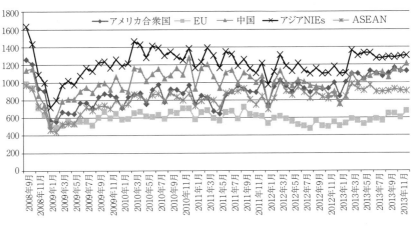

（資料）財務省［毎月］より作成

さが明瞭になる。しかしながら、リーマンショック時の水準に回復できた月はごくわずかである。2010年、2011年、2013年に計11か月中国向け輸出が回復しただけである。日本にとって唯一リーマンショック時の水準に戻ったのは中国輸出のみでありながら、実際には輸出の伸びが期待できないのは、尖閣問題もその要因になっているであろうが、それ以上に、リーマンショック後のグローバル資本主義の変容がその影を落としているからであると考えられる。項を改めてこの点をみておきたい。

3 グローバル資本主義の変容が日本経済に及ぼす影響

まず輸出動向を産業別に見ておきたい。まず旧分類の一般機械産業をあげておこう[12]。

図7-7を一瞥して旧分類の一般機械では対中輸出が大きく、すでに2010年3月にはリーマンショック時の水準に回復し、2011年3月には3250億円のピークに達した。2008年11月19日に講じた4兆元の「内需促進・経済成長のた

288 Ⅱ ヨーロッパおよび日本経済

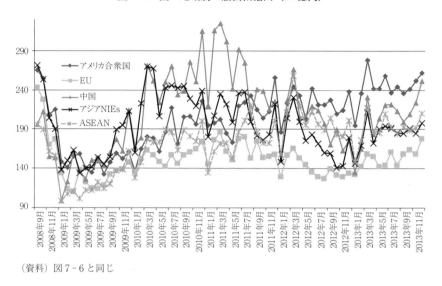

図7-7 国・地域別一般機械輸出（10億円）

（資料）図7-6と同じ

めの10大措置」や種々の補助金制度によって中国経済が活気づき、資本財輸出が促進されたと考えられる。その後尖閣問題で輸出額は減るものの、2013年には増え始め、また米国向け、ASEAN向け輸出も好調になってきている。

次いで電機産業の輸出動向である。かつての日本電気機械器具、電子部品、デバイスは輸出の花形で、電気機械器具製造業が日本のリーディング産業であった。また、1990年代後半以降、日本電機産業の東アジアでの事業展開が質転換し、直接投資も飛躍的に増大するも、しばらくはその輸出誘発効果により、電子部品、デバイスの中間財輸出が増大して、この効果が日本の国内産業の空洞化の安全弁になっていた時期もあった。しかしリーマンショック後になると、電機産業における完成品の輸出も電子部品、デバイスの輸出も全体として振るわなくなる。

図7-8をみると2012年3月期のシャープ、パナソニック、ソニーの決算が想起できる。同期連結最終損益はシャープが3800億円の赤字、パナソニックが7721億円の各社史上最悪の決算となり、ソニーも5200億円の連結最終赤字

図7-8 国・地域別電機輸出（10億円）

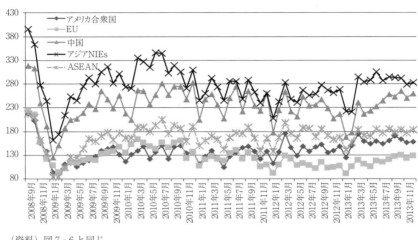

（資料）図7-6と同じ

を記録した。この図からはかつて日本製カラーテレビ、ビデオ、ラジカセ、DRAMが世界市場を席巻した痕跡は全く見られない。こうした個別大手企業の業績もこの輸出動向から肯けるところである。どの国別、地域別輸出もリーマンショック時の水準に回復していないのである。

次に電子部品について図示しておきたい。

図7-9を一瞥して、旧分類の電機産業より輸出動向は厳しいことが読み取れよう。リーマンショック後には明らかに電機産業の海外直接投資に伴う、電子部品・デバイスの輸出誘発効果を望むことはできなくなっている。

電子部品・デバイスの輸出誘発効果が望めなくなった要因を考えると、日本の電子部品、デバイスメーカーの海外直接投資増大とその生産力化で現地調達が増大したほか、地場を含めた産業集積が中国の珠江デルタ、長江デルタを筆頭に東アジアに分厚く形成されたことに求められるであろう。熟練工によるモノづくりのカンとコツといったアナログ的なものづくりの要素がデジタル化の進展でNC工作機械・装置に移出され、このようなデジタル化、メカトロニクス化が東アジアの産業集積の急速な形成にとって不可欠な要素

図7-9　国・地域別電子部品輸出（10億円）

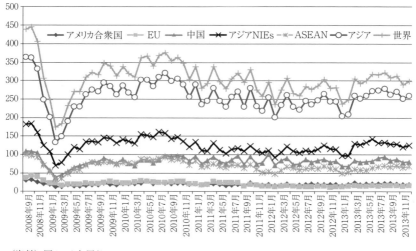

（資料）図7-6と同じ

の一つであると考えられる。

　近年日本の貿易赤字が固定する中、その一つの要素としてスマートフォン等の東アジアからのまとまった輸入があり、かつて日本製品の独壇場であったエレクトロニクス分野で日本のシェアも落ちながら、東アジア地域のシェアが増大している。表7-4でこの点を確認しておきたい。

　携帯電話に関してはアジア太平洋産はこの4年で3割から5割弱に達する伸びで、日本産は7.8％市場シェアを落としている。欧州産は41.4％から19.4％へとシェアを半減させている。北米産に大きな変化がないので、表上ではアジア太平洋産は欧州産と日本産のシェアを侵食していることになる。スマホについてはアジア太平洋産はこの3年間で48.1％もシェアを伸ばし、日本産の減少分3.8％、北米産の同10.2％、欧州産の同35.6％のほぼ全部を食って、シェアを伸ばしている。ノートPCは軒並み市場シェアを落としている中、アジア太平洋産のみがシェアを伸ばしている。液晶テレビについては欧州産が風前の灯になる中、その減少分と日本産の減少分をアジア

表7-4 世界市場シェアの推移

	携帯電話		スマートフォン		ノートPC		液晶テレビ		テレビ用液晶デバイス		携帯電話用液晶デバイス	
	日本	アジア太平洋	日本	アジア太平洋	日本	アジア太平洋	日本	アジア太平洋	日本	アジア太平洋	日本	アジア太平洋
2009年版	11.4	31.9			21.7	33.0	43.4	42.6	18.0	82.0	45.7	53.8
2010年版	7.7	35.4	10.2	10.4	18.5	36.0	30.6	56.7	12.9	87.1	35.7	63.9
2011年版	6.0	38.2	9.0	25.2	16.9	39.5	31.2	56.5	17.6	82.4	32.1	67.3
2012年版	1.9	42.7	3.7	39.9	17.1	38.6	33.2	55.3	14.5	85.5	30.4	68.1
2013年版	3.6	48.3	6.4	58.5	14.9	43.7	25.3	62.6	10.0	90.0	26.2	70.4

（資料）総務省「平成25年版 ICT 国際競争力指標」より作成

太平洋産が食っている。携帯電話用液晶デバイスについても日本産の減少分を食い、テレビ用液晶デバイスに関しては、アジア太平洋産が独占する勢いを示している（紙幅の関係で表中では欧州産、北米産は割愛した）。

　デジタル化、モジュラー型オープンアーキテクチャーの及ぶ範囲でアジア太平洋のシェアが増大している。その中にあってアップル社のタブレット型情報端末機、殊に iPhone がパーソナルコンピューターへの需要を抑えるほどの売れ行きを示ししている。その成功因を「ハードウェアからシステム全体までを垂直統合型アーキテクチャーにシフト」させたことに泉田は求めている（泉田［2013］、29頁）。そしてそれが可能だったのも OS だけでなく、「CPU や GPU を統合した SoC の設計も社内で行ってい」（泉田［2013］、26頁）る点にあるとしている。確かに iPhone はパソコンを代替できるほどのブレークスルーなイノベーションである。しかしそれは「垂直統合型アーキテクチャー」として揺るぎない地位を占めることとを保証されてはいない。アップル社が1世代前の CPU の製造を委託したサムソン電子が後に製造販売した GALAXY は販売台数において iPhone を凌駕し、さらにそれを脅かす100ドルスマホがクアルコム・レファレンス・デザインによって可能となり、レファレンスモデルの嚆矢となった聯発科技（メディアテック）がスマホでの巻き返しをはかって提供された SOC と新たなレファレンスによっ

て、中国でも華為技術（ファーウェイ）、小米（北京小科技、シャオミ）によって800元でスマホが供給され、それら製品が中国でのシェアを伸ばしている。ソニーが2015年3月期の連結業績見通しで、最終赤字を当初見込みの500億円から2300億円に拡大した。スマートフォン事業の減損処理で1800億円の損失を計上しており、当期の赤字の主因がこのスマホ事業にあり、上位機種ではアップルに抑えられ、普及機種では中国勢との競争激化で挟撃された結果である（日本経済新聞、2014年9月18日）。

　以上の点から重要な結論を2点指摘できる。まずiPhoneが独壇場を築けなかったのは、スマホもデジタル式のモジュラー型オープンアーキテクチャーであり、デジタル世界では独壇の「垂直統合型アーキテクチャー」を形作ることは困難であるということである。またソニーがスマホをコア事業と位置づけながら大幅な赤字を計上したのは、デジタル世界では新興国の先進工業国へのキャッチアップが可能になったことを示している。このことはデジタル式のモジュラー型オープンアーキテクチャーによって新興国で蛙飛び型の経済発展が可能となり、リーディングインダストリーにおいても新興国によるキャッチアップが実現されたことを意味する。こうして新興国が市場、生産拠点ともにグローバル資本主義の不可欠の要素となったのである。リーマンショック後がグローバル資本主義の形成期たる所以である。

　続いてリーマンショック後の日本自動車産業の動向をみておきたい。先に中国の自動車市場規模についてみたように、新興国の中間層市場が最大のボリュームゾーンになるのであるから、そこをターゲットゾーンにするにはまずは現地の需要をいち早く取り込み、中間層の自動車購買力にあった価格帯を設定しなければならない。現地生産、現地販売はいうに及ばず、部品の現地調達、設計開発の現地化、さらには人材育成の現地化、経営の現地化等現地化戦略を徹底しなければグローバル競争に勝ち残れないのである。そこで日本の大手自動車メーカーの新興国での現地化戦略を整理しておきたい。

　まずは日産から。日産は早くから中国で、1600cc以下の乗用車にターゲットを絞り、現地化を進めてきた。自動車補助金の機会もつかみ、2010年の

表7-5 日産の新興国戦略

見出し	内容	出典
タイ製「マーチ」上陸、日産、最安仕様100万円切る	日産自動車は13日、小型車「マーチ」を全面改良し発売した。タイ工場製で、最も安い仕様では100万円を切る。志賀俊之最高執行責任者（COO）は「低燃費車のニーズが強い先進国市場と、中間所得者層の厚みが増す新興国市場の両方で満足してもらえる小型車」と語った	日本経済新聞 2010/7/13
日産、開発体制を拡充、ASEAN域内、部品の現地調達加速	タイでは2015年までに開発要員を現在の3倍弱にあたる300人程度にまで増やすほか、11年度にはインドネシアに開発拠点を開設する。設計などを現地化して、現地生産車の部品の現地調達を加速する狙いだ。	日経産業新聞 2010/09/10
小型戦略車向け部品、新興国と競争激しく、生き残りへ低価格化必須	日産自動車が3月に発売した小型車「マーチ」。タイやインド、メキシコなど新興国で共通の車台（プラットホーム）を使って生産し、部品もタイで大半を調達することで最廉価モデルを99万円台に抑えた。	日本経済新聞 2010/10/5
日産、新興国で攻勢、ブラジルに新工場、16年度世界販売700万台、中期計画	日産自動車は新興国で攻勢をかける。ロシアの自動車最大手アフトワズを買収するのに続き、ブラジルに新工場を建設する。2013年にも小型車の生産を始め、手薄だった南米市場の開拓を急ぐ。中国では電気自動車の生産に乗り出す。16年度までの6年間に2兆円超を投じ、世界販売台数を10年比7割増の700万台強にする計画だ。	日本経済新聞 2011/6/17
日産パワー88（2011年6月）	2011～2016年度の中期経営計画、2016年度に世界販売の6割を新興国で。中国でのシェアを10%に引き上げ	フォーイン [2011] 36
中国事業の中期経営計画（2011年7月）	2015年までに500億元（役6100億円）を投じ、東風汽車で約30種の新モデルを年間販売台数を230万台以上に	フォーイン [2011] 36
日産、中国で高級車生産、戦略立案、香港に集約──新興国の富裕層照準	日米欧にある「インフィニティ」ブランドの販売・マーケティング部門を香港に集約。日本の自動車メーカーで初めて高級車ブランドの中国生産に乗り出す。	日本経済新聞 2011/11/2
日産、メキシコ生産倍増、年130万台に、国内を上回る─中国と2大拠点	メキシコに年産60万台の新工場を建設する方針を固めた。2013年末から順次、稼働する。投資額は20億ドル（1560億円）規模。既存工場と合わせた同国での生産台数は130万台に倍増し、日本国内での生産台数を上回る。メキシコを米州全域をカバーする輸出拠点に位置づけ、すでに日本を上回る中国の生産台数も2倍に引き上げる方針。	日本経済新聞 2011/12/15
日産、中国で増産投資、襄陽工場に250億円、高級車も生産	28日、中国・襄陽工場（湖北省）の生産能力を現在の約2倍の年間25万台に引き上げると発表した。投資額は20億元（約250億円）。同工場で高級車ブランド「インフィニティ」を生産することも正式に決めた。日産は15年까지の5年間で、中国での生産台数を200万台に倍増させる計画。今年初めには中小型車の生産拠点である広東省広州市で、年能力27万台の第2工場を稼働させた。	日本経済新聞 2012/5/29
日産、タイ生産を倍増、年40万台、300億円で新工場	タイに約300億円を投資し、年産能力で20万台規模の完成車工場を2014年に新設する。タイでの生産を倍増し、出遅れていた東南アジアで巻き返す。生産するのはタイや周辺国で需要の大きい1トンピックアップトラックと乗用車。日産は16年度までにタイでの市場シェアを現状の2倍以上の15%に引き上げる中期目標を掲げるが、人気の1トンピックアップトラックの品ぞろえが不足していた。	日本経済新聞 2012/10/24
米へメキシコ製小型車、日産やホンダ、需要拡大で	日産自動車は2013年にもメキシコで小型車「ノート」を生産し米国への輸出を始める。日産自動車は13年後半にも、新興国向けに開発した低コスト車台を使うノートの生産をメキシコで始め、米国市場にも投入する。	日本経済新聞 2012/12/05
ベトナムで小型セダン、日産、現地に工場	マレーシアのタンチョン・モーター・グループ社（TCM）と組んでベトナムで小型セダン「サニー」の生産を始めたと発表した。	日本経済新聞 2013/06/12
日産、中国でSUV3倍に、2車種を追加、シェア挽回狙う、トヨタは成都で7割増強	日産自動車は2014年夏に大連工場（遼寧省）を稼働させ、人気2車種の生産を3・5倍に増やす。現在は東風汽車集団との合弁会社、東風汽車有限で50億元（約800億円）をかけて大連工場を建設中。まず人気SUVの「キャシュカイ」（日本名＝デュアリス）を生産する。加えて仏ルノーと共同で導入を進める設計手法を使う「エクストレイル」を16年に投入する。 大連では2車種をそれぞれ15万台生産する。12年のキャシュカイの中国生産は約10万台、エクストレイルは約2万台で、増分を加えると最大で計42万台規模になる。 キャシュカイの現行モデルの現地価格は約225万円から。中国の乗用車の中心価格帯は240万円前後で、最大の売れ筋車種の一つになる。日産は15年に中国販売200万台（13年計画比6割増）を目指しており、SUVをけん引役に目標達成につなげたい考えだ。	日本経済新聞 2013/10/23
中国の自動車工場、日本人ゼロ	日産の中国合弁、東風汽車乗用車の大連新工場（遼寧省）では10月の本格稼働に向け準備が進む。8月には多目的スポーツ車（SUV）「エクストレイル」の試作品がはじめて生産ラインに乗る。年15万台の生産体制を確立しようとプレス、溶接、塗装、組み立ての各工程で品質などを念入りに確認している。 同工場は当初、12月中旬に本格稼働の予定だった。だが中国で発売した新型エクストレイルなどSUVの販売が絶好調なため、2カ月前倒した。準備作業の短縮を可能にした「日本人ゼロ化」だ。 中国人への「運営移管」を前提に進めてきたのが人材育成だ。日産は世界で統一した技能教育「日本経済新聞 PW（日産生産方式）」を持ち、工場長から一般の工員まで作業を標準化。大連新工場の工員らは3カ月間、中国内のトレーニング・センターで研修を受け日本の工場と同水準の技能を身につけたという。	日本経済新聞 2014/07/13

中国での新車販売台数が当初2012年目標であった100万台を前倒しで達成し、前年比35.5％増の102万3600台の売り上げを達成した。同社の中国販売台数は2009年に日本を超え、2010年には米国を超え、同社にとって中国市場が世界最大になったのである（日本経済新聞2011年1月11日）。中間層のボリュームゾーンを狙って、汎用性の高いプラットフォームを、マーチ、サニーを基にアレンジし、新興国向けに開発し、生産販売する、それは中国だけでなく、タイ、インドネシア、ベトナム、さらにはメキシコ、ブラジルにも現地化戦略を実行する。また中国ではこうしたクラスだけでなく、高級車ブランド「インフィニティ」を生産し、SUVについても「キャシュカイ」（日本名＝デュアリス）の生産も報じられている。また、環境対策として中国政府が本腰を入れている電機自動車にも参入している。SUVについては2014年10月に大連工場（遼寧省）を稼働させ、「キャシュカイ」以外にも「エクストレイル」も投入するという。大連工場では人材育成の現地化によって、工場発足時から「日本人ゼロ化」を実現することで、稼働を2か月早めることができるとのこと。人材育成の現地化まで進んでいるので、その前段の部品の現地調達の向上もすでに着手され、設計の現地化も現地ニーズに素早くこたえる目的で実施されつつ、同時に現地調達部品の向上をはかる目的で設計のリプレースも広く行われている。つまり日本からの輸入部品から現地調達部品に置き換えて設計の現地化が実施されているのである。日産系列の部品メーカーも生き残りを図るには現地進出しか残されていない。2013年の実績で東風日産自動車で946,306台を生産している。日系自動車メーカーでは第1位である（日中経済協会［2014］、129頁）。

　次いでトヨタである。

　2014年上期のトヨタグループ（ダイハツと日野を加えた）の販売台数は509.7万台で、フォルクスワーゲンの492万台を抑えて世界1位となった（日本経済新聞2014年7月31日）。世界規模では1位、2位の凌ぎを削っているフォルクスワーゲンとの競合関係も中国ではトヨタは全く歯が立たない。2013年の中国での生産台数は一汽－大衆が1,537,732台、上海大衆が1,559,469

第7章　グローバル資本主義の変容と日本経済　295

表7-6　トヨタの新興国戦略

グローバルビジョン（2011年3月）	2015年の世界販売に占める新興国比率を50%に	フォーイン [2011] 32
トヨタ自動車研究開発センター（中国）	2011年春、江蘇省常熟市にある同センター業務開始	フォーイン [2011] 34
小型戦略車向け部品、新興国と競争激しく、生き残りへ低価格化必須	トヨタ自動車も年内にインドで低価格戦略車「エティオス」の生産を始めるほか、ブラジルや中国にも100万円前後の入門車「エントリーファミリーカー」を投入する計画	日本経済新聞 2010/10/5
インドネシア工場、トヨタ、生産能力4割増、13年、新興国向け小型車供給	トヨタ自動車のインドネシア法人は25日、2013年に同国工場の生産能力を40%引き上げて年14万台にすると発表した。投資額は1兆7千億ルピア（約165億円）。現在生産する3車種に加え、新興国向けの小型車を新たに生産し、急拡大している同国内やアジア周辺国などに供給する計画だ。ジャカルタ郊外の工場建屋を現在の1.5倍の15万平方メートルに拡張、新たな最終組み立てラインと塗装用のラインを設置。6月までに着工し、13年初頭に稼働させる。関係者によると、新たに生産するのは新興国向けの戦略車と位置付ける低価格で排気量が1000cc前後の小型車	日本経済新聞 2011/5/26
トヨタ、インド生産2.8倍、12年21万台、販売店200店に	トヨタはインドでの生産台数を昨年実績の2・8倍の21万台に増やす計画を明らかにした。昨年末に稼働した第2工場に、第1工場からセダン「カローラ」の生産を来年半ばまでに移管するなどして生産規模を引き上げる。インド国内の販売店も年末までに現在の1割増の175店舗まで増やし、来年には30店増設で200店体制の達成を目指す。月内にはインド向け戦略車として小型車の第2弾となるハッチバック「エティオス・リーバ」を投入する予定だ。	日本経済新聞 2011/6/20
プリウス、タイで生産・販売、トヨタ、年8400～1万2000台	トヨタ自動車のタイ現地法人、トヨタ・モーター・タイランドは21日、11月からハイブリッド車「プリウス」の生産・販売を開始すると発表した。電池やモーターなどの基幹部品は日本から供給し、現地で組み立てる。プリウスの生産は日本、中国に続き3カ国目。年8400～1万2000台の生産・販売を見込む。	日経産業新聞 2010/10/22
部品生産、インドネシアで増強、トヨタ系各社、ASEA日本経済新聞に需要	トヨタ自動車グループの大手部品会社が相次ぎインドネシアで生産能力を増強する。デンソーがカーエアコン用コンプレッサーの能力を2倍に引き上げるほか、アイシン精機や豊田合成も増産している。同国やタイなど東南アジア諸国連合（ASEA日本経済新聞）での需要拡大に対応する。デンソーは、豊田自動織機と連携してジャカルタ郊外の工場で生産するコンプレッサーの年間生産能力を2013～14年に150万個と現在に比べ倍増させる。投資額は10億円規模で、1台約2億円の大型加工装置などを追加配備する。アイシン精機は約8億円を投じてドアロックの年産能力を13年に1000万個にする。10年の生産実績は744万個だった。豊田合成もハンドルの年産能力を30万本強から13年に40万本にする。	日本経済新聞 2011/9/16
カローラ全量現地生産、トヨタ、為替リスク回避、主力車、ホンダも移管加速	トヨタ自動車は主力セダン「カローラ」の輸出車をすべて現地生産に切り替える検討を始めた。14年にも全量を原則、現地生産に切り替える意向だ。輸出用の生産終了で影響を受ける高岡工場（愛知県豊田市）では別の車種の生産を検討する。	日本経済新聞 2012/10/3
トヨタ、新興国で一貫体制、エンジン生産2割増、現地調達増やし競争力	トヨタ自動車は新興国でエンジン生産を増強し、部品から組み立てまでの一貫生産体制を整備する。700億円を投じ、インドネシア、ブラジルなどで小型車用を中心に生産能力を計約40万基引き上げる。新興国のエンジン生産能力は約2割増え、現地生産車の8割程度に供給できるようになる見通しだ。インドネシアで16年までに年産能力25万基の工場を新設する。今後新たに投入する小型専用車の排気量1・2～1・5リットルの小型エンジンを生産する。ブラジルでは新興国向け小型車「エティオス」用として16年までに同国で初のエンジン生産に乗り出す。年産能力は7万基。タイでも同7万基増強する	日本経済新聞 2013/7/24
トヨタは成都で7割増強	トヨタは中国第一汽車集団との合弁会社、四川一汽トヨタ自動車（四川省）の成都工場で、年産能力を3万台から5万台に引き上げる。15年3月から排気量2700ccのSUV「プラド」を生産するのに伴い約500人を新規に雇用する	日本経済新聞 2013/10/23
中国でハイブリッド開発、トヨタ、現地2社と、国産化支援で市場開拓	トヨタ自動車は中国第3位の第一汽車集団（吉林省）、同6位の広州汽車集団（広東省）とハイブリッド車（HV）を共同開発する。これまでトヨタは日本から基幹部品を輸出し、組み立てるだけにとどめてきた。今後は基幹部品や制御技術の開発・生産まで現地で手掛け、中国の「HV国産化」に協力する。出遅れていた世界最大市場で得意のHVを軸に巻き返す。今回の提携強化によりHVの中核となる制御技術のノウハウを公開するほか、バッテリーも現地の民営電池メーカーと共同開発・生産する。上海市郊外にこのほど開設した研究開発拠点を核に合弁メーカーとの技術交流を一段と深め、安価な部品を調達し車両価格を引き下げる。	日本経済新聞 2013/11/21

台計3,097,201台に対して、トヨタでは一汽豊田が554,749台、広汽豊田が302,983台、計857,732台と3.6倍の開きがある（日中経済協会［2014］、129頁）。日系自動車メーカーでは第2位ではあるが。前世紀にアメリカ市場での盛況で、中国政府からの進出要請に反応が鈍く、それがもとで現在世界最大市場となった中国では出遅れてしまったつけがこのような形で表れている。2013年11月21日の報道にあるように、その巻き返し策としてHVの現地化が選択されたのである。トヨタが独自に、また日本の部品、デバイスメーカーと共同で開発してきたHVの種々の技術を一子相伝にすることができず、中国で初めて合弁メーカーに公開され、さらには地場部品メーカーとの共同開発もその選択肢に入っているのである。そうすることによって現地調達部品の価格を抑えてHV車の価格を抑え、その競争力を高めることで、中国市場でのシェア拡大を図ろうと必死なのである。他の世界の自動車メーカー大手だけでなく、中国政府が支援する電気自動車も競争相手になっているので、技術の囲い込みを放棄せざるをえなくなったのであろう。報道には「基幹部品や制御技術の開発生産まで現地で手掛け」とあるので、この中で多摩川精機の角度センサーの技術も現地化される可能性はあると考えられる。現地化されると仮定すると、その方法は多摩川精機の一汽豊田、広汽豊田の量産工場周辺での現地生産か、地場メーカーへのライセンス生産であろう。しかし、いずれの場合も飯田工場からの輸出代替効果を発揮してしまうことになる。宮嵜［2014a］の注1で日経 Automotive Technology2012年1月号からの引用で紹介した様に、この分野では日本航空電子工業、旭化成エレクトロニクス、NTNといった競争相手も出てきており、また同じ県内メーカーでもミネベアが角度センサーの開発製品化に成功している。多摩川精機の独壇場に新たな競争相手も出現してきたので、トヨタの中国進出要請があれば、それを拒むのも難しいと考えられる。

　表7-6に戻ろう。グローバルビジョンで2015年に新興国比率50％の目標を掲げ、その戦略車のプラットフォームとしてIMV（Innovative International Multi-purpose Vechcle）形式のピックアップ、ミニバン、SUVを用

意し、さらにセダンタイプ用のEtios、Vios、7人乗り小型ミニバン用のAmanzaを用意し、新興国さらには途上地域に生産拠点、販路を拡大している（フォーイン［2011］、32-33頁）。

　次にホンダである。中国では2013年の実績で東風本田が325,842台、広汽本田で438,847台、計764,689台を生産している。日系自動車メーカーでは第3位である。表7－7にあるように、グローバルスモールプラットフォームを基に広汽本田が設計開発した、外資系では中国初の独自ブランド車を販売するまでに現地化を徹底している。さらに広汽本田の研究開発部を独立化させて、現地ニーズにより素早く対応し、現地生産販売の実績を上げる工夫がなされている。むろんこの研究開発の現地化の徹底は、自動車部品の情報を素早く収集分析し、安価な現地調達部品に置き換えて設計を現地で行い、自動車価格を抑える目的も有するであろう。さらに北米向け輸出生産拠点をメキシコ工場に集約し、アメリカ工場の増強等で「シビック」、「アコード」の国内生産も2011年度に打ち切った。2013年7月9日に埼玉製作所寄居工場が当初計画より3年遅れで稼働した。寄居の稼働とともにホンダは、狭山工場を中・大型車に、鈴鹿製作所（三重県鈴鹿市）を軽自動車に注力するかたちにして、生産体制を再編した。「23年ぶりとなる国内新工場は…自動車業界全体として国内最後の乗用車工場といわれる」（日経産業新聞2013年7月10日）。リーマンショック後日本自動車メーカーが挙って新興国への現地化戦略を強化し、自動車産業自体が国内産業空洞化に舵を切る中、国内の生産体制をどのように効率化して再編していくか、ホンダの国内生産体制再編の試みはその大きな試金石になっている。

　またホンダはモジュール化も念頭に、部品のグローバル調達方針を掲げた。2012年11月にホンダは米国で開かれた「メガサプライヤー・ミーティング」において、独ボッシュやデンソーといった部品の巨人たちを集めて「脱系列」を宣言し、大幅な納入価格引き下げを条件に門戸開放を約束した、という（日本経済新聞2013年4月2日）。またモジュール化も積極的に推し進める方針のようである（同前）。新興国のボリュームゾーンがターゲットに

なっているのであるから、部品調達量も従来とはけた違いに大きくなる。し
かも製品価格を抑えるために受注単価は抑えられよう。つまり選別発注を仕
掛けて、大量発注により発注価格を抑えることを宣言したに等しい。部品メ

表7-7　ホンダの新興国戦略

来年の中国四輪販売、73万台に設定、ホンダ、12％増。	ホンダは来年の中国での四輪車販売を今年の実績見込み比約12％増の73万台に設定した。主力の「アコード」や多目的スポーツ車（SUV）「CR—V」を中心に販売を伸ばす。今年の中国販売は65万台以上となる見込みで、初めて日本販売を上回る可能性がある。販売のほか、来年以降は現地での四輪車の研究開発体制も強化。同時に近い将来のハイブリッド車の現地生産を見据え、電池やモーターなど主要部品の現地調達をにらんだ体制整備を進める考えも明らかにした。	日経産業新聞 2010/12/20
自主ブランド「理念」の第1弾モデルS1発売（2011年4月）	広汽本田が開発、デザインも担当。Fit、City同様グローバルスモールプラットフォームを採用。ただし現調率を95％まで高め、最廉価モデルのCityよりも2万元価格を抑えた。外資系では初の中国独自ブランド車の投入	フォーイン [2011] 39
東風ホンダの自主ブランド車「思銘（シーモ）」展示	中国・北京市で23日、自動車展示会「第12回北京国際自動車ショー」が開幕した。世界14カ国・地域から2000社以上が参加。電気自動車（EV）などのエコカーをはじめ、1125車種を展示する。過去最大の規模で、世界の自動車市場で中国の存在感が一段と高まっている。報道陣向けの公開初日となった同日は午後にかけて、世界の主要メーカーのトップが最新モデルや技術力をアピールする。ホンダは新たに発売するハイブリッド車（HV）や東風ホンダの自主ブランド車「思銘（シーモ）」などを展示した。伊東孝紳社長は「中国市場向けに開発した2つの新たなモデルを来年、2つの合弁会社からそれぞれ発売する」と語った。	日本経済新聞 2012/04/23
カローラ全量現地生産、トヨタ、為替リスク回避、主力車、ホンダも移管加速	ホンダは11年度、フィットを車種別で最多となる6万7000台輸出した。うち4万台を輸出した米国向けは次期モデルから、米国と北米自由貿易協定を結ぶメキシコの新工場に生産を移管する。欧州、アジアでも現地生産を拡大する。11年度に2万3000台を輸出したセダン「シビック」の国内生産もこのほど終了。米インディアナ州の工場の生産能力を増強するなどして現地で全量を生産する。狭山工場（埼玉県狭山市）で手がけていた北米向け「アコード」の生産も打ち切った。ホンダは07年度に国内生産の54％にあたる69万台を輸出したが、11年度の輸出台数は25万台に減少。国内生産に占める割合は3割を下回った。	日本経済新聞 2012/10/3
米へメキシコ製小型車、日産やホンダ、需要拡大で	ホンダも米向け「フィット」の生産を日本からメキシコに移し、15年の販売台数を11年の3倍の15万台に増やす計画。	日本経済新聞 2012/12/05
研究開発、中国に現法、ホンダ、四輪車ニーズ把握2	現地法人「本田技研科技（中国）」（広東省）を設立したと発表した。既存の現地法人から研究開発部門を切り出す。世界最大の自動車市場で、現地ニーズを細かくとらえるとともに開発スピードを速める。	日本経済新聞 2013/11/6

ーカーはその中で受注を確保しながら、生産性向上によって受注単価の引き下げに対応しなければならない。加えてモジュール化に対しても、モジュールを提案できる力量が試されよう。ABSが供給できても、それ以外にも種々のブレーキシステムを組み込んだブレーキモジュールを開発しなければならない。それに成功すれば大量の受注が確保できるが、それができなければモジュールを構成する下位の部品メーカーに、つまりブレーキパッドメーカーと同様の位置に甘んじなければならないのである。しかもそれを新興国現地で供給しなければならない。部品メーカーはコスト削減のため、現地生産だけでなく、現地での設計開発能力を高めなければ生き残りが図れない。ますます本国から生産ならびに開発が海外に移管されることになる。

図7-10にみられるように日系自動車メーカーのアジアでの生産台数はリーマンショック時から2013年第4四半期にかけての約6年の間に120.7万台から244.2万台に2倍も拡大した。現地化に対応した生産台数の倍増である。その結果、自動車の国内外生産はリーマンショック直後に逆転し、その差は開くばかりである。図7-11に示されているように直近の2014年第1四半期では国内生産は海外生産の61.7％の水準である。国内生産は2013年第3四半

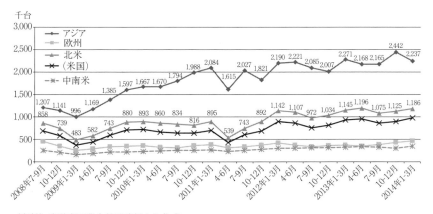

図7-10　日本自動車企業の海外生産台数

（資料）自動車工業会統計速報より作成

図7－11　自動車の国内外生産

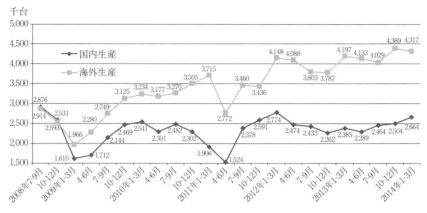

（資料）自動車工業会統計速報より作成

期以降増大傾向にあるのは2014年4月の消費税増税への駆け込み需要で、需要が先食いされていたので、2014年第2四半期はこの内外生産差はさらに開くこととなった。

　このようにみてくると、現在自動車メーカーの海外事業展開は1990年代中葉以降の日本エレクトロニクスメーカーの海外事業展開と共通する部分が見えてくる。違いは当時のエレクトロニクス企業の海外生産移管は輸出生産拠点の位置づけとしてあったことと異なり、リーマンショック後の海外生産移管の目的は現地市場の確保にある点である。共通点は部品、デバイスの現地調達の向上にあり、部品メーカーはこれに応えるためには設計開発も現地化が要請される点にある。日本国内からみれば、自動車部品、自動車用電子部品、デバイスの輸出代替効果が強まり、それはそれらの輸出誘発効果の引き下げとなって進行するため、さらに一段と産業空洞化を推し進めるものとなろう。電気自動車になれば、モジュラー型オープンアーキテクチャーがこの分野にも及んでくるので、さらなる空洞化の要因が加わるであろう。

　グローバル資本主義は米主導の下でニューヨーク、ロンドン、東京にグロ

ーバル・シティを形成した。グローバル企業の本社機能と「金融グローバリゼーション」によって肥大化した金融セクターがグローバル・シティに集中して「繁栄」するなか、「産業グローバリゼーション」によって地方量産工場の機能が新興国に移管して地域経済は「疲弊」する。グローバル資本主義はグローバル・シティの「繁栄」と国内の地域経済の「疲弊」を同時にもたらしているのである。グローバル資本主義の展開によってもたらされた地域経済の「疲弊」という危機には手つかずのまま、サブプライム・リーマンショックが生じ、それは「金融グローバリゼーション」の危機であり、グローバルシティーの危機でもあり、この危機に中央銀行の「非伝統的金融政策」によって対処された。しかしこの対処にはこれまで見てきたように、それ特有の限界が潜んでおり、その限界が発露した場合は金融危機が直接に地域経済にも波及する危険性が含まれようになったのである。リーマンショック時日本の金融機関のサブプライムローン担保証券のエクスポージャーの少なさから、当時の与謝野馨金融庁長官は「蜂に刺された程度」と述べた。しかしそれ以前のいざなみ景気が輸出依存を強めて実現されたものであったことから、リーマンショック後震源地アメリカより生産の落ち込みが大きかった。金融危機に見舞われることはなかったものの、生産の激しい落ち込みをみて、派遣労働者の雇止めが横行した。しかし欧米日の中央銀行の「非伝統的金融政策」によって作り出されている今のバブルが弾けた際、日本も金融危機に見舞われる可能性が高くなった。長期金利の上昇＝国債価格の低下が国債保有の高い地方銀行を直撃せざるをえないからである。サブプライム・リーマンショックによってグローバル資本主義は新興国の中間層市場に大きく依存し、日本の自動車産企業も新興国への現地化戦略を強め、日本国内ではエレクトロニクス産業に続いて自動車産業も産業空洞化に舵を切ったところに金融危機の危険性も「異次元緩和」のおかげで孕むことになったのである。

注
1）福祉国家について筆者は三輪で構成されていると考えている。重要度から並べると、労働者の同権化（政治的同権化、経済的同権化、社会的同権化）、社会保障制度の整備、フィシカルポリシーの展開である。労働者の同権化こそ資本主義が社会主義に対抗して自己改造を遂げた福祉国家の核だと考えているがゆえに、その機能しなくなった点を重視して、福祉国家の解体を考えている。
2）ネット調達についてはロゼッタネットを含めて宮嵜［2002］に詳しく記している。参照されたい。
3）実際にIBMはマザーボードをSCIテクノロジーから、CPUをインテルから、OSをマイクロソフトから調達した。
4）以上は夏目［1999］第5章を参照した。
5）以上は電子機械工業会・テレビ技術委員会［1967］第4・5章から学んだ。
6）以上は平野［2004］第7章を参照した。なお宮嵜［2007］も参照されたい。
7）以上は藤本・武石・青島［2001］第3章「半導体産業におけるアーキテクチャの革新」（三輪晴治著）81頁を参照した。
8）泉田良輔［2013］36頁。さかのぼってシャープ亀山工場で生産された第9世代の液晶パネルもすでにそのガラスの運搬は人手では無理で、専用の機械が必要であった。工場に機械・装置を搬入する際、すべてロゴを外して、またそれらが故障した際はその機械メーカーに修理を依頼することなく、従業員で対処・修理したという。機械メーカーに依頼すれば、機械にそれだけ改良が加わり、その改良機械がライバル社に入手されればたちどころにキャッチアップされることになるから、それを避けるためにそうした努力が重ねられた。また工場全体を見られるのは工場長等ごく限られていて、工場全体のブラックボックス化に注力した。それでも結果的にはサムソン電子、LG電子の後塵を拝することになったのである。
9）日本経済新聞2009年11月16日で以下のように報道されていた。「サムスン電子やLG電子など韓国勢の攻勢による価格競争の激化」を背景に「今後、国内テレビメーカーの戦略は大きく3つに分かれそうだ。東芝、ソニーは生産委託でコストを下げる一方、商品開発に力を入れて販売増を目指す。日立、三菱電機、日本ビクターなどはEMS活用で収益性を改善しつつ、事業規模は現状維持、もしくは縮小を見据える。パナソニックやシャープは基幹部品のパネルから組み立てまでの一貫した自社生産を堅持して成長を狙う」。
10）この点は田中［2013］に詳しく記されている。参照されたい。
11）FRBは2014年10月29日のFOMCで、QE3に伴う資産購入を10月いっぱいで終了することを決定したのに対して、日銀は31日の金融政策決定会合で追加の金融緩和という大博打に打って出た。マネタリーベースを年10兆～20兆円増やし、年80兆円に拡大する。長期国債の買い入れ量も30兆円増やして80兆円にする。上場投資信託（ETF）と不動産投資信託（REIT）の購入量は3倍に増やすというのがその内容である。その結果、2015年末時点のマネタリーベースは350兆円を突破し、国内総生産（GDP）に占める比率は7割に達してしまう（日本経済新聞2014年11月3日）。ところがアベクロの一方の安倍政権は7～9月の実質GDP成長率の落ち込みを受けて、消費税再増税見送りを決めて、黒田の大博打のはしごを外してしまったのである。案の定12月2日にムーデ

ィーズ・インベーター・サービスは日本国債の格付けを Aa 3 から A 1 に 1 ノッチ引き下げた。引き続きムーディーズは「三菱東京 UFJ 銀行や三井住友銀行など邦銀 5 行と日本生命保険など生命保険 2 社の格付けを 1 段階引き下げたと発表した。日本国債格下げの影響が国債を大量に持つ金融機関にも波及した格好」であり、日本国債の CDS の「保証料率は年0.58％と今年で最も高い水準に上昇した」（日本経済新聞2014年12月3日）という。アベノミクスの 3 本の矢の中で唯一の実行性を見せた大胆な金融緩和は黒田の異次元緩和によって担われたが、はしごが外されたことでそのメッキも剥げてしまったといえよう。

12) 電機産業は日本標準産業分類第11回改定（2002年 3 月）の分類改定で中分類「電気機械器具製造業」が 3 つの中分類「電気機械器具製造業」、「情報通信機械器具製造業」、「電子部品・デバイス製造業」に分割された。本文で旧電機産業という場合、これら 3 つの中分類の総合である。また第12回改定（2007年11月）の分類改定で中分類「一般機械器具製造業」は「はん用機械器具製造業」、「生産用機械器具製造業」、「業務用機械器具製造業」に分割された。本文で旧一般機械という場合、これら 3 つの中分類の総合である。

参考文献

青木昌彦、安藤晴彦［2002］『モジュール化―新しい産業アーキテクチャの本質』、東洋経済新報社
泉田良輔［2013］『日本の電機産業―何が勝敗を分けるのか』、日本経済出版社
小川紘一［2014］『オープン＆クローズ戦略―日本企業再興の条件―』、翔泳社
経済産業省［2010］『通商白書2010』
加藤榮一［2006］『現代資本主義の福祉国家』、ミネルヴァ書房
斉藤美彦［2014］『イングランド銀行の金融政策』、きんざい
財務省［毎月］「貿易統計」www.customs.go.jp/toukei/shinnbun/happyou.htm
佐野晶［2012］『半導体衰退の原因と生き残りの鍵』、日刊工業新聞社
JETRO［2009］、『米国発 世界金融危機』
総務省［2013］「就業構造基本調査2012」www.stat.go.jp/data/shugyou/2012/
田中隆之［2013］「FRB 新議長にイエレン氏」、日本経済新聞、2013年10月22日
電子機械工業会・テレビ技術委員会［1967］、『初等カラーテレビ教科書』、オーム社
内閣府政策統括官室［2014］『世界経済の潮流2014 I 』、日経印刷株式会社
夏目啓二［1999］『アメリカ IT 多国籍企業の経営戦略』第 5 章、ミネルヴァ書房
平野隆彰［2004］『シャープを創った男　早川徳次伝』、日経 BP 社
フォーイン［2011］『日本自動車部品メーカーの新興国戦略』
藤本隆宏・武石彰・青島矢一［2001］、『ビジネス・アーキテクチャ』、有斐閣
宮嵜晃臣［1995］「日本電子・電機企業（セットメーカー）の海外事業展開の現状―新たな段階に突入した海外事業展開―」、現代日本経済研究会（代表 榎本正敏）編『日本経済の現状　1995年版』、学文社
宮嵜晃臣［2002］「電子部品・デバイス部門における調達の電子化」（『『ネット調達』がモノ作り与える影響』第 2 章、機械振興協会経済研究所）
宮嵜晃臣［2007］「クラスター計画と浜松オプトロニクスクラスター」（専修大学社会科学

研究所月報 No.535・534）

宮嵜晃臣［2010］「米主導のグローバル資本主義の終焉と日本経済」（専修大学社会科学研究所月報 No.526・563・564）

宮嵜晃臣［2014a］「飯田市経済の現状と地域経済活性化政策」（専修大学社会科学研究所月報 No.611・612）

宮嵜晃臣［2014b］「IT/グローバル資本主義下の長野県経済再考―IT バブル崩壊後の長野県経済」（専修大学社会科学研究所月報 No.615）。同稿後半は本稿の元となっている。

あとがき

　本書は、SGCIME（The Study Group on Contemporary Issues and Marxian Economics——マルクス経済学の現代的課題研究会）による新たな刊行シリーズである『グローバル資本主義の現局面』Ⅰ、Ⅱの第１冊である。本書は、これまでの先進資本主義であるアメリカ、ＥＵ、日本を、この間のグローバル資本主義の展開とその変容における「中心部経済」ととらえ、とりわけグローバル金融危機・経済危機に焦点をあてながら、グローバル資本主義とその変容との関連で、その現状の特徴的な諸相を論じている。主に新興経済の問題を論じるシリーズ第２冊のⅡ『グローバル資本主義と新興経済』と合わせて、全体として、現代資本主義の大きな変貌の現局面の実態の解明をめざすものである。

　多くの論者が論じているように、戦後現代資本主義は、1970年代を境に大きく変容し、企業・金融・情報のグローバル化、新自由主義の隆盛、新興経済の発展、ソ連・東欧社会主義の崩壊、冷戦の終結と世界的政治軍事フレームワークの転換など、非常に広範で多岐、多面にわたる現象をともなって大きな変貌を遂げた。それは、社会経済・政治プロセスにとどまらず、文化、思想面にも多大な影響を及ぼしてきた。SGCIMEは、1990年代後半に発足してから、そうした資本主義の大きな転換を「グローバル資本主義」への変貌ととらえ、その特徴的な諸相を実証的に分析するとともに、その歴史的位相の理論的解明を試みてきた。その成果は、SGCIMEの刊行シリーズとして、９巻10冊——第Ⅰ集『グローバル資本主義』６巻７冊、第Ⅱ集『現代資本主義の変容と経済学』３巻——として刊行してきた。

　2003年７月に同シリーズの初巻である第Ⅰ集第１巻Ⅰを刊行し、2008年３月に９冊目の第Ⅰ集第４巻を刊行して、第Ⅱ集第２巻『グローバル資本主義

と段階論』を最終巻として残すのみとなった。しかし、折しも、2008年秋の世にいう「リーマン・ショック」前後からとみに深刻化したアメリカ発の金融危機は、瞬く間に「百年に一度」・「世界大恐慌以来最悪」と評されるグローバル金融危機・経済危機に発展した。それは、まさにこの間の「グローバル資本主義」の展開の帰結として、現代資本主義の大きな変貌を体現する特徴的な事態と捉えられるものであった。SGCIME刊行シリーズの最終巻『グローバル資本主義と段階論』は、社会科学の方法として日本独自といってよい宇野理論の「段階論」による理論的解明を焦点として、これまでのSGCIMEの「グローバル資本主義」に関する研究成果全体を総括する位置にあった。そのため、そうした新たな顕著な事態を踏まえて、改めて「グローバル資本主義」そのものを実証的・理論的にとらえ直すことが必要となった。

そこで、当初、刊行企画最終巻（第Ⅱ集第2巻）を、「グローバル資本主義の現局面」を解明する第Ⅰ部（中心部経済）と第Ⅱ部（新興経済）と合わせて、Ⅲ部構成の『グローバル資本主義の現局面と段階論』に再構成して刊行することを企画した。しかしリアルタイムに進行する事態とその歴史的位相を見極めるには思わぬ時間を要した上、出版事情もあって、新たに新シリーズ『グローバル資本主義の現局面』Ⅰ、Ⅱとして分離し、今回、日本経済評論社より刊行する運びとなった。その意味で、本シリーズは、第Ⅱ集第2巻『グローバル資本主義と段階論』をもって完結したこれまでの刊行シリーズ9巻10冊と一体のものとして、SGCIMEによる十数年にわたる「グローバル資本主義」の実証的・理論的解明の成果といってよい。

むろん、「グローバル資本主義」は、実に広範かつ多岐にわたる諸相の総合的解明を要するものであり、本シリーズは、その現局面の特徴的な諸相の解明に焦点を絞った、いわば中間的な成果である。今や、この間の民間金融部門の機能不全を平時には異例の大規模な「量的緩和」（QE）で支えてきたアメリカ連邦準備制度の利上げと「出口戦略」の発動が日程に上っている。しかし、マイナス金利を伴うECB（ヨーロッパ中央銀行）や日銀の「異次

元金融緩和」の「出口」の見通しははっきりせず、金融バブル発展の再発防止に向けた各種金融規制の行方や、あるいは「新興経済」への影響など、グローバル資本主義の行方は誠に不透明である。その意味でも、「グローバル資本主義」の現局面の全容を、とうてい本シリーズのみで解明し尽くすことはできない。多くの諸氏の本書に関する忌憚のないご批判とご意見をいただけることを期待するとともに、SGCIMEによる現代資本主義の変容の実証的・理論的な総合的解明と、オールタナティブを探求する試みに、是非ともご参集いただけることを切に希望したい。

　最後になってしまったが、出版事情が厳しさを増すなか、本書シリーズの出版を快くお引き受けいただいた日本経済評論社社長の栗原哲也氏と、煩瑣な編集の労をとっていただいた鴇田祐一氏、ならびに同社のスタッフの方々に、執筆者はもとより、SGCIMEメンバー全員から、心よりの謝意を表したい。

2015年12月7日

　　　　　　　　　　　　　　　　　　　　刊行世話人代表　河村哲二

索　引

【数字】

2008年緊急経済安定法　　　　　　　　133
2009年アメリカ再生・再投資法
　　　　　　　　　　　　13, 65, 133, 135
2010年減税・失業保険再認定・雇用創出法　　　　　　　　　　　　　　　145
2010年度予算教書　　　　　136-137, 141
2011年度予算教書　　　138-139, 144, 148
2011年予算管理法　　　　　　　　148-152
2012年アメリカ納税者救済法　　　　155
2012年度予算教書　　　　　　　146-149

【ア行】

ARPAnet　　　　　　　　　　　　　261
RMBS　→住宅ローン債権担保証券
IMF　96-97, 112, 114, 117-118, 121, 203-204
IMF体制　　　　　　　　87, 98, 106, 122
IC（集積回路）　　　　　　　　265, 267
ITバブル（ブーム）
　　　4, 12, 31-32, 35-37, 39-40, 45, 49, 52, 54-56,
　　　　　　　62, 77, 95, 129, 235, 271
アウトソーシング　　　　　　　　　273
アジア債券市場イニシアティブ（ABMI）
　　　　　　　　　　　　　　　　　115
アジア通貨単位（Asian Monetary Unit: AMU）　　　　　　115-116, 120, 122
アップル社　　　　　　　　　　　　291
アベノミクス　　　　　　18, 22, 69, 303
安定成長協定
　　　　　　199-201, 205, 214, 219, 221-223
アンバンドリング　　　　　　　　　165
ERM　　　　　　　　　　222, 236, 250
ESM（欧州安定メカニズム）
　　　　　　　　　　204-206, 213, 217-218
EFSF（欧州金融安定ファシリティ）
　　　　　　　　　　　　　　　204, 218

EFSM（欧州金融安定メカニズム）204-205
ECB　→欧州中央銀行
EU　　8, 13, 16-17, 20-21, 66-67, 70, 73, 190,
　　　195, 197, 201, 203, 205, 209-210, 212, 214,
　　　　　　　　　　　　　　　　216-222
EU委員会　　　　　　　　　　201, 216
EU財務相理事会　　　　　　　199, 201
EU首脳会議　　　　　　　　　　　197
EU統合（または欧州統合）　197-198, 219
EU理事会（または欧州理事会）　201, 216
イエレン，J.　　　　　　　　　280, 282
異次元の金融緩和　　　　　　　　　282
医療保険改革
　　　　　131, 138-139, 141-144, 152, 155
インターネット　　　　　　90, 134, 261, 270
ウエイトづけ　　　　　　　　115-116, 120
失われた20年　　　　　　　　　　　18
ABS（資産担保証券）
　　　　　　　33-34, 42, 93, 177, 179, 278
エイボン・レター　　　　　　　　　188
SIVs（特別目的会社）　43, 56, 78-79, 277
S&Lの破綻　　　　　　　　　　37, 48
SDR（Special Drawing Rights）
　　　　　　　　　　　106, 114, 117-122
FRB　→連邦準備制度
M&A金融　　　　　　　　　　　12, 47
MBS　→モーゲージ担保証券
ERISA法（Employee Retirement Income Security Act of 1974）　　　188, 190
LSI（大規模集積回路：Large Scale Integration）　　　263, 265-266, 268-269
欧州中央銀行（ECB）
　　　13-14, 17-18, 35, 63, 68-69, 73, 80, 88, 99,
　　　　　195-197, 204, 211, 253, 274
欧州通貨同盟　　　　　　　　　　　214
大きな政府　　　　　　　　　　144, 190
オバマ，B.
　　　74, 80, 127, 129, 131, 133, 135-136, 138,
　　　140-144, 146, 148-150, 152-156

オフショアリング　9-10, 36, 50, 53
オフバランス化　43, 56, 78-79

【カ行】

海外軍事行動　129, 136-137, 139-140, 145-147, 150-151, 153
外需依存型経済　209
格差社会　7
家計消費　236-241, 243, 246, 249-250, 253-254
過剰財政赤字　199, 206, 216
過剰投資・消費　89, 93, 95-96, 110-111, 245
可処分所得　181, 234, 238-240, 242, 253
過渡期性　162, 184
議会予算局　143
機関投資家　10, 48, 163-165, 179-180, 184, 186, 188-189
企業・金融・情報のグローバル化　5-6, 8, 30, 49, 51, 69-70, 230
企業のグローバル化　50, 53
基軸通貨国特権　89, 100, 111
基本法（ドイツの）　213-216, 223
逆資産効果　40, 62, 77
キャッシュアウト　95, 182
キャメロン政権　252
9.11テロ　32, 39-40, 129
競争型国家　51
共和党　17, 66, 80, 127, 133, 144-145, 152, 154-156
ギリシャ　16-17, 66, 195, 199, 201-204, 217-220, 222
ギリシャ財政危機　88, 113
緊急経済安定化法　63
銀行（イギリス）
　　Alliance & Leicester　227
　　イングランド銀行　227-229
　　HBOS　227-228, 252
　　ABN Amro　228
　　Santandale　227-228, 251
　　Northern Rock　227-228, 251-252
　　Bradford & Bingley　227, 251
　　Lloyds TSB　227, 252
　　Royal Bank of Scotland　228, 251-253

銀行同盟　221
銀行の国有化　228, 251
緊縮財政政策　203, 220-221
銀・証分離　91, 260
金・ドル交換性の停止　12, 47, 87, 96-98, 111, 122
金融革新　12, 47, 78-79
金融危機責任負担金　138-139, 146, 155
金融工学　10, 12, 43, 47, 56, 164, 271
金融コングロマリット　92
金融市場の「カジノ化」　10, 12, 21, 48, 54, 57, 71
金融のグローバリゼーション（グローバル化）　12, 21-22, 48, 54, 57, 75, 90, 96-97, 109, 122, 229, 232, 250-251, 270-271
金融の自由化　89-91, 96, 111
金融のデジタル化　90, 96
金融派生商品　→デリバティブ
金融バブル　4, 30
金融ファシリティ　10, 37, 45, 53, 70, 75
金融持株会社　92
勤労税額控除　134-137, 146-147
勤労報償税額控除　134-137, 139
クォータ（出資割当額）　112, 114
Glass-Steagall-Act　91
Gramm-Leach-Bliley Act　91-92
グリーンスパン, A.　38
グリーン・ニューディール　131, 153
クレジットカード　169-172, 178, 188
グローバリゼーション　5-7, 19, 21, 80
グローバル・アウトソーシング　9-10, 36, 50, 53
グローバル・インバランス　89, 106-111, 113, 119
グローバル企業　10, 66, 261
グローバル恐慌　30
グローバル金融危機　2-4, 7, 11-13, 17-21, 29-32, 35, 49, 55, 57-58, 63, 66, 70-71, 73, 75, 79, 87-90, 92-93, 95-97, 105, 109-112, 117, 120-121, 229
グローバル金融危機の「第一幕」　13-14, 17, 67-69, 72-73
グローバル金融危機の「第二幕」　1, 16-17, 67-69, 73

索　引　311

グローバル金融センター
　　　　　　10, 32, 52, 54, 71, 233
グローバル・シティ　6, 8-11, 20, 32, 49,
　　　　　　51-53, 70, 75, 77-78, 232, 300
グローバル紙幣　　　　　　　　118-119
グローバル資本主義（化）
　　1-2, 4-5, 7-9, 11, 16, 18-20, 22, 29-32, 35, 47,
　　　　50-51, 58, 69-70, 72-73, 75, 77, 87, 257-
　　　　262, 269-270, 285, 287, 300-301
グローバル資本主義シリーズ　1, 4, 8, 19-20
グローバル資本主義の現局面
　　　　　　　　2, 20, 22, 30, 35, 70
グローバル準備通貨　　　　　　115-121
グローバル成長連関
　　　5, 7-12, 14, 16-19, 22, 30, 32, 35, 47, 49,
　　　54-55, 57-58, 62-63, 66, 69-75, 77-78
景気対策　　　133, 136, 138-139, 141, 144,
　　　　　　149-150, 154, 207, 215
経済成長寄与率　　　　　　　　236-238
経済のソフト化・サービス化
　　　　　　　　　161, 183, 190, 233
経常収支赤字　　10, 53, 96-98, 100-101, 104,
　　　　　　　106-111, 244, 247
ケインズ主義　　　　　　　　　　50-51
建設公債の原則　　　　　　　　　　214
現地化戦略　　　292, 294, 296-297, 299-301
高所得者増税　　　136-137, 139-141, 153-155
構造改革　　　　　　　　　　　　　211
構造的の恐慌　　　　　　　　　34, 71, 80
構造的な財政赤字　　　　　206, 216, 223
公的債務規制　　　　　　　　　　　213
コーポレート・ガバナンス　　　165, 188
公民権法　　　　　　　　　　　　31, 76
国際課税強化　　　138, 140, 148, 150-151
国際収支　　　　　　　　　　　244, 273
国際収支節度の喪失　　　　96-98, 110-111
国民医療費　　　　　　　　　127, 131-132
国家財政責任・改革委員会　　144, 146, 148
国家債務危機　　　　195, 202-203, 205, 217
固定相場制　　　　　　　　　96, 98, 106
コミュニティ再投資法（CRA）　31, 38, 76
雇用対策法案　　　　　　　　　　　150
コンフォーミング・ローン　　　　　176
コンベンショナル・モーゲージ

　　　　　　　　　　　　175-176, 186

【サ行】

債権買取スキーム　　　　　　　　　17
債券保証会社（モノライン）　　　34, 56
最後の貸し手　　　　　　　　68, 80, 281
財政赤字　　　66, 72, 113-114, 129-130, 136,
　　　　140-141, 144, 146, 148, 150, 156, 195,
　　　　198-203, 206, 212, 215-216, 219, 222-223
財政安定協定　　　　　　　　　　　216
再生可能エネルギー
　　　　　　　131, 134-135, 140, 146, 153
財政危機　　　140, 144, 152, 195-196, 203,
　　　　205-206, 208, 211, 219-220
財政協定　　　　　　　　　　　205, 213
財政規律
　　　　196, 199, 201, 216, 219-220, 221-222
財政再建　　　113-114, 131, 136-141, 143,
　　　　145-146, 148-155, 195-197, 203-204, 212,
　　　　217, 220-221
財政収支　　　　　　　　　　　201-202
財政主権　　　　　　　17, 67, 197, 205
財政条約　　　　　　　　　　　　　206
財政統合　　　　　　　　　197, 206, 221
財政同盟　　　　　　　　　　　206, 220
財政の崖（fiscal cliff）　66, 68, 80, 152, 155
債務担保証券（CDO）　33-34, 43-44, 94, 177
裁量的経費　　　　　　　139, 145-149, 151
サステナビリティ論　　　　　89, 107-109
サッセン，S.　　　　　　　　5, 51, 232
サブプライム危機
　　1, 3-4, 29, 31, 34-35, 37-38, 57-58, 70-72, 76,
　　　　79, 257-258, 271, 274, 281, 301
サブプライム住宅抵当貸付　　　　32, 41-42
サブプライム証券　　　　　　　　　227
サブプライムローン　　13, 22, 29, 31-32,
　　　　34-35, 42-43, 46, 55-56, 62, 76, 89, 92, 94-96,
　　　　110-111, 127, 179, 182, 254
サブプライムローン関連証券
　　　　　　　　　201, 207, 281, 301
産業空洞化　　　　　　　288, 297, 300-301
産業グローバリゼーション　261, 269, 301
GNMAパススルー証書　　　　　176, 186

CMO（Collateralized Mortgage Obligation：モーゲージ担保債務証書）
　　　　　　　　　177, 186, 189, 271, 281
CDS（信用デフォルトスワップ）
　　　　　　　　　34, 59, 78, 97
G20　　　　　　　4, 14, 19, 65, 72, 75, 79
資金循環構造　　　　　　6, 10, 104, 110
資金流出現象（disintermediation）　91
資産決済　　　　　　　　　　98, 122
資産担保証券　→ ABS
資産の証券化　　　　　　　　　92-93
市場移行諸国　　　　　　　247, 250-251
市場型間接金融　　　　　　　　93, 165
「市場型」金融システム
　　　　　162, 164-165, 179-180, 182-185, 189
市場原理主義　　　　　　　　　　234
持続的成長　　　　　　5, 8, 22, 50, 54, 70, 80
児童税額控除　　　　　　129, 134-137, 146
ジニーメイ（連邦政府抵当公庫）
　　　　　　　　　176, 186, 190, 278, 281
シャープ　　　　　　265, 269, 288, 302
シャドウ・バンキング
　　　　3, 12, 21-22, 56-57, 71, 75, 78-79, 88, 121
周, 小川　　　　　　　　　　116, 120
住宅価格　　56, 62, 95, 181, 183, 189, 241-243
住宅金融　3, 95, 121, 162, 165, 173, 175, 178, 181-186, 190
住宅金融支援政策　　　　　　　173-174
住宅所有者貸付公社法（Home Owners Loan Corporation Act of 1933）　188
住宅抵当貸付（モーゲージ）
　　　　　　　　29, 31-32, 37-38, 41, 76
住宅投資　　　　　　　　　　242-243
住宅都市開発省（Department of Housing and Urban Development）　176
住宅バブル（ブーム）
　　4, 12-13, 22, 30-32, 35, 40, 42, 54-56, 62, 89, 95-96, 110-111, 241-243, 250-251, 273
住宅ローン　　138, 145, 152, 174, 176, 179, 185-186, 189, 241-243, 254
住宅ローン債権担保証券（RMBS）
　　　　　29, 33-34, 44, 76, 94, 177, 271, 281
受託者責任　　　　　　　　165, 188, 190
証券化　12, 44, 93-95, 111, 161, 165, 175-180, 182-184, 186, 189
証券化手法　　　　　　　　89, 93, 95
証券化商品　29, 34, 46, 56, 58, 88, 90, 92-94, 96-97, 110-111, 121-122, 179, 271, 277
証券化メカニズム　4, 13, 22, 29, 31, 33, 38, 40, 42-43, 45, 49, 55-58, 62, 71, 75, 78-80
消失型控除　　　　　　　　　　134
消費者信用　　162, 165-169, 172-173, 175, 178-186, 189-190
所得格差の拡大　　　　　66, 80, 190, 235
所得再配分機能　　　　　　　　　197
所得再分配　　　　　　　　　　134
シリコンバレー　　　9, 11, 37, 45, 52, 54, 78
新興経済　　　　　　　2, 6-8, 19-21, 61, 70
新興国　257, 274, 280, 285-286, 292-299, 301
新自由主義　6-7, 14, 18, 21, 72-74, 144, 154, 183, 229-230, 258-261
新帝国循環　8, 10, 32, 49, 53-54, 56, 70, 77-78
信用維持政策　　　　　　　　　　88
信用緩和　　　　　　　　　274, 277
信用の民主化　　　　　　　　　　38
スタグフレーション　　　　　　　259
スティグリッツ，J. E.　　　　118, 120
スマートフォン（スマホ）　　290-292
政治統合　　　　　　　　　　　221
成熟した寡占体制　　　　　　　　54
税制の「抜け穴」　138, 141, 145, 148, 154
成長するアジア　　　　　　9, 11, 19
制度的経営　　　　　145, 148-151, 153
政府機能の新自由主義的転換
　　　　　　　　5, 8, 30, 49, 51, 69-70
政府支出　　　　　　127-128, 236-237
世界経済の不均衡是正　　　　113, 119
世界大恐慌
　　3, 13-14, 20, 29, 34-35, 62, 66, 71, 80
設備投資　　　　　　　　　　　208
ゼロ金利　　　　　　　　　　　　13
戦後企業体制　　　　　　　　48-51, 77
全国住宅法（National Housing Act）　174
戦後最大の不況　　　　　　　207, 220
戦後パックス・アメリカーナ（の政治経済体制）　4, 9, 12, 30, 32, 46-47, 49-51, 54, 69-70, 73-75, 80, 87, 90, 96
専門事業サービス　　　　　　9, 51-52

索引 313

相互貯蓄銀行（Mutual Savings Bank）
　　　　　　　　　　　　　　　　173-174
総資本形成　　　　　　　　　236-238
底の抜けた樽　　　　　　　　　　218
租税支出　　　　　　　　　　145, 147
SOC（System on a Chip）　265-268, 291
ソニー　　　　　　　269, 288, 292, 302
ソブリン危機　　　　　　　　195, 223

【タ行】

TARP（不良資産救済プログラム）133, 276
退役軍人庁（Department of Veteran
　　Affairs: VA）　　　　　　　174-175
大学授業料税額控除　134-137, 139, 146-147
耐久消費財型重化学工業　161, 168-169, 183
大統領選挙　　　　　　　　　　　152
第二次大戦戦時経済　　　　　　3, 14, 66
大連立政権（ドイツの）　　　　212-213
多国籍企業　　　　　　　　　230, 261
単一支払者皆保険制度　　　　　141, 143
単一通貨　　　　198-199, 212-213, 221-222
段階論　　　　　　　　　　1-2, 20, 258
地域経済統合　　　　　　　　　　　6
小さな政府　　　　　　　　　73-74, 127
チェンマイ・イニシアティブ（CMI）
　　　　　　　　　　　　　　　115-116
地球温暖化対策　　　　　　131, 134, 138
茶会（ティーパーティ、Tea Party）
　　　　　　　　　　　　　　　17, 144
中間層　　　　　　　　　　　286, 292
長期成長　　　228-229, 234-236, 241-243,
　　　　　　　　　246-248, 250-251
頂点へ向けた競争　　　　　　138, 155
貯蓄貸付組合（Savings and Loan
　　Association: S&L）　　　173-174, 176
貯蓄から投資へ　　　　　　　183, 190
貯蓄率　　　　　　　　　　　　　238
通貨切り下げ競争　　　　　　　　112
通貨統合　　　196-197, 212-213, 223
ディスインターミディエーション
　　　　　　　　　175, 178-179, 188, 190
テーラーシステム　　　　　　　　167
適格住宅ローン　　　　　　　　　42

出口政策（戦略）　18, 88, 275, 279-282
デジタル
　　　　261-263, 265-269, 285, 289, 291-292
デフォルト（リスク）
　　　　　　　　93-94, 97, 110, 202-203
デリバティブ（金融派生商品）
　　　　　10, 34, 47, 59, 78, 164-165, 271
特別目的機関（SPV）　　　　　94, 189
ドットコム企業　　　　　　　　37, 76
ドッド・フランク法　　　　　　74, 122
トヨタ　　　　　　　　　　　294-296
トリレンマ論（国際金融の）　　　　97
ドルの国際基軸通貨性
　　　　　　　　9-11, 32, 52, 54, 70, 75, 98

【ナ行】

ナイト，F.　　　　　　　　　　78, 80
NASDAQ　　　　　　　37, 40, 45, 54, 261
ニクソン・ショック　　　　　　　　96
日産　　　　　　　　　　　　292-293
日本銀行　　　274-275, 277, 282-284, 302
ニューエコノミー　　　　　7, 36-37, 77
ニューディール型銀行・金融規制　12, 47
ニュー・レーバー　　　　　　230, 248
農家住宅庁（Farmers Home Administra-
　　tion）　　　　　　　　　　　　174

【ハ行】

バーナンキ，B.　　　　　　　279-281
ハウスカード（store-specific card）　170
バスケット通貨　　　　　　　115, 120
パックス・アメリカーナ　→戦後パック
　　ス・アメリカーナ
パナソニック　　　　　　269, 288, 302
バフェット・ルール　　　　　　　154
バブル　　　131, 161, 274-275, 282, 301
パワーシフト　　　　　　　　　　19
反グローバリズム　　　　　　　　　7
バンコール　　　　　　　117-120, 122
半導体　　　　　　　　　　　262, 265
汎用カード（third-party universal card）
　　　　　　　　　　　　　　170, 188

BNP パリバ（パリバショック）
　　　　　　　　　　　13, 274-275, 277
非正規労働者　　　　　　　　　　234
PIIGS　　　　　　　　　　201, 221-222
ファイナンシャリゼーション
　4, 10, 12, 21-22, 29, 31, 46-48, 54, 57, 71, 77
ファニーメイ（連邦住宅抵当公庫）
　　　　　　　　　42, 76, 174-176, 186, 190
FICO スコア　　　　　　　　　　　32
付加価値税　　　　　　　　201, 211, 221
不均衡是正　　　　　　　　　　　114
福祉国家　　　6, 169, 185-186, 258-260, 302
福祉国家体制
　　　161, 169, 172-175, 179-180, 183-187
負債決済　　　　　　　　　　100, 122
ブッシュ, G. W.　127, 129, 131, 140, 153
ブッシュ減税　　　　40, 56, 77, 152, 154-155
不動産バブル　　　　　　　　　18, 202
プライマリー・バランス　　　　　　144
プラザ合意　　　　　　　　　　　108
BRICs　　　　　　　　　6, 11, 19, 285
不良債権救済プログラム　　　　　　133
ブレア政権　　　　　　　　229-230, 237
フレディマック（連邦住宅貸付抵当公社）
　　　42, 175-177, 186, 189-190, 278, 281
Predator Nation　　　　　　　　253
ブレトン・ウッズ協定（体制）　96-97, 108
分散投資　　　　　　　　　　　　165
ベアー・スターンズ
　　　　　13, 34, 58, 76, 79, 89, 104, 274
ヘッジファンド　10, 12, 33-34, 42, 44, 48, 54,
　　　　　　　　　56, 59, 76, 93-94, 122
ベビーブーマー　　　　　　　　37, 140
ペンションドライブ　　　　　　　185
変動金利抵当貸付（モーゲージ）　33, 37
変動相場制　　12, 47, 96-97, 107, 111, 122
崩壊国家　　　　　　　　　　　　　7
法人税の引き下げ　　　　　　　　253
ホームエクイティ・ローン
　　　　　　　　　37, 39, 178, 182, 254
ボラティリティ　　　　　　　12, 47, 97
ボルカー・ルール　　　　　74, 122, 253
ホンダ　　　　　　　　　　　297-298
ポンド　　　　　　　　236, 246-248, 250

【マ行】

マーストリヒト条約　　　198-199, 213, 222
民間住宅投資　　　　　　　　　　237
民間保険　　　　　　　　131-132, 141-143
民主党［アメリカ］
　17, 66, 127, 133, 142, 144-145, 152, 155-156
無保険者　　　　　　　　　132, 140-141
メーデー　　　　　　　　　　　　164
メディケア（Medicare）
　　　132, 141-143, 145, 147, 150-151, 153
メディケア拠出金　　　　　　　　143
メディケア病院保険税　　　132, 143-143
メディケイド（Medicaid）
　　　　　132, 142, 145, 147, 150, 153
メルケル政権（ドイツの）　207, 212, 219
モーゲージ（mortgage）173-177, 189, 242
モーゲージ担保証券（Mortgage Backed
　Securities: MBS）34, 40, 42, 68-69, 76, 79,
　　　　92, 176, 179, 186, 189, 271, 276-279
モジュール　　262-263, 266-269, 297, 299
モジュラー型オープンアーキテクチャー
　　　261-263, 268-269, 291-292, 300

【ヤ行】

UK Financial Investment Ltd　　　251
ユーロ　　17, 66-67, 80, 195-196, 198-199,
　　　　　　210-213, 218, 220-222
ユーロ（ゾーン）危機　17-18, 67-68, 73,
　　　　　195-199, 211, 217, 219-220
ユーロ共同債　　　　　　　　218, 221
ユーロ圏　1, 16-17, 66, 73, 195-199, 201-202,
　　　　　204-205, 209-212, 217-222
輸出　138, 146, 236-238, 240, 249-250, 269,
　　　　274, 286-289, 296-297, 300-301
ヨーロッパ中央銀行　→欧州中央銀行

【ラ行】

ライシュ, R.　　　　　　　　　　51
リーマンショック
　4, 13, 58-59, 61, 79, 87, 162, 195, 201-202,

　　　　　207, 212, 219-220, 257-258, 271, 274-275, 277-279, 282, 285-289, 292, 300-301
リーマンブラザーズ　　　13, 29, 34, 58-59, 79, 89, 122
リスクマネー　　　4, 31, 37, 42, 47, 49, 187
リスボン条約　　　198-199, 204
略奪的貸付　　　31, 33, 76
流動性危機　　　29, 34
流動性供給　　　14, 277-279
流動性の罠　　　18, 74
両院合同財政赤字削減委員会　149, 151-152
量的金融緩和（Quantitative Easing: QE 1・2・3）　　13, 17-19, 22, 67-68, 73, 80, 88, 275, 277, 279-280, 302
量的・質的金融緩和　　　88
レーガノミクス　　　12, 47
レッドライニング　　　31, 52, 76, 78
レバレッジド・ファイナンス　　10, 44, 54
レファレンスモデル　　　291
連邦憲法裁判所（ドイツの）　　205, 213
連邦債格付け　　　149

連邦債務残高上限　　　66, 148-149
連邦住宅貸付銀行制度（Federal Home Loan Bank System）　　173, 175
連邦住宅貸付抵当公社（Federal Home Loan Mortgage Corporation: FHLMC）　　→フレディマック
連邦住宅庁（Federal Housing Administration: FHA）　　92, 174-175
連邦住宅抵当公庫（Federal National Mortgage Association）　→ファニーメイ
連邦準備制度（FRB）　　13-14, 18-19, 22, 35, 38-40, 56, 59, 63, 67-69, 73, 76, 78, 88, 274-281, 284, 302
連邦政府抵当公庫（Government National Mortgage Association）　→ジニーメイ
連邦貯蓄貸付保険公社（Federal Savings and Loan Insurance Corporation）　174
連邦預金保険公社（Federal Deposit Insurance Corporation）　　173
労働分配率の低下　　234-235, 241, 243, 251

執筆者紹介 （執筆順、＊は刊行世話人）

＊河村哲二（かわむら・てつじ）　序章・第1章
1951年生まれ。1980年東京大学大学院経済学研究科博士課程単位取得。経済学博士（東京大学）。帝京大学経済学部教授、武蔵大学経済学部教授を経て現在、法政大学経済学部教授。2013-2015年、Visiting Professor, University of Massachusetts, USA 兼任。
【主要業績】*Hybrid Factories in the United States under the Global Economy*（編著、Oxford University Press, 2011）、『現代アメリカ経済』（有斐閣、2003年）、『パックス・アメリカーナの形成』（東洋経済新報社、1995年）等。その他多数。

石橋貞男（いしばし・さだお）　第2章
1950年生まれ。東北大学大学院経済学研究科博士後期課程単位取得退学。博士（経済学）。九州産業大学経済学部教授を経て現在、和歌山大学経済学部教授。
【主要業績】『現代の貨幣』（白桃書房、近刊）、『資本主義の原理－経済学の新しいパラダイムを求めて－』（共編、昭和堂、2000年）、『資本と利潤』（税務経理協会、1992年）。

池上岳彦（いけがみ・たけひこ）　第3章
1959年生まれ。東北大学大学院経済学研究科経済学専攻博士課程修了。博士（経済学）。新潟大学商業短期大学部助教授、新潟大学経済学部教授を経て現在、立教大学経済学部教授。
【主要業績】『現代財政を学ぶ』（編著、有斐閣、2015年）、『租税の財政社会学』（神野直彦と共編著、税務経理協会、2009年）、『分権化と地方財政』（岩波書店、2004年）。

長谷部孝司（はせべ・たかし）　第4章
1957年生まれ。筑波大学大学院博士課程社会科学研究科経済学専攻単位取得退学。法政大学非常勤講師、東京成徳大学人文学部教授を経て現在、東京成徳大学経営学部教授。
【主要業績】「現代金融論の課題（上）」（東京成徳大学研究紀要、第21号、2014年3月）、『経済のソフト化・サービス化と金融改革』（社会評論社、2013年12月）、「1990年代半ば以降の日本の金融改革（上・中・下）」（東京成徳大学研究紀要、第17・18・19号、2010・2011・2012年3月）、「『新自由主義』とは何か」（社会理論学会編『社会理論研究』2010年11月）、「アメリカの金融システムの変容が意味するもの（上・下）」（『情況』2008年3・4月、7月）。

藤澤利治（ふじさわ・としはる）　第5章
1950年生まれ。東京大学大学院経済学研究科博士課程単位取得退学。新潟大学商業短期大学部助教授、新潟大学経済学部教授を経て現在、法政大学経営学部教授。
【主要業績】「国際金融危機とドイツの金融制度改革」（日本証券経済研究所編『証券経済研究』第82号、2013年6月）、「旧東ドイツ経済－体制転換から統合へ」（戸原四郎・加藤栄一・工藤章編『ドイツ経済－統一後10年』第8章、有斐閣、2003年11月）、「ドイツ統一と欧州統合－ドイツの目指した二重の統合」（SGCIME編『国民国家システムの再編』第

3 章、御茶の水書房、2003年 9 月）。

稲富信博（いなとみ・のぶひろ）　第 6 章
1950年生まれ。東京大学大学院経済学研究科博士課程単位取得退学。博士（経済学）。広島修道大学商学部講師、九州大学教養部助教授を経て現在、九州大学大学院経済学研究院教授。
【主要業績】「イギリスの1797年国債応募者についての一分析」（『経済学研究』（九州大学）第81巻 4 号、2014年12月）、「イギリスにおけるビッグ・バンとその挫折─シティーの『ウィンブルドン化』─」（SGCIME 編『金融システムの変容と危機』第 7 章、御茶の水書房、2004年 7 月）、『イギリス資本市場の形成と機構』（九州大学出版会、2000年 2 月）。

＊**宮嵜晃臣**（みやざき・てるおみ）　第 7 章
1956年生まれ。筑波大学大学院博士課程社会科学研究科経済学専攻単位取得退学。筑波大学準研究員、長野工業高等専門学校助教授を経て現在、専修大学経済学部教授。
【主要業績】「IT/ グローバル資本主義下の長野県経済再考－IT バブル崩壊後の長野県経済」（専修大学社会科学研究所月報 No.615、2014年 9 月）、「日本経済の現状と雇用問題」（町田俊彦編『雇用と生活の転換－日本社会の構造変化を踏まえて』第 2 章、専修大学出版局、2014年 4 月）、「ME・IT の位相差と企業システムの変容─日本型経営の毀誉褒貶を念頭に─」SGCIME 編『グローバル資本主義と企業システムの変容』第 8 章、御茶の水書房、2006年）。

グローバル資本主義の現局面Ⅰ
グローバル資本主義の変容と中心部経済

2015年12月25日　第1刷発行　　　定価（本体3500円＋税）

編　者　SGCIME（エス・ジー・シム）

発行者　栗原哲也

発行所　株式会社　日本経済評論社

〒101-0051　東京都千代田区神田神保町3-2
電話　03-3230-1661　FAX　03-3265-2993
E-mail: info8188@nikkeihyo.co.jp
URL: http://www.nikkeihyo.co.jp/

装幀＊渡辺美知子　　　印刷＊藤原印刷・製本＊誠製本

乱丁落丁本はお取替えいたします。　　　　Printed in Japan
ⓒ SGCIME 2015　　　　　　　ISBN978-4-8188-2402-7

・本書の複製権・翻訳権・上映権・譲渡権・公衆送信権（送信可能化権を含む）は、㈱日本経済評論社が保有します。

・|JCOPY|〈㈳出版者著作権管理機構　委託出版物〉
本書の無断複写は著作権法上での例外を除き禁じられています。複写される場合は、そのつど事前に、㈳出版者著作権管理機構（電話 03-3513-6969、FAX 03-3513-6979、e-mail: info@jcopy.or.jp）の許諾を得てください。

グローバル資本主義の現局面 II
グローバル資本主義と新興経済

SGCIME 編　　本体3800円

グローバル資本主義の「もう一つの主役」として登場してきた中国、ブラジル、ロシアなどの新興経済の現状と課題を考察することで、グローバル資本主義の現局面を解明する。

序　章　グローバル資本主義の展開と新興経済　河村哲二
I　中国経済の現状と課題
第1章　中国経済の構造変化と雇用改革　李捷生
第2章　中国株式市場における「移行経済型市場」の形成　王東明
第3章　中国電力産業の発展と地域開発　呉暁林
II　ブラジル・メキシコ・ロシア経済の現状と課題
第4章　ブラジルにおける世界経済危機の影響　水上啓吾
第5章　経済グローバル化時代における"保護主義"政策のあり方　芹田浩司
第6章　現代ロシアにおける中間層の形成　日臺健雄
III　アジアの周辺新興経済の諸相
第7章　日本・フィリピンEPA（経済連携協定）の論点　梶川誠
第8章　日系縫製企業の第二次移転としてのバングラデシュ　長田華子
第9章　ベトナムの経済発展と情報技術政策　土肥誠・佐藤公俊・グエン ハイ・ドァン ティエン ドゥック

日本経済評論社